Skills and Techniques for Social Welfare Practice

사회복지 실천기술론

전희수
최영주
정백연
박선태
서민호
공저

Skills and Techniques for Social Welfare Practice

양 성 원

머리말

사회복지실천기술은 그 실천가치 및 윤리를 바탕으로 사회복지실천의 과정 속에서 그 목적과 일치되는 사회복지적 서비스 및 프로그램 실천을 통하여 클라이언트의 욕구를 만족시키는 일체의 기술이다.

오늘날 사회복지는 인류가 추구하는 삶의 궁극적 목적을 나타내는 공통적 이념임과 동시에 이를 실현하고자 하는 사회적 제도로 발전되어 왔다. 그러나 진정한 사회복지의 목적과 이념을 달성하기 위해서는 사회제도 및 정책 그리고 사회복지에 대한 인식의 단순한 확대만으로는 한계에 직면할 수 있다. 따라서 사회복지실천에 대한 체계적이고 구체적인 기술이나 전문적인 실천 활동이 더욱 요구된다.

본 서적에 대한 저술의 초점은 사회복지실천기술에 관련된 제 이론 분야를 바탕으로 실천현장 중심의 전문적이며 체계적인 학습 지원에 도움이 되도록 하였다. 특히 사회복지시설 및 기관에서 적용되어져야 할 기술(Skill)적인 사례를 적절히 도입하여 초년 사회복지사가 보다 쉽게 이해하며 적용할 수 있도록 하는 데에 모든 노력을 다하였다.

본 서적의 전체적인 구성은 총 4부 14장으로 먼저 1부 1장부터 4장까지는 사회복지실천기술에 대한 전반적인 이해 및 기초 분야를 포함하였고, 2부 5장부터 8장까지는 사회복지실천에 관련된 모델의 개입기술 분야를 체계적으로 반영하였다. 또한 3부 9장부터 12장까지는 사회복지실천대상별 실천적 기술 분야를 현장 실정에 부합되도록 기술하였다. 그리고 마지막 4부 13장과 14장에서는 사회복지 실천의 기록 및 평가 분야로서 관련된 이론에 입각한 사회복지시설 및 기관 중심의 전문적 현장감을 익힐 수 있도록 정리하였다.

본 서적을 준비하는데 있어 저자들이 현장에서 우려되는 다양한 문제를 숙고하며 많은 노력을 기울였지만 급변하는 사회적 환경 속에서 클라이언트의 요구 문제 또한 다변화되어져 가는 추세에 놓여 있음을 결코 부인할 수 없다. 따라서 사회복지실천기술에 대한 내용의 보완 및 발전을 위해 지속적인 관심과 격려 속에서 모든 사회복지사와 뜻이 있는 분들이 함께 연구하고 노력하는 자세가 더욱 필요하다.

본 서적이 완성되기까지 여러 가지 자료 지원과 수고를 다해 주신 사회복지기관 및 시설 그리고 보이지 않는 곳에서 아낌없는 응원을 보내주신 모든 분들에게 거듭 감사한 마음을 전하면서 안녕을 기원드린다. 아울러 출판을 위해 온갖 정성을 다해 수고해주신 양성원출판사 대표님을 비롯한 편집실무를 담당하신 모든 분들에게도 깊은 감사의 말씀을 전한다.

2018년 1월

저자 일동

차 례

PART

1

실천기술에 대한 이해 및 기초 기술

1 사회복지실천기술의 이해

1. 사회복지실천기술의 이전성

사회복지실천기술의 이전성은 사회복지사들이 지식에 기초하여 사회복지현장에서 실천하고 각 상황에서의 일반성과 특수성을 평가함으로써 새로운 상황에 그들의 지식과 학습한 내용을 적용할 수 있는 것을 일컫는다(CCETSW, 1995). 따라서 이러한 사회복지실천기술의 이전성은 각 상황에서의 일반성과 특수성 평가, 인간행동에 관한 이론 이해, 사회복지사들이 도움을 주는 클라이언트 그리고 사회복지사의 활동단계가 있다(최해경, 2010; 윤선오·김현진, 2016).

1) 실천현장 상황별 평가

사회복지실천에 있어서 사회복지사들이 기초 및 응용지식에 대하여 실천하고, 그 현장에서 각 상황에서의 일반성과 특수성을 평가함으로써 새로운 상황에 직면하더라도 그들의 지식과 학습한 내용을 자연스럽게 적용할 수 있어야 한다.

2) 인간행동에 관한 이론 이해

사회복지실천의 사회복지사들은 여러 가지 상이한 상황에서도 적합한 기술을 위해 특수한 사회상황에 있는 인간에 관한 올바른 이론적 이해에 기초를 두어야 한다. 이러한 것은 인간행동과 관련된 이론의 이해를 포함한다고 할 수 있다. 사회복지실천에 있어서의 기술(Skill)은 반드시 일상적인 행동이 아니라 개인 클라이언트와 관련하여 인간행동에 관한 이론을 이해하는 것이 선행되어야 한다(김동배 외, 1998).

3) 사회복지사들이 도움을 주는 클라이언트

사회복지사가 실천현장에서 직무를 수행하는 가운데 클라이언트에게 어떤 변화를 기대할 수 있는 구체적인 활동이나 행동에 영향을 줄 수 있다. 여기에서 클라이언트는 서비스의 소비자로서 개인이라는 협의적 관점으로 이해될 수 있으나 일반적으로 광의적 의미로 이해가 된다. 즉 사회복지사들이 도움을 줄 수 있는 클라이언트는 개인, 가족, 소집단, 조직, 이웃, 지역사회 그리고 이보다 더 큰 사회체계를 의미한다.

4) 사회복지사의 활동단계

사회복지실천의 클라이언트체계를 돕는 사회복지사의 활동은 각 변화과정의 단계에 따라 수행되는 것이 보편화되어 있다. 이러한 활동단계는 학자들에 따라 다양하게 설명하여 제시되고 있으며, 특히 사회복지실천의 수준에 따라 다양한 의미로 강조되고 있다(설진화, 2011). 예컨대, 사회복지실천 과정을 사회복지실천현장에 따라 초기단계, 중간단계, 종결단계의 3단계 또는 중간단계를 조정하여 4단계로 구분하는 경우가 좋은 예이다.

2. 사회복지실천기술의 활용

1) 실천기술의 이론적 기반

사회복지실천기술의 이론적 기반은 일반적으로 실천이론에 관련된 지식과 사회복지사의 기초지식 그리고 이러한 지식을 펼칠 수 있는 실천현장을 중심으로 살펴보고자 한다.

(1) 사회복지실천 이론에 관련된 지식

사회복지실천 이론은 다른 학문들 중에서도 특히 사회학과 사회심리학 그리고 심리학으로부터 지식의 영향을 많이 받아 왔다(윤선오·김현진, 2016). 따라서 사회복지사는 다양한 학문적 이론에 기반을 두어야 하며, 다음과 같은 사회복지사의 이론적 기반요소들을 염두(Mind)에 두어야 한다.

- **관찰** : 사회복지사로서 보는 것과 주의해야 할 것 시사
- **서술** : 관찰 정리, 조직화할 수 있는 개념적 용어와 준거틀 제공
- **설명** : 상이한 관찰들 연결 여부 제시, 사건 간의 가능한 인간관계 설명
- **예측** : 차후에 발생할 수 있는 것 예상 판단
- **중재(개입)** : 변화를 가져오기 위해 수행할 것 제시

(2) 사회복지사의 기초지식

사회복지사의 기초지식은 이들이 자격을 취득하기 위해 갖추어야 할 것으로 요구되는 가장 기초적인 지식이다. 이러한 기초지식에 대해 영국 사회복지교육훈련협의회(CCETSW : Central Council for Education and Training in Social Work)에서 핵심 6가지를 제시하였는데 다음과 같다(CCETSW, 1995).

- 의사소통과 계약
- 사정과 계획
- 조직 내에서의 활동
- 승진과 자격부여
- 중재와 서비스 제공
- 전문적 역량의 개발

(3) 사회복지실천현장

사회복지실천현장은 실천대상자인 클라이언트에게 접근하는 수준과 실천방법에 따라 달라질 수 있다. 왜냐하면 개인 및 가족, 집단, 지역사회에서의 복지에 대한 요구가 다양하고 지역사회별 사회복지기관 및 시설의 요구 또한 복잡 다양할 뿐 아니라 사회복지사들이 활동하는 실천현장이 보다 전문화된 자원을 요구하는 시대를 맞이하였기 때문이다.

사회복지사들의 활동 전문 분야는 다양한 방법으로 구분할 수 있으나 일반적인 분류는 크게 실천현장의 주된 사업으로 하는 1차적 현장기관과 시설(Primary Setting & Facility) 그리고 사회복지 업무가 필요한 2차적 현장기관과 시설(Secondary Setting & Facility) 등으로 분류할 수 있다(김재선 외, 2015).

최근 우리나라에서는 사회복지실천현장의 주된 사업시설이라고 하는 1차적 현장기관 이외에도 다양한 전문 분야에서 사회복지사들의 소요가 급증하고 있다. 따라서 이러한 사회복지현장을 이해한 가운데 사회복지사들에게는 보다 구체적이고 현실적인 이론과 실천을 경험할 수 있는 기회가 확대된 것이다(이애재, 2013; 윤선오·김현진, 2016).

이와 같이 사회복지실천이론들을 바탕으로 사회복지사의 기초지식을 겸비한 가운데 사회복지실천현장에서 요구되는 기술의 영역별 활동내용을 정리해 보면 다음 〈표 1-1〉과 같다.

〈표 1-1〉 실천현장에서 요구되는 기술 영역별 활동내용

기술 영역	활동 내용		
실천방향	• 개인과의 활동(개인수준실천) • 가족과의 활동(가족수준실천)	• 집단사회사업(집단수준실천) • 지역사회복지(지역사회수준실천)	
실천이론	• 행동주의이론 • 정신분석이론 • 문제해결이론 • 사회통합(체계)이론	• 위기개입이론 • 기능주의이론 • C't 중심이론 • 현실치료이론	• 가족치료이론 • 심리사회이론 • 과업중심이론 • 사례관리이론
관 점	• 반차별적 관점 • 페미니스트 관점	• 반억압적 관점 • 이용(생존)자 관점	• 반인종차별적 관점 • 급진적 사회복지 관점
기술과 중재	• 면접 위한 준비 • 자기노출 이용하기 • 폐쇄질문 • '무엇'이란 질문 • 피드백 주고받기 • 고취시키기 • 충고하기 • 정보제공하기 • 재보증하기 • 보호하기 • 적응 • 협상하기 • 대변기술 • 반영기술	• 전문적 관계수립 • 불안을 억누르기 • 개방질문 • 순환질문 • 요약하기 • 검증하기 • 사례 종결하기 • 설명하기 • 물질적 원조하기 • 재구성하기 • 상담기술 • 연계하기 • 주장기술 • 지도감독기술	• 환영하는 기술 • 공감과 동정 • 자기지식과 직관 • 바꾸어 질문하기 • 명료화하기 • 침묵에 대처하기 • 면접 종결하기 • 격려하기 • 지지하기 • 해석하기 • 권한부여 • 조정기술 • 기록유지기술 • 기타 기술
	• 면접의 핵심과 목적 고수하기 • 모델링과 사회기술훈련 • 도전하기와 대결하기 • 보호하고 통제하기	• 설득하기와 지시하기 • 동반자관계에서 일하기 • 적개심, 공격과 폭력 다루기 • 전문적 영역 관리하기	
실천장면	• 직장 • 학교	• 가정 • 사회복지시설	• 병원 • 교도소, 주간보호센터
	• 특수한 서비스 이용자들에게 적절하고 더욱 자연적인 장면이나 상황		

기술 영역	활 동 내 용
집중수준	비집중적 수준 실천활동이 종결단계에 가까워지고, 사례가 끝날 무렵, 활동이 보다 빠른 속도로 진행될 수 없는 경우, 서비스 이용자와의 접촉이 격주로 이뤄지는 중에 덜 집중적인 활동
	중간(보통) 수준 실천활동이 진행중, 서비스 이용자와 가족구성원들과 다른 전문가들이 최소 주 1회 이상 접촉하는 경우, 매주 관계를 갖기 위한 상담, 가족활동, 개인상담이 이루어짐
	집중적 수준 실천활동이 요구되며 제시된 문제가 다면적이며 심각하고 영속적임과 복잡한 경우, 서비스 이용자와 여러 가족구성원들과 다른 전문가들이 주 2회 이상 접촉하는 것을 의미
실천방향	• 단기 : 12주까지 • 장기 : 26주 이상
기술수준	기본적 기술 공감과 관계와 라포형성 같은 대부분 사회복지중재에서 요구된 기초기술과 관련됨
	중간적 기술 서비스 이용자들과 계약하기가 쉽지 않고, 반응을 하지 않는 어려운 상황 다루는 데 요구되는 기술과 관련됨
	심층적 · 전문적 기술 다면적이고 다루기 어려운 갈등과 고도의 고통에 관여하는 상황에서 문제를 다룰 수 있는 전문적 지식요구, 상담훈련기술이나 치료기술 등 활동하는 것과 관련됨
실천 강조	활동이 초기, 중간 또는 종결단계에 있는가에 따라 다양함 (예) 초기단계(관계형성), 중간단계(관계/신뢰감 강화), 종결단계(자원체계 연계)
지도감독, 자문, 훈련, 지지 구조	사회복지사가 실천활동에서 효과적인 기술과 전문성을 개발토록 하기 위해 어떤 자문과 지도/감독 등을 시도하는 것

출처 : 전재일 외, 2010(재인용).

2) 사회복지사에 필요한 핵심적 특성

펄먼(Perlman, 1979)은 사회복지사와 클라이언트의 전문적 관계로 다음의 요소적 측면에서 볼 때 다른 전문직 활동으로 인해 발생된 관계와는 분명한 차이가 있다고 강조하였다.

- 시간이 제한되어 있다.
- Ct를 위한 것이다.
- 권한을 수반한다.
- 통제된 관계의 특성을 갖는다.
- 목적에 대한 인식과 합의에 근거하여 이루어진다.

유능한 전문 사회복지사들이 클라이언트를 대상으로 하는 서비스를 제공할 때에 필요한 핵심적 특성은 공감, 존중, 진실성, 자기이해, 자기통제, 실천가치와 윤리 및 의무에 대한 이해, 전문적 지식, 책임성 있는 자기주장이며 세부내용은 다음과 같다.

(1) 공 감

사회복지실천에서의 공감(Empathy)은 사회복지사로 하여금 클라이언트를 민감하게 감지할 수 있게 도와준다. 클라이언트와의 공감적 연대를 통하여 전문적 관계를 더 발전시킬 수 있고, 생산적으로 만들 수 있다(김혜란, 2005). 그리고 클라이언트들이 경험하는 문제에 대한 현실적 시각을 가질 수 있다.

(2) 존 중

사회복지실천에서의 존중은 타인을 통제하지 않으면서 따뜻한 사랑과 보호를 느끼게 하는 태도이다. 아울러 타인을 조건 없이 긍정적으로 바라본다는 것을 의미한다(남연희 외, 2012). 사회복지사로서 때로는 자기 의사와는 무관하게 타인과도 함께 일을 해야 한다. 왜냐하면 사회복지사는 오직 사회복지 전문직을 수행하는 전문가로서 클라이언트를 존중하며 보호를 해야 한다는 책임감을 갖고 모든 것을 적극 수용해야 하기 때문이다.

(3) 진실성

사회복지실천에서의 진실성은 자연스럽고 순수하며 거짓 없이 객관적·개방적·방어적이지 않은 방식대로 행동하여 자신을 표현하여야 한다. 진실성은 상황에 따라 전문 사회복지사로서 냉정하고 침착하다는 일반적 사고와 상반되는 것으로 평가될 수 있다. 그러나 사회복지실천에서의 전문성은 경직되고 공식적이거나 지나치게 통제된 태도를 견지하는 것을 의미하지는 않는다(이영호, 2009).

사회복지사는 자신을 무감동하고 초연하며 마치 무미건조한 기계적 기술자로 인식되어져서는 안 된다. 왜냐하면 이러한 진실성의 고수와 함께 우리가 항상 기억해야 할 것은 원조관계에서 사회복지사 중심이 아닌 클라이언트를 위한 원조관계가 되어야 하기 때문이다.

(4) 자기이해

사회복지실천에서 클라이언트를 돕고자 자신을 효과적으로 활용하기 위해서는 사회복지사 스스로에 대한 철저한 이해가 있어야 한다. 여기에서 자기이해는 인생의 전 과정을 통해 이루어지는 것이지만 사회복지사로서 클라이언트에게 해(害)가 될 수 있는 기회를 최소화할 수 있도록 가능한 스스로에 대해 알아야 하는 것이 중요하다(이영실 외, 2011). 만일 사회복지사가 자기 스스로를 이해하지 못한다면 원조과정에 손상을 주게 되고, 나아가 클라이언트에게 손해를 끼쳐 위험에 빠지게 할 수도 있다.

(5) 자기통제

사회복지실천의 전문적인 측면에서 자기이해 외에도 자기통제와 자기훈련이 필요하다. 사회복지사는 자신의 생각과 감정, 말(언어), 제스처, 행동 등을 관리할 수 있어야 한다. 이러한 자기통제는 사회복지사가 감정적인 분위기에 젖어 있다

하더라도 사회복지 전문직의 가치 및 윤리와 지식 그리고 달성해야 할 목적 등을 지킬 수 있게 한다. 예컨대, 알코올이나 마약 등은 사회복지사로서의 능력 수행에 지장을 초래할 수 있다. 따라서 자기통제는 전문적 사회복지실천에서 매우 중요한 통제요소이다(김수연, 2013).

자기통제는 다른 대안이 있을 수 없지만 만약 자기 탐구와 자기 검토의 계속적 과정을 통해 자신의 습관적 사고나 감정 그리고 행동을 관리할 수 없다면 자신이 진정 사회복지사로서 적절한가에 대해 심각하게 자문해 보아야 한다.

(6) 실천가치와 윤리 및 의무에 대한 이해

사회복지사는 사회복지실천의 가치와 윤리뿐 아니라 전문적 원조자의 법적 의무를 성실히 수행하여야 한다. 이러한 사회복지사로서의 자세를 견지할 때 비로소 전문적 실천의 토대가 마련될 수 있다. 사회복지사로서 사회복지의 윤리와 실천에 대한 이해는 윤리강령에 친숙해지는 것 이상을 의미한다(전남련 외, 2011). 이러한 차원에서 세계 각국은 사회복지협회를 통하여 자국의 형편에 맞는 윤리강령을 제정하여 그 기준을 준수하고 있다.

(7) 전문적 지식

사회복지실천에서 사회복지사에게 요구되는 전문적 지식은 인간행동과 관련된 이론과 연구, 다양한 집단과 문화에 관련된 이론과 연구, 명확하고 정교한 의사소통과 관련된 여러 가지 과정에 대한 지식 등이 모든 전문적 지식을 함양하는데 필요하다.

(8) 책임성 있는 자기주장

사회복지실천에서 책임성 있는 자기주장은 유능한 사회복지사의 또 다른 중요한 특성이다. 그래서 책임성 있는 자기주장은 자신의 생각과 느낌을 타인의 권리와 존엄성을 침해하지 않는 범위 내에서 표현하는 것이 되어야 한다(전남련 외, 2011).

사회복지사로서의 역할과 기능을 성실히 수행하기 위해서는 자신을 분명히 표현할 수 있어야 한다. 여기에서 말한 책임성 있는 자기주장은 사회복지사로서 자신의 지식과 의견을 표현하는 능력과 방식을 의미한다.

3. 전문 사회복지사의 가치와 윤리

1) 가치와 윤리의 개념

일반적인 가치는 우리가 인간으로서 존재하고 행동함에 있어 좋고 바람직한 것이며, 선호되는 것에 대한 지속적인 신념이라고 할 수 있다. 이러한 의미에서 가치는 좋거나 나쁜 행동을 구분하는 기준이 된다. 즉 선과 악 그리고 적절과 부적절 등 인생의 기본적이고 중요한 부분에 관한 결정에 동원되는 지침인 것이다(박차상 외, 2014).

사회복지실천에서의 가치는 보다 구체적이고 실천 지향적이라고 볼 수 있는데 사회복지실천에서 가치는 인간의 본질에 관하여 전문직이 갖고 있는 신념으로서 이러한 신념이 사회복지실천에서 사회복지사의 일상적인 활동에 반영되어 전문직이 실천해야 할 방향을 제시해 주는 것으로 볼 수 있다(윤정일 외, 2015).

윤리는 인간의 행동을 통제하거나 규제하는 기준과 원칙까지도 포함하는 개념으로서 흔히 타인에 대한 책임감에서 우러나오는 인간에 대한 기대를 의미한다(김혜란, 2005).

보편적 윤리는 어떤 행동이 옳고 그름에 관한 것으로 사회복지 가치기준에 맞는 실천을 하였는가에 대한 판단기준을 제시한다. 즉 윤리는 가치에서 비롯되며 무엇이 옳고 그른가를 판단하여 주는 도덕적 지침이 된다(박차상 외, 2014).

윤리는 보통 도덕과 비슷한 것으로 해석하여 편하게 결론을 내리기가 쉽다. 이러한 차원에서 도덕과 윤리를 구분해보면 도덕은 인간으로서의 바람직한 생각이나 좋게 생각되는 행위를 그 사회나 시대가 가지고 있는 사회적 규범에 비추어 결정하는 것이다. 그러나 윤리는 모든 인간의 양심에 기초하여 그가 놓인 사회나 시대의 특수성을 초월하여 보편적으로 다루어지는 인간으로서의 올바른 행위나 정의에 대한 가치를 의미한다. 그래서 윤리는 사람들이 무엇이 옳고 그른지를 결정함에 있어 어떤 지침이 되는 원칙을 발견해 내는데 초점을 둔다.

한편 윤리는 가치에서 나오기 때문에 가치와 조화를 이루어야 한다. 이처럼 가치와 윤리는 종종 혼용되지만 그 뜻은 동일하지 않다는 것을 분명히 인식하여야 한다. 따라서 윤리와 가치의 차이점을 살펴보면 가치가 무엇이 좋고 바람직한가에 관심을 두는 것이라면 윤리는 무엇이 옳고 그른가에 관심을 두는 것이 가장 핵심적인 차이라고 할 수 있다.

이와 같이 가치와 윤리의 개념에 대해 살펴본 바에 의하면 가치가 무엇이 좋고 나쁜가와 관련된 것이라면, 윤리는 무엇이 옳고 그른가의 관계에 있다. 따라서 사회복지실천 윤리에서 가치의 문제를 중요하게 여기는 것은 전문 사회복지사의 가치에서 윤리적 원칙들이 나오기 때문이다(엄명용 외, 2006).

2) 전문 사회복지사의 가치

레비(Levy)는 사회복지전문직의 가치를 사람, 결과, 수단의 3영역으로 구분하여 사회복지전문직이 업무를 수행할 때 지켜야 할 신념의 체계를 다음과 같이 설명했다. 첫째, 인간에 대한 개념적 가치로서 인간우선 가치이다. 이것은 전문직의 수행의 대상인 인간 자체에 대한 전문직이 갖추고 있어야 할 기본적인 가치관이다. 개인의 가치와 존엄성, 개인의 건설적인 변화에 대한 능력과 욕구, 상호책임성에 따른 소속의 욕구, 공통적인 인간의 욕구, 각 개인의 독특성에 대한 가치 등이 포함된다. 클라이언트를 개별화된 인간으로 보고 능력을 인정해 주며 개별성에 따라 권한을 인정해 주는 가치관이다. 즉 이것은 사회복지실천의 기본 철학과 같은 것이다. 둘째, 인간을 위한 결과적 가치로서 결과우선 가치이다. 이것은 인간에 대한 서비스를 제공했을 때 초래하는 결과에 대한 가치관으로 사회가 개인의 발전을 위해 사회참여에 대한 기회를 동등하게 제공해야 한다는 사회책임에 대한 신념이다. 또한 사회가 빈곤, 질병, 차별, 부적절한 주거환경 및 불공정한 교육기회 등에 대한 문제를 해결하거나 미연에 방지해야 할 사회적 책임에 대한 가치이다. 또 동일한 요구를 충족시킬 수 있는 자원을 제공해야 하는 사회적 책임에 대한 신념이다. 셋째, 인간을 다루는 수단적 가치로서 수단 우선의 가치이다. 즉 서비스를 수행하는 방법 및 수단과 도구에 대한 가치이다. 따라서 인간은 존경과 존엄으로 다루어져야 하며 자기결정권을 가져야 하고 사회 변화에 참여하도록 도와줘야 하며 하나의 독특한 개인으로 인정되어야 한다는 신념이다(최영주 외, 2017).

사회복지사는 기본적인 권리에 대한 존중과 사회적 책임감, 사회적 형평성의 원리에 입각한 개인적 자유에 관한 헌신성과 자기결정의 원리를 바탕으로 전문적 지식과 기술을 지속적으로 발전시키기 위해 노력해야 한다.

3) 전문 사회복지사의 윤리

사회복지사의 직무와 관련된 윤리는 사람들의 욕구생활 속에 깊이 개입된 가운데 직무상 형성된 클라이언트와의 인간관계나 직무상 알게 된 클라이언트와 관련된 사적인 문제 등을 처리하는데 있어서 사회복지사에게 필요한 자기 자신의 언행을 좀 더 원활하게 통제하는 것이 곧 윤리규정이다(이원숙, 2008).

사회복지실천의 윤리가 본격적으로 논의되기 시작한 것은 시대적으로 1970년대에 진입하면서이다. 이 시기에 윤리에 대한 내용이 중요하게 다루어지게 된 배경은 바로 과학 기술의 발달에 있다. 특히 의학계의 급속한 발달로 인하여 생명연장이 가능해졌으며 장기이식이나 인공수정, 안락사, 태아 성감별을 통한 유산 등 윤리적 결정을 해야 하는 다양한 상황에 놓이게 되었다. 이러한 상황에서 사회복지사들의 개입이 절대적으로 필요하게 되었다. 또한 사회가 성숙함에 따라 환자의 권리, 피의자의 권리, 범죄자의 권리를 인정하는 사회분위기에 힘입어 사회복지 대상자의 권리를 인정하자는 사회분위기의 영향도 있었다. 클라이언트의 권리 인정으로 인해 다양한 형태의 윤리적 갈등이 발생함에 따라 이를 해결하기 위한 논의가 있었으며 결국 윤리적 지침의 필요성이 대두되었다(최해경, 2010).

윤리강령은 전문 사회복지사가 지켜야 할 행동 기준과 원칙을 기술해 놓은 것으로서 공통으로 합의한 내용을 담고 있기 때문에 전문가의 행동을 통제할 수 있는 힘을 갖는다.

사회복지활동에 있어서 윤리가 전문직의 윤리강령으로 등장하게 된 것은 1960년 미국 사회복지사협회(NASW)에 의해서이다. 그 후 오늘에 이르기까지 각 나라마다 사회복지사 윤리강령을 제정하여 시행하고 있으며, 특히 사회복지사가 전문직으로서 갖추어야 할 태도와 자세 등에 대한 행동지침이 되어 왔다(이원숙, 2008).

한국의 경우 1988년 사회복지사 윤리강령이 제정・공포되었고 1992년 10월에 1차 개정을 거쳐 2001년 12월에 2차 개정이 이루어졌다. 사회복지사 윤리강령은 전문 및 윤리기준, 즉 6장 46개 항으로 구성되어 있는데 전문에서 사회복지실천 이념은 인본주의와 평등주의 사상에 기초하고 있다. 인간존엄성과 생존권 보장 활동은 헌신과 평등, 자유, 민주주의 가치실현, 개인의 주체성과 자기결정권 보장, 전문적 지식과 기술개발, 전문가로서의 품위유지 등을 언급하고 있다(최옥채, 2006).

갈등해결을 위한 윤리적 의사결정 접근법에 대해 노웬버그와 돌고프(Loewenberg & Dolgoff, 1992)는 다음과 같이 윤리원칙 7가지를 제시하였다.

[제 1원칙] 생명보호의 원칙
[제 2원칙] 평등과 불평등의 원칙
[제 3원칙] 자율성과 자유의 원칙
[제 4원칙] 최소한의 불이익의 원칙
[제 5원칙] 삶의 질 원칙
[제 6원칙] 사생활과 비밀보장의 원칙
[제 7원칙] 진실과 사실을 완전히 알릴 원칙

미국 사회복지사협회(NASW : National Association of Social Workers)가 제시한 전문 사회복지사의 핵심가치와 윤리적 원칙들을 정리하면 다음 〈표 1-2〉와 같다.

〈표 1-2〉 윤리강령의 핵심가치와 윤리적 원칙

구 분	핵심가치	윤리적 원칙
1	서비스	사회복지사의 1차적 목적은 곤경에 처한 자를 돕고 사회문제를 다루는 것
2	사회정의	사회복지사는 사회적 불의에 도전
3	개인존엄성과 가치	타고난 인간의 존엄성과 가치 존중
4	인간관계의 중요성	사회복지사는 인간관계의 중요성 인식
5	성실성	신뢰받을 수 있도록 행동
6	역 량	자신의 능력범위 내 실천 활동, 전문직 기술개발 및 향상 노력

출처 : NASW, 2004; 이영호, 2009.

2 사회복지실천기술의 기초

1. 사회복지실천과 실천기술의 개념

사회복지실천기술의 개념을 알아보기 전에 사회복지실천의 개념을 살펴봄으로써 실천기술과의 개념적 차이를 확인할 필요가 있다. 따라서 사회복지실천의 개념을 먼저 살펴보면 다음과 같다.

1) 사회복지실천의 개념

세계적으로 사회복지가 발달하던 초기에는 사회복지실천에 대한 개념이 개인 또는 인간의 성격변화에 초점을 둔 개념정의가 주류를 이루었다. 이러한 상황여건에 따라 리치몬드(Richemond, 1922)는 사회복지실천을 "개인 대 개인 및 인간과 사회환경 상호 간에 적응하는 능력을 갖도록 인간의 성격을 발달시키는 과정이다"라고 정의하였다. 그 후 보웨(Bower, 1949)가 사회복지실천을 "클라이언트와 환경 간에 조화를 이뤄 지역사회 내에서 사회자원과 클라이언트 개인의 능력을 최대한 동원하는 지식과 기술이다"라고 하였다. 이처럼 시대가 변화되면서 사회복지실천은 개인 또는 인간의 성격을 초월한 지역사회의 자원을 강조하는 개념으로 변화되었다(전남련 외, 2011).

사회복지실천에 대한 포괄적인 개념이 정착되어지게 된 것은 1950년대 후반부터 사회복지방법에서 사회복지사가 수행하는 공통적인 역할과 요소가 있다는 점에 착안함과 동시에 사회복지통합방법이 출현되면서부터이다. 즉 1958년 미국의 사회복지사협회(NASW : National Association of Social Workers)는 가치, 목적, 사회적 승인, 지식, 방법론의 집합적 영역에서 사회복지실천의 작업적 정의를 제시하였다(양옥경 외, 2005).

핀쿠스와 미나한(Pincus & Minahan)은 사회복지실천을 "사람과 자원체계 상호간에 연결된 관계"라고 하였다. 그리고 미국의 사회복지사협회(NASW)는 1977년과 1981년에 사회복지실천의 정의와 목적, 승인, 지식, 가치, 특성화에 대해 공식적인 입장을 표명함과 동시에 개념을 재정립함으로써 "사회복지실천은 인간의 삶의 질 향상을 위해 사람과 사회적 조직체가 사람들의 심리사회적 기능이 향상되도록 행위를 변화시키는 전문적 활동으로 무장된 체계"라고 하였다(Alexander, 1977; 김윤재 외, 2011).

미국 사회복지사협회(NASW)는 1980년대 이후부터 사회복지실천의 목적을 명료화하기 시작하였으며, 1994년에 사회복지실천을 "인간복지(Human Well-Being)의 향상과 빈곤 및 억압의 경감 그리고 최상의 삶의 질 향상을 위해 업무를 수행하는 전문직"이라고 하였다(Dolgoff, Feildstein, & Skolnik, 1997; 양옥경 외, 2005).

최영주 외(2017)는 사회복지실천에 대한 정의를 "사회복지실천 가치와 목적 등이 함축된 상태에서 모든 인간의 삶의 질 향상에 초점을 맞추어 개인 및 가족, 집단, 지역사회 등의 다양한 욕구문제를 해소하기 위해 개입하는 통합적 · 체계적 · 전문적인 활동이다"라고 하였다(최영주 외, 2017).

이와 같이 사회복지실천은 인간의 보편적 삶의 질 향상을 위해 개인 및 가족, 집단, 지역사회를 대상으로 사회적 기능을 원활히 수행해 나갈 수 있도록 하되 특히 클라이언트의 강점을 최대한 살려 그들의 다양한 문제를 스스로 해결해 나갈 수 있도록 도움을 주는 통합적 · 체계적 · 전문적인 활동이다.

2) 사회복지실천기술의 개념

오늘날의 사회복지는 인류가 추구하는 삶의 궁극적 목적을 나타내는 공통 이념임과 동시에 이를 실현하고자 하는 사회적 제도이다. 그리고 사회복지의 목적과 이념을 달성하기 위해 사회제도와 정책 그리고 사회복지에 대한 인식의 확대만으로는 불가능하고, 이를 체계적이고 구체적인 기술이나 전문적인 실천 활동이 더욱 필요하게 되었다(김경호, 2011; 윤선오·김현진, 2016).

사회복지실천은 인간과 사회환경에 대한 지식과 기술을 토대로 하여 인간의 문제와 욕구를 해결할 수 있는 서비스나 프로그램을 계획하고 개발하며 이것을 실행하는 전문적인 실천 활동으로서 계획된 변화를 유도하려는 전문적인 활동이다.

사회복지에서 기술(Skill)은 지금까지 사회복지를 비롯한 다른 원조 전문직에서 매우 대중화된 용어인데 학자에 따라 다른 의미로 해석되어져 왔다. 그리고 일반적인 의미에서 기술(Skill)은 지식이나 능력, 솜씨, 재능, 성격, 자원을 능숙하게 활용하는 것 등을 지칭할 때 사용되어져 왔다(최해경, 2010; 윤선오·김현진, 2016).

사회복지를 달성하기 위해서는 지식이나 실천기술만이 필요한 것이 아니라 사회복지서비스나 프로그램을 제공할 수 있는 전달체계로서 공식적인 복지기관이나 시설이 갖추어져 있어야 한다. 또 이러한 사회복지서비스를 제공하는 주체로서 자격을 갖춘 사회복지사가 필요하다. 여기에서 사회복지사가 전문적인 자격을 갖추려면 전문적 지식을 비롯한 그에 맞는 가치와 실천기술을 겸비하여야 한다.

바커(Barker, 1991)는 사회복지실천기술을 "대화나 클라이언트의 문제, 욕구, 능력 등에 대한 사정과 자원개발 그리고 사회구조를 변화시키는데 있어서 숙련성"이라고 정의하였다(이영호, 2009; 신성자 외, 2012).

스멀레이(Smalley, 1967)는 사회복지실천기술(Skill)이란 "사회복지사가 특정 프로그램이나 서비스의 목적을 달성하기 위한 과정을 진척시키기 위해 필요한 방법을 사용할 수 있는 능력이다"라고 하였다. 또한 존슨(Sohnson, 1995)은 사회복지실천기술(Skill)에 대해 "관심과 욕구에 맞춰 지식과 가치를 행동으로 전환하는 사회복지실천의 구성요소로서 특정의 목표나 활동을 향한 행위체제"라고 하였다(박세정 외, 2010; 이영실, 2011).

김헌호(2011)는 사회복지실천기술에 대해 "개인과 가족, 집단, 지역사회 등의 클라이언트체계와의 관계에서 사회복지실천의 가치와 지식에 기초하여 클라이언트와 관련된 특별한 상황의 변화를 위해 심리사회적 개입을 할 수 있는 능력이다"라고 하였다.

이와 같이 여러 학자들이 제시한 정의를 종합해 볼 때 사회복지실천기술은 그 실천가치 및 윤리를 바탕으로 사회복지실천의 과정 속에서 그 목적과 일치하는 서비스 및 프로그램 등의 실천을 통하여 클라이언트의 요구를 만족시키는 일체의 기술(Skill)이다. 따라서 지금까지 살펴보았던 사회복지실천 및 사회복지실천기술의 개념을 비교하여 정리해 보면 다음 〈표 2-1〉과 같다.

〈표 2-1〉 사회복지실천 및 실천기술의 개념 비교

사회복지실천의 개념	사회복지실천기술의 개념
인간의 보편적 삶의 질 향상을 위해 사회적 기능을 원활히 수행해 나갈 수 있도록 하고, 특히 C't의 강점을 최대한 살려 그들의 다양한 요구문제를 스스로 해결해 나갈 수 있도록 도움을 주는 통합적·체계적·전문적인 활동임	사회복지실천가치 및 윤리를 바탕으로 사회복지실천의 과정 속에서 그 목적과 일치하는 서비스 및 프로그램 등의 실천을 통하여 C't의 요구를 달성시키는 일체의 기술(Skill)

2. 사회복지실천의 기초 및 필수기술

1) 사회복지실천의 기초

사회복지실천에서 개인 및 가족, 집단, 지역사회 등의 클라이언트와 맺은 관계는 이들과 관련된 구체적 상황의 실천 가치와 지식에 기초를 둔 변화의 심리적 · 사회적 과정을 지도(指導)하거나 안내하는 어떤 행동을 취하는 사회복지사의 능력이 절대적으로 필요하다. 또 특수한 상황에 맞는 적절한 기법을 선택할 뿐 아니라 그것을 효과적으로 이용하는 능력이 요구된다.

사회복지실천기술의 유형은 인지적 기술과 상호작용적 기술 2가지로 분류하는데 그 내용은 다음과 같다. 첫째, 인지적 기술은 상황 속의 사람들을 생각하고, 사람과 상황에 관한 이해를 개발하거나 활용해야 할 지식을 명확히 하되 중재를 위한 계획을 수립하고 평가를 수행하는데 사용된 기술이다. 둘째, 상호작용적 기술은 관계적 기술이라고도 하는 유형이다. 이러한 유형은 개인과 가족, 집단, 지역사회와 함께 일하는데 있어서 이해를 전달하고 개발 또는 계획수립과 행동계획을 평가하는데 사용된 기술이다(이인정 외, 2001; 강호선 · 김민경 · 조영미, 2011).

2) 사회복지실천의 필수기술

미국 사회복지사협회(NASW : National Association of Social Workers)에서는 사회복지실천을 위한 필수적인 기술에 대해 다음과 같이 제시하고 있다. 첫째, 이해와 목적을 갖고 다른 사람을 경청하는 기술이며, 정보를 이끌어내고 사회력과 사정 및 보고서를 준비하기 위한 적절한 사실을 종합한 기술이다. 둘째, 전문적인 관계를 만들고 유지하되 관계 속에서 자신을 활용하는 기술이고, 언어적 · 비언어적 행동을 관찰하고 해석하며 성격이론과 진단적 방법의 지식을 활용하는 기술이다. 셋째, 클라이언트가 자신의 문제를 해결하는 노력과 신뢰를 얻도록 하는 기술이며, 비위협적인 지지적 방식으로 민감한 정서적 주제들을 토의하는 기술이다. 넷째, 치료적 관계의 종결과 어떻게 종결할 것인가를 결정하는 기술이고, 아울러 조사연구의 결과와 전문적 문헌을 해석하는 기술이다. 다섯째, 후원자와 시민 그리고 법률가들에게 사회적 요구를 해석하고 전달하는 기술이다(양옥경 외, 2001; 전남련, 2011; 윤선오 · 김현진, 2016).

3. 사회복지사의 스킬 및 역할

1) 초보 사회복지사의 기술

사회복지실천에 있어서 초보 사회복지사의 필수적인 능력의 기술(Skill)은 인간과 사회제도 간의 관계를 시작하고 증진하여 회복하며, 보호 또는 종결해야 할 필요가 있는 상황을 확인 및 사정하는 것이다(김용환 외, 2013).

문제사정과 획득할 수 있는 목표 그리고 이용 가능한 선택의 탐색에 기초를 둔 인간의 안녕을 개선하기 위한 계획을 개발하고 이행하는 것이다. 인간의 문제해결 및 대처와 발달능력을 증진하며, 자원과 서비스 그리고 기회를 제공하는 체계와 연결하는 것이다. 또한 가장 취약하며 차별 받는 사람들을 위해 효과적으로 중재하고, 체계가 서비스나 자원 및 기회를 사람에게 제공하도록 효과적·인도적인 운영을 도모하는 데에 있다. 새롭게 수정되었거나 개선된 서비스와 자원 그리고 서비스를 제공받는 소비자들에게 보다 정당하고 공정하며 반응적인 기회체계를 만드는데 있어서 적극적으로 참여함은 물론 부당한 체계를 제거하려는 전문가들과 함께 일하게 된다(Baer & Federico, 1978; 이영실 외, 2011).

중재의 목표가 달성된 상태를 평가하며, 실천행동과 기술의 사정을 통한 전문직의 성장과 발달을 지속적으로 평가하되 전문직의 기준이나 윤리에 적합하고 지지하며 유지하는 전문직의 기초지식을 확대해 나가면서 서비스 전달 개선에 기여하는 것이다.

2) 전문 사회복지사의 본질적인 기술

미국 사회복지사협회(NASW : National Association of Social Workers)는 사회복지실천에 필요한 사회복지사의 본질적인 능력의 기술(Skill)에 대해 다음과 같이 제시하였다. 첫째, 명백히 말하고 기록할 수 있는 능력이며, 다른 사람을 가르칠 수 있는 능력이다. 둘째, 정서적 괴로움이나 위기상황에서 지지적으로 반응하는 능력이고, 전문적 관계에서 역할모델을 제공하는 능력이다. 셋째, 복합적인 심리사회적 현상을 해석하는 능력이며, 임명된 책임을 완수할 수 있게 업무 부담을 조정하는 능력이다. 넷째, 다른 사람을 돕는데 필요한 자원을 확인하고 얻는 능력이며, 인간의 행동이나 감정을 사정하고 도움이나 자문을 활용하는 능력이다. 다섯째, 집단 활동에 참여하고 지도하는 능력과 스트레스 상태에서 기능하는 능력이다. 여섯째, 갈등상황이나 다투기 좋아하는 성격을 다루는 능력과 사회적·심리적 이론을 실천상황에 관련짓는 능력이다. 일곱째, 문제해결에 필요한 정보를 확인하는 능력과 기관의 서비스나 자신의 실천에 관한 조사연구를 하는 능력이다.

3) 전문 사회복지사의 기술요소와 역할

(1) 전문 사회복지사의 기술요소

사회복지실천에서 사회복지사와 클라이언트의 직접적인 만남은 신뢰관계 형성을 바탕으로 이루어지기 때문에 사회복지사의 기술요소는 다음과 같다.

① 원조기술

원조관계에 의해 이뤄진 원조기술은 그 과정으로부터 요구되며, 원조관계에서 상호 발전되는 결속을 라포(Raport)라고 한다. 여기에서의 라포(Raport)는 클라이언트의 안녕에 대해 진실하고, 확고한 관심과 고통에 대한 공감 그리고 도우려는 열망을 나타낸다는 의미이다.

원조관계 형성을 위한 기본 4가지 요소는 먼저 대상자를 있는 그대로 수용하고, 대상자를 독립적인 개인과 고유한 존재로서 대하며, 대상자의 자기결정권 존중과 각 대상자 보조에 맞추어 활동(개별화)하는 것이다. 따라서 원조관계는 일반적 관계 측면에서 볼 때 다음과 같은 특성이 있다(이윤로, 2007; 신정자 외, 2012).

- 초점과 목적이며 전문적 관계이다.
- 윤리적이어야 하며 C't와 함께 서비스계획을 수립해야 한다.
- 관계형성은 상호 합의된 목표가 이뤄지면 종결된다.
- 기관지침과 법률의 범위 내에서 비밀보장 원칙을 지킨다.
- 수용적인 의사소통을 하며, 보살핌, 온정, 진실성, 감정이입을 전달해야 한다.
- 관계형성에서 사회복지사보다는 C't 요구충족을 위해서이다.

② 관여기술

사회복지실천에 있어서 사회복지사는 자신의 목표나 역할이 명확히 표면화되면 클라이언트의 목표와 역할 그리고 위치를 정확하게 구분하되 도움의 과정에 장애물이 없도록 관여함으로써 클라이언트의 사소한 것들에 대한 이해와 배려가 있어야 한다. 그리고 그들의 저항이 최소화되도록 관여기술이 요구된다. 또한 사회복지사는 계약과정을 통하여 부정적 요소들을 제거하고, 개방적인 것이 되도록 노력하며 정직한 마음으로 비심판적 · 현실적인 신뢰성과 함께 관여해야 한다(김정진, 2008; 이영실 외, 2011).

③ 관찰기술

사회복지사의 관찰기술은 단순히 보는 것이 아니고 클라이언트가 이야기하는 것 가운데에 숨겨진 의미도 함께 해석하는 것에 전념해야 한다. 또한 클라이언트의 신체적 표현과 몸의 긴장상태, 얼굴의 변화, 땀 흘리는 것, 흥분과 낙담하는 모습 등도 직관이나 통찰력으로 이해한다. 그리고 관찰기술은 무엇을 볼 것인가를 선택하는 것은 물론 항상 목표 지향적이어야 한다(박세정 외, 2010; 윤선오 · 김현진, 2016).

④ 의사소통기술

사회복지사는 대상자와의 생각이나 정보 그리고 감정 등을 전달하고 돕는 상황에서 의사소통을 가장 중요한 도구로 활용하여야 한다. 따라서 의사소통기술은 클라이언트의 성격 또는 일반적 관심에 상응한 이해가 선행되어야 한다. 이것은 언어와 비언어적인 방법들에 의해 이루어지기 때문에 특히 비언어적인 의사소통의 방법에 중요한 정보뿐 아니라 말로 표현할 수 없는 감정도 함께 전달되어야 한다(이영실 외, 2011; 권대훈, 2016).

⑤ 상담기술

일반적으로 사회복지실천에서 사회복지사가 사용하는 상담기법에는 격려, 바꿔 말하기, 반영, 명료화, 성찰, 인식의 검토, 초점화, 요약 및 해석, 직면, 정보제공, 계약, 중재 등이 공통적으로 활용된다. 따라서 사회복지사는 이러한 상담기법을 중심으로 클라이언트를 대상으로 서비스 실천과정 속에서 상황에 맞는 상담기술을 적용하여 활용한다(김경호, 2011; 윤선오 · 김현진, 2013).

(2) 전문 사회복지사의 역할과 활동

사회복지실천현장은 광의적 의미로는 분야(Field) 또는 영역(Area)을 말하며, 협의적 의미로는 장소(Setting)를 일컫는다. 실천현장에서 사회복지사의 역할은 첫째, 연계서비스로 자원이나 기회를 클라이언트와 연결하는 작업이다. 둘째, 클라이언트 개인의 문제해결 및 적응능력 향상을 위한 지지적 역할을 제공한다. 셋째, 기관이나 조직을 옹호하거나 조성하고 프로그램 개발과 수퍼비전에 연계되도록 제공한다. 넷째, 사회정책 개발을 위해 활동한다.

한편 사회복지사가 관여하는 업무는 우선 조직이해와 기관운영 업무, 프로그램 개발과 보급, 기관 간의 연계와 협조, 지역사회와의 협조, 업무량 관리와 자기개발 등이다.

사회복지실천현장의 사회복지사 활동 분야는 첫째, 아웃리치(Out-reach) 현장개입가로서 클라이언트의 요구를 확인하기 위해 지역사회로 찾아가 서비스기관에 의뢰하는 것이다. 둘째, 브로커(Broker)로서 이용 가능한 서비스를 숙지하며, 필요로 하는 서비스를 확인함과 동시에 적절한 서비스를 제공한다. 셋째, 대변자로서 클라이언트들이 거절당했을 때 서비스를 제공받을 수 있도록 돕고, 더 많은 요구를 가진 사람들을 도울 수 있게 서비스 확장에 심혈을 기울인다. 넷째, 평가자로서 요구와 자원을 평가하고, 그것을 충족시키기 위한 대안마련 및 결정에 참여한다. 다섯째, 교사로서 사회복지실천의 서비스 등에 대한 사실과 기술을 가르친다. 여섯째, 동원자 및 행동변화자로서 새로운 서비스를 개발하도록 돕고, 행동변화자로서 클라이언트의 특정한 행동을 변화시키는 활동을 한다. 일곱째, 자문가로서 서비스를 더욱 효과적으로 제공할 수 있도록 다른 전문가들과 함께 일하며 지원한다. 여덟째, 지역사회계획가로서 지역사회의 사회복지요구 충족을 위해 지역사회집단계획을 효과적으로 수립한다. 아홉째, 보호제공자로서 사람들이 요구문제를 충분히 해결할 수 없고, 자신의 요구 또한 충족시킬 수 없을 때 지지적 서비스를 제공한다. 마지막으로 자료관리자 및 행정가로서 의사결정에 필요한 자료를 수집하고 분석하며, 행정가로서 서비스 프로그램을 계획하고 이행하는데 필요한 활동을 수행한다(신성자 외, 2012; 윤선오 · 김현진, 2016).

3 관계형성 및 의사소통기술

1. 관계형성의 개념 및 특성

사회복지실천에서의 일반적인 관계는 클라이언트와 사회복지사 또는 사회자원들 간의 교류를 가능하게 하는 연결통로이다. 그래서 클라이언트와 그를 둘러싼 환경과의 사이에서 보다 잘된 적응을 가져오도록 개인의 능력과 지역사회 자원을 적절히 동원하고 활용할 수 있도록 돕는 것이다. 따라서 관계형성은 클라이언트를 원조하는 과정에서 보다 효과적으로 참여시키기 위한 사회복지사와 클라이언트의 관계를 말한다(최미영 외, 2009).

관계형성을 위해 사회복지사는 개방적이며 정직하고, 비심판적이며 신뢰감이 두터워야 한다. 그것은 관계형성이 긍정적이며 진솔한 상호작용 속에서 발생하기 때문이다. 따라서 좋은 관계는 문제해결 과정을 촉진시켜 목표를 조속히 달성하게 하는 것이다(이윤로, 2007).

관계형성은 전문 사회복지사들이 원하는 결과를 성취하기 위해 활용하는 여러 가지 실천기술 가운데 하나이다. 이러한 관계형성을 통해 전문적인 관계가 성공적으로 이루어져 문제해결 과정에 생기와 뜨거운 활력을 불어넣게 되고, 자신과 타인에 대한 이해의 폭이 넓어져 모두의 가치에 대한 평가가 높아짐으로써 자신감과 능력향상을 기대할 수 있게 된다(Miller, 1976; 김혜란, 2005).

일반적으로 좋은 관계형성에 대한 특성은 먼저 관계형성을 통해 초점과 목적을 확인하는 것이다. 그리고 원조관계는 전문적 관계이기 때문에 문제해결 수행을 위해 형성되며, 기관 지침과 법률적 범위 내에서 비밀보장의 원칙을 지키는 것이다. 또 사회복지사는 자신의 지위를 활용하여 클라이언트를 이용하거나 통제하기보다는 윤리적인 관계가 되어야 한다.

관계형성을 통해 서비스 실천을 위한 계획을 사회복지사와 클라이언트가 함께 도모해야 하고, 실천가적인 의사소통 수용과 보살핌이나 온정, 진실성, 감정이입을 전달하는 기회가 있어야 한다(이영호, 2009; 전남련 외, 2011).

관계형성의 최종상태는 상호 합의된 목표가 완성이 됨은 물론 인간다운 삶의 질(質)로 회복시키는 동반자로서 성장·발전되는 것이다.

2. 관계형성기술의 기본요소

사회복지실천에서의 전문적 관계형성은 클라이언트의 입장에서 출발하는 것이 올바른 순서이다. 사회복지사는 관계형성의 전반적인 과정에 대한 전문적 책임을 지게 되며, 그 전문적 책임을 위해 사회복지실천에서 가장 많이 논의되는 관계형성의 구성요소는 타인에 대한 관심, 공감 및 감정이입, 헌신과 의무, 권위와 권한, 분명한 의사소통, 진실성과 일치성, 자기를 관찰하는 능력, 민감성, 인간적 자질, 존경과 보살핌이라 할 수 있다(Johnson & Yanca, 2001).

(1) 타인에 대한 관심

사회복지실천에서 클라이언트에게 일어난 일에 대해 진심 어린 관심을 가지며 친절과 지지를 나타내는 태도로 타인과 교류할 수 있어야 한다. 타인에 대한 관심은 상황 속의 개인을 이해하고자 하는 진실한 바람을 전달하는 것이다(윤현숙 외, 2001).

프롬(Fromm, 1956)은 타인을 돕는 관계에서 "관심이란 책임과 배려, 존중, 이해 및 그들의 더 나은 삶에 대해 바라는 것"이라고 하였다. 타인에 대한 관심은 단순히 좋고 싫음이 아니라 이를 초월하여 이러한 감정이 어떤 의미를 갖지 않도록 타인을 배려하는 것을 말한다.

전문 사회복지사와 클라이언트 간의 관계에서 진정한 관심은 기술과 지식 그리고 자기 자신을 실천의 도구로 활용하여 목표를 달성하고자 매진해 나아가는 것을 의미한다. 따라서 사회복지사는 창조자가 되기보다는 하나의 과정을 진행하는 매개자가 되어야 하며, 도움을 받는 사람을 상대로 이들을 존중하고 이익을 위해 봉사함으로써 그들이 진정으로 바라는 요구가 해소될 수 있도록 도와야 한다(양옥경 외, 2001).

(2) 공감 및 감정이입

사회복지실천에서 공감(Sympathy)이나 감정이입(Empathy)은 타인의 감정 속으로 들어가 그 입장에서 세상을 볼 수 있는 능력을 의미하지만 다른 사람의 감정 속에 들어가되 자기 자신을 잃지 않으면서 몰입되는 그 자체를 일컫는다(전남련 외, 2011).

사회복지사는 클라이언트 위에 군림하는 것이 아니라 이들의 입장에서 바라보거나 낮은 단계에서 바라볼 때 그들의 처지를 충분히 파악하고 이해할 수 있게 된다. 즉 상대방의 마음을 읽고 이들의 눈을 통해 세상을 볼 수 있는 능력을 의미한다. 이러한 이해의 능력이 클라이언트와 관계하는 일의 상황에서 구체적으로 나타날 때에는 이들의 감정과 욕망, 가치, 신념, 지각 등을 명확하고 민감하게 감지하는 능력과 사회복지사의 이해를 클라이언트에게 충분히 전달할 수 있는 능력의 표현으로 이해되어야 한다(김용환 외, 2013).

(3) 인간적 자질

사회복지실천에서 사회복지사가 갖추어야 할 요소 가운데 수용하고 존중하며 공감하는 태도를 보임으로써 클라이언트는 긍정적 변화가 유발되어 자긍심을 높일 수 있다. 그러나 사회복지사가 클라이언트를 비난하거나 부정적 비판으로 공감하지 못하는 행위 등을 통해 클라이언트는 극심한 분노와 거부 그리고 좌절감을 느끼며 심리적 변화를 가져올 수 있다. 따라서 사회복지사는 상담가의 인간적인 자질로서 클라이언트의 언행을 존중하는 마음과 행동양식 및 가치관에 대한 포용성 그리고 설정된 목표를 향해 나아가는 용기와 인내 등을 구비하여야 한다(김기태 외, 1999).

(4) 헌신과 의무

사회복지실천에서의 헌신과 의무는 원조상황에 대한 책임감을 의미하는 것인데 이것은 신뢰성과 일관성을 포함하는 개념이다. 타인과의 관계 속에서 책임감이 배제된 상태라면 결코 좋은 인간관계를 기대하기가 어렵다. 따라서 전문 사회복지사와 클라이언트 간의 관계에서 긍정적인 결과를 가져오기 위해서는 상호 헌신과 의무로 맺어져야 한다(김용환 외, 2013; 윤선오 · 김현진, 2016).

사회복지사의 의무는 클라이언트와 관계를 맺을 때 필수적인 절차상의 조건을 최대한 준수하는 상태를 말한다. 예컨대, 약속된 시간과 장소를 지키는 것이나 클라이언트의 문제에 대해 초점을 유지하는 것 그리고 성장과 변화를 가져오는 관계를 제공하는 것 등이다.

의무적인 사항이 정당한 이유와 설명 없이 준수되지 않는다면 클라이언트는 사회복지사를 더 이상 신뢰하지 않을 것이고, 나아가 이들과의 관계는 극도로 불신의 관계로 변하게 된다. 따라서 사회복지사는 고통과 즐거움 그리고 좌절과 헌신이 수반되는 타인의 내적 세계로의 헌신적 자세가 필요하다.

(5) 일치된 진실성

사회복지실천에서의 일치된 진실성은 사회복지사가 클라이언트와 관계를 맺을 때 요구되는 핵심 가운데 하나이다. 이러한 관계에서 정직한 개방성을 유지하면서 원조 활동을 전개하는 것과 책임감 있는 태도, 대화의 내용과 행동 일치, 전문가로서의 자아와 가치체계에 부합되어야 하는 것 등은 일치된 진실성의 의미를 부각시키는 요소들이다(권대훈, 2016).

일치된 진실성은 클라이언트 자신의 한계를 명확히 알고 있는 가운데 사회복지사가 전하는 질문 속에서 모호한 대답보다는 솔직하고 진실된 정보만을 답하는 것으로서 그 가치가 존중된다. 따라서 진실하거나 순수하다는 것은 가식적으로 꾸밈이 없이 표현의 솔직함이 내재되어야 한다. 그리고 일치성은 클라이언트와 사회복지사 상호 간의 말과 행동이 실제 감정과 사고에 일치되는 것을 의미한다.

진실되게 말한다는 것은 모든 감성을 무조건 노출하는 것이 아니라 때로는 사회복지사가 클라이언트에 관한 부정적인 감정과 판단을 갖게 될 때 진실성과 전문가로서의 경계 사이에 갈등을 겪게 되는 경우가 있다. 예컨대, 사회복지사가 치료적 목적에 도움이 된다고 판단될 때 자신의 감정이나 경험적 이야기의 변형으로 대처하는 것이 바람직할 수도 있다.

(6) 명확한 의사소통

사회복지실천에서의 공감은 사회복지사가 클라이언트에게 친숙한 관심을 갖은 상태에서 그의 처지를 이해하며 보다 적극적으로 경청하고 있음을 클라이언트에게 전달하는 능력이다. 그리고 이러한 공감을 바탕으로 클라이언트와의 의사소통은 사회복지사가 전달하고자 하는 메시지를 상대에게 충분한 이해가 되도록 명확히 전하는 것이며, 또한 클라이언트 자신의 문제가 사회복지사에게 확실하게 전달되는 것이 중요한 관건이 된다.

(7) 자기를 관찰하는 능력

사회복지실천에서 자기를 관찰하는 능력은 자신의 목표에 대해 깊이 생각하는 가운데 스스로를 믿고 존중하며, 자기 자신을 복잡한 개입 활동의 한 부분으로 관찰할 수 있는 능력을 의미한다. 이러한 자기관찰 능력에는 평소 인정하고 싶지 않은 자신의 모습이 발견되더라도 두려워하거나 왜곡하지 않는 절대적 용기가 필요하다.

사회복지사는 자신의 요구에 대한 인식과 자신의 내면에서 작용하는 여러 성격유형들을 처리할 수 있는 능력 그리고 사실을 명확하게 인식하고 솔직한 관계를 형성하기 위해 자신의 능력과 한계를 극복할 수 있는 능력을 함께 배양해야 한다.

(8) 권위와 권한

사회복지실천에서의 권위(Authority)는 클라이언트와 기관에 의해 사회복지사에게 위임된 권한으로 해석된다. 사회복지사는 전문가로서 지식과 경험을 보유함과 동시에 일정한 지위에 있음으로 인해 그 영향력을 행사할 수 있는 권한을 갖게 된다(김수연, 2013).

원조관계의 권위는 사회복지기관 내에서 사회복지사의 위치와 기능으로부터 시작되는 제도이며, 클라이언트가 사회복지사에게 필요한 정보와 전문적인 조언을 구하는 등의 권위를 부여하는 심리적인 차원으로 재정리할 수 있다. 클라이언트를 돕는 원조적 관계에 있어서의 권위나 권력남용을 방지하기 위해 사회복지사는 자신의 정직한 태도가 이탈되지 못하도록 자기통제를 해야 한다. 그리고 기관의 정책과 전문가로서의 역할을 다하기 위해 명확한 지식을 갖추어야 한다. 또 사회복지사에게 부여된 권위와 권한이 있다 하더라도 이를 어떻게 사용할 것인지에 대해 클라이언트에게 명확한 설명이 사전에 이루어져야 한다.

(9) 인애와 존경심

사회복지실천에서 사회복지사가 클라이언트에 대한 인애와 존경심은 관심과 보살핌의 사고와 행위를 느끼게 하는 것이다. 이것은 사회복지사가 클라이언트 자신의 문제 또는 인생에 대하여 무엇인가 할 수 있는 능력을 갖고 있다는 것을 확신하고 있다는 감정을 클라이언트에게 전달할 수 있는 능력의 표현이다 (Robert, 2000).

관계형성 과정에서 인애와 존경심은 클라이언트의 독자성과 존엄성을 수용하고 이를 전달하는 것이다. 따라서 클라이언트의 자기결정의 권리를 지지하고 격려함으로써 결과적으로는 사회복지사에 대한 존경심이 발현되는 것이다.

(10) 사고(思考)의 민감성

사회복지실천에서 사고의 민감성은 클라이언트가 무엇을 느끼고 생각하는지를 민감하게 파악하는 것이다. 여기에서 클라이언트의 감정을 잘 관찰하고 경청함으로써 이들에게 진심 어린 관심이 조성되었을 때 사고의 민감성을 기대할 수 있다(김재선 외, 2015).

사회복지사는 클라이언트와의 관계에서 언어적·비언어적 표현에 특히 주의를 가져야 한다. 그리고 이러한 표현 속에서 특정한 단서가 없다 하더라도 클라이언트의 내면세계를 느끼고 감지할 수 있는 직관능력이 필요하다. 왜냐하면 사회복지사로서 선입견과 고정관념의 구조(틀)에서 벗어나 클라이언트의 감정과 사고에 자신을 투입시켜 그들이 처한 내면의 세계를 보다 상세하게 파악할 수 있기 때문이다.

3. 관계형성의 실천기술

1) 관계형성을 저해하는 요인

사회복지실천에서 사회복지사와 클라이언트의 관계는 원조적 관계이며 변화의 중요한 도구이다. 그러나 이러한 양자관계에서 불협화음이 내재된다면 최초 달성하고자 했던 목표를 이루어 나가는 데 장애가 될 뿐 아니라 그 관계가 단절되어 중간에 사회복지서비스의 개입이 단절될 수 있다(양옥경 외, 2005). 따라서 이러한 관계형성을 저해하는 요인은 클라이언트의 불신과 전이 그리고 사회복지사의 역전이가 있으며 세부내용은 다음과 같다.

(1) 클라이언트의 불신

사회복지실천에서 클라이언트가 살아온 과정에서 격려와 인정을 받은 경험이 없는 경우 사회복지기관에서 처음 만난 사회복지사에 대한 신뢰와 그에게 의지하는 감정을 드러내는 것은 결코 쉬운 일이 아니다. 또한 클라이언트의 문제와 서비스를 원조하는 과정에서 무관심과 신뢰의 상처를 겪은 이들에게도 사회복지사의 신뢰를 기대하기는 어렵다. 이러한 유형의 클라이언트는 특히 비난과 거부감 그리고 상처를 미리 예상하여 매사에 방어적 태도를 보이게 된다. 특히 이러한 상황에서는 클라이언트의 자기 노출은 더욱 어려워지고 더 이상의 변화는 기대하기가 곤란하다.

(2) 전 이

사회복지실천에서의 전이(Transference)는 클라이언트가 어린 시절 자신이 가졌던 누군가에 대한 기대나 원망, 사랑, 두려움 등의 무의식적인 감정들을 사회복지사에게 보이는 행위이다(이영호, 2009).

클라이언트는 어린 시절 초기의 주요 대상에 대한 감정과 태도 그리고 행동이 상담자에게 재현되거나 전치될 수 있다. 이러한 전이는 프로이드(Sigmund Freud)에 의해 발견된 개념으로서 긍정적 · 부정적 결과를 동시에 초래할 수 있고, 동전의 양면처럼 중요하나 위험한 도구로서 발전되어 왔다. 즉 전이는 클라이언트의 과거와 무의식에 대해 탐구할 수 있는 중요한 기회를 제공하기도 하지만 클라이언트의 저항을 유발할 수 있는 장애물이 되기도 한다.

넘버그와 커트러(Nunberg & Cutler)는 현실 속에서 한 개인이 내부 상을 동일시하는 대상을 찾아 그의 무의식적인 욕구를 투사하게 되는 과정을 설명하며 전이 개념을 이해시켰다. 그래서 전이반응들은 본질적으로 과거의 대상관계를 반복하는 것처럼 보이기도 한다.

상담 및 치료적 관계에서 전이반응의 두드러진 특징 중 하나는 반복적이라는 것과 변화에 대해 저항하는 완고함이라고 하며, 상담관계에서 클라이언트는 사회복지사에게 어린 시절 무의식적으로 좌절되었던 욕구를 이입하여 충족하려 하지만 사회복지사가 이러한 대상이 되지 않기 때문에 좌절을 느끼게 된다. 그래서 치료적 관계뿐 아니라 모든 인간에게는 동일시하게 되는 내부 상을 외부세계 또는 현실 속에서 찾으려고 끊임없이 시도한다고 보았다.

전반적으로 전이를 다루는 능력은 복잡한 작업이므로 특히 초년 사회복지사들에게는 결코 쉬운 것이 아니다. 사회복지사가 전이를 잘 다룬다는 것은 전이반응에 대한 해석의 정교함이나 그 해석에 따른 작업을 통하여 통찰을 이끌어내는 기술이라 할 수 있다. 사회복지사가 클라이언트의 전이를 적절하게 다루게 될 경우, 다른 대상과 관련 있는 부적응적인 패턴은 이들 상호관계에서 다시 재현되는 것을 인식하고 통찰함에 따라 관계뿐 아니라 다른 관계 내에서도 그 패턴의 영향이 감소하거나 부적응을 해결해 나갈 수 있는 등 내담자가 통찰을 하게 되는 것을 확인할 수 있다. 예컨대, 클라이언트가 사회복지사에 대한 긍정적 전이는 사랑, 애정, 믿음, 호감, 관심, 헌신하고 싶은 마음, 감탄, 유혹, 열정, 갈망, 사모, 감미로움, 존경 등이다.

(3) 사회복지사의 역전이

프로이드(S. Freud)는 분석가로서 클라이언트의 전이(transference) 감정에 반응하여 취할 수도 있는 치료행위를 지칭하는 의미로 역전이(Counter-transference)라는 말을 사용하였다. 따라서 사회복지실천에서 역전이는 사회복지사가 클라이언트에게 아무 생각 없이 자신의 과거 속 어떤 인물인 것처럼 느끼고, 무의식적으로 그렇게 반응하는 것을 의미한다(윤선오 · 김현진, 2013).

2) 관계 다루기 기술

사회복지실천에서 관계형성의 올바른 변화를 저해한 것을 다루는 실천기술로 헵워스와 러센(Hepworth & Larsen, 1990)은 저항 다루기, 긍정적 재해석, 직면, 전이와 역전이 다루기, 문제를 성장의 기회로 재규정 등 5가지를 다음과 같이 제시하였다(양옥경 외, 2001).

(1) 저항 다루기

사회복지실천에서 저항(Resistance)은 개입 목표와 반대되는 클라이언트의 행동을 의미한다. 여기에서 클라이언트가 이러한 행동을 인식하고 있는 경우도 있으나 대부분의 경우 이러한 것을 의식하지 못하고 사회복지사의 눈에만 보이는 경우가 많이 발생한다.

사회복지실천에서 저항이 변화로의 진전을 심각하게 저해할 경우에만 다루는 것이 좋다. 그것은 저항을 다루기 위해 행동별로 도출시키는 것은 불쾌감과 함께 역효과를 가져오기 때문이다. 그러나 목표 달성을 심각하게 저해할 때는 저항을 다루는 것을 최우선으로 하는 경우도 있다. 예컨대, 지난 상담에서 할아버지에 대한 이야기를 꺼낼 때 감정적으로 불안했던 클라이언트가 오늘 상담에서는 거의 말이 없는 것을 보고, 사회복지사가 "지난 상담 시에는 몹시 불안해 보이더니 오늘은 그것에 대해 어떤 감정이 있으신가요?"라고 묻는 경우이다. 이러한 기술은 저항을 인식하여 해결하는 이득 외에 부정적 감정을 표현함으로써 대인관계에서의 부정적인 감정을 효과적으로 다룰 수 있는 경험을 제공하게 된다(김용환 외, 2013).

사회복지실천에서 저항의 유형은 침묵, 핵심에서 벗어난 주제 말하기, 무력함 표현, 문제를 축소하거나 마술적 해법을 기대하는 것, 저항의 심리를 행동으로 나타내기 등이 있다.

(2) 긍정적 재해석

사회복지실천에서 긍정적 재해석(Construction)은 재명명 스킬(Skill)과 유사한 것이다. 따라서 긍정적 재해석은 클라이언트의 부정적이고 바람직하지 못한 감정들에 대해 사회복지사가 긍정적인 의미를 부여하는 것을 말한다. 예컨대, 남편이 의지가 약해 술을 못 끊는 것 같아 화가 난다는 클라이언트의 말에 "남편의 건강을 그렇게 걱정하시다니 남편을 무척 사랑하신가 봐요"라는 긍정적인 해석을 붙여 주는 경우이다. 이러한 목적은 클라이언트의 자기방어를 최소화하고 손상되기 쉬운 자존감을 보호하는데 있다(김용환 외, 2013; 윤선오 · 김현진, 2016).

(3) 직 면

사회복지실천에서 직면(Confrontation)은 관계형성의 좋은 변화를 저해하는 부정적인 감정이나 생각 그리고 행동들을 클라이언트가 인식하도록 직접적인 방법으로 돕는 것이다. 예컨대, "아버지가 자상하고 무척 잘 대해 주었다고 하면서도 아들에게는 아버지와 같은 부친상을 제시하고 싶지 않다고 하는데 어떻게 생각하나요?"라고 하여 클라이언트가 스스로 아버지에 대해 갖고 있는 모순된 감정을 깨닫도록 하는 것이다(김경호, 2011; 김용환 외, 2013).

(4) 전이와 역전이 다루기

일반적으로 인간관계는 사람이 인생을 살아가면서 타인과 함께 하는 관계적 맺음이다. 이러한 인간관계는 본인 또는 타인의 의지에 의해 형성되며, 우리의 삶은 여러 가지 형태의 끊임없는 대인관계로 이루어지고 있다. 그래서 모든 사람은 싫든 좋든 상관없이 관계를 만들어 가야 하며 서로가 도움을 주고받는 조력관계이다. 즉 사회적 동물군을 형성함으로써 생산적인 삶을 추구하며 살아가게 된다(최옥채, 2006; 이영실 외, 2011).

정신분석에서는 전이를 치료적으로 활용하고 있는데 전이관계가 핵심이 된 무의식적 갈등상황을 표현함으로써 신경증적 상황을 유발시킨 갈등을 현재 상황에서 환자에게 의미 있는 방법으로 재연해 주게 된다. 여기에서 치료자는 과거의 대상과 달리 모든 상황을 파악하고 통제할 수 있는 안전한 대상이 되어 주는 것과 동시에 환자가 그 갈등을 신경증적으로 다루지 않도록 해석함으로써 그 관계를 치료적으로 만들 수 있다. 사회복지사에 대한 감정을 과거 다른 사람에게도 느낀 적이 있는지 확인해 보고 그것이 어디에서 유래되었는지에 대해 클라이언트 스스로 깨닫도록 원조한다(김용환 외, 2013).

사회복지사는 인간을 이해할 수 있는 전문지식과 관계형성 기술을 기반으로 클라이언트의 욕구 또는 문제를 서비스하기 위해 개입하는 것이 원칙이다. 따라서 사회복지사가 인간관계이론을 잘 이해하고 이를 활용하는 것은 전문 사회복지사로서 뿐 아니라 생활인으로서도 매우 가치 있는 일이라 할 수 있다.

(5) 문제를 성장의 기회로 재규정

사회복지실천에서 문제를 성장의 기회로 재규정하는 것은 문제가 분명 변화되어야 하는 것임에 틀림이 없지만 너무 지나치게 부정적으로만 볼 수 없다. 왜냐하면 이것을 성장과 도전의 기회로 인식하게 할 수 있기 때문이다.

사회복지실천에서의 기술(Skill)은 두려워하고 불안해하는 클라이언트에게 문제에 대한 낙관적 관점을 제공해 주고, 아무리 어려운 상황에 처했다 하더라도 본인의 뜻에 따라 생각하기에 달려 있다는 확대된 시각을 제공해 줄 수 있다. 예컨대, 어느 중년 부인이 남편과 아이들이 더 이상 자신을 필요로 하지 않는 것 같아 우울하다고 할 경우 그녀의 우울증을 이제까지 가족들을 보살피느라 하지 못했던 자신을 위한 투자의 좋은 기회로 해석하는 것을 뜻한다. 이러한 행위는 그녀 자신의 상황을 좀 더 긍정적인 자세로 되돌아가게 하고, 새롭게 변화된 동기를 가질 수 있는 계기가 될 수 있기 때문이다(김용환 외, 2013; 윤선오 · 김현진, 2016).

4. 의사소통기술

사회복지실천현장에서 사회복지사의 기본적인 기술 가운데 하나로 의사소통기술을 들 수 있다. 이러한 의사소통기술은 클라이언트 및 지역주민 그리고 사회복지기관 내 직원 상호 간의 인간관계에서도 중요한 분야에 속한다.

1) 의사소통의 기초

우리 인간은 세상에 태어나 가족의 일원으로부터 시작하여 지역사회의 다양한 구성원이 되어 그들과 소통하며 관계를 맺으며 살아간다. 이러한 인간관계 속에서 서로 간의 의사소통 흐름에 따라 관계에 미치는 영향이 크게 변화된다.

사회복지실천에서 의사소통의 기술을 이해하기 위해서는 의사소통의 원칙, 의사소통의 종류와 본질적 요소, 언어적 · 비언어적 의사소통에 대해 살펴볼 필요가 있다(김혜란, 2005).

(1) 의사소통의 원칙

일반적으로 인간관계 속에서 모든 사람들과의 의사소통을 함에 있어서 행하여지는 원칙들이 있는데 다음과 같다. 첫째, 우리 인간은 살아가면서 항상 의사소통을 할 수밖에 없다. 둘째, 모든 의사소통은 내용과 관계의 2가지 양면적인 차원을 갖고 있다. 셋째, 의사소통의 내용과 관계수준 상호 간의 연계를 파악하고 구분해야 한다. 넷째, 의사소통에 있어서 언어적 의사소통과 비언어적 의사소통을 통하여 상호 간의 감정적·행위적 의사소통이 이루어진다. 다섯째, 의사소통은 기본적인 것으로부터 대칭적이거나 상호보완적 유형을 지니고 있다(윤선오·김현진, 2016).

(2) 의사소통의 종류와 본질적 요소

일반적인 의사소통의 유형은 직선적 의사소통과 순환적 의사소통 그리고 나선적 의사소통으로 구분할 수 있다. 먼저 직선적 의사소통은 서로 간의 의사소통이 원활하지 못해 대화가 제대로 진행되지 못하고 조기에 끝나는 경우이다. 또 순환적 의사소통은 한 사람이 상대에게 했던 이야기를 계속 반복함으로써 대화에 싫증을 느끼며 지루함으로 인해 상대의 말을 무시하거나 회피하여 대화가 진전되지 않는 경우이다. 그리고 나선적 의사소통은 둘 사이의 대화가 되돌려주면서 발전하게 되므로 그들 사이의 인간관계가 친밀해지고 계속적인 대화를 통해 서로 간에 유지하고 싶어 하는 상태가 되는 것이며, 일반적으로 가장 권장되어지고 있는 유형이다(남연희 외, 2012).

의사소통의 본질적 요소는 의사소통 자체가 체계적이며, 대화를 나누는 가운데 지각하는 것과 매우 밀접한 관계에 놓여있다. 그래서 의미와 융합하고 과정적 성격을 보여주게 된다.

(3) 언어적 및 비언어적 의사소통

일반적인 의사소통은 언어적 의사소통과 비언어적 의사소통을 통하여 서로의 의사를 전달하는 것이다. 이러한 의사소통의 도구를 활용한 가운데 언어적 의사소통의 핵심은 좋은 의사소통을 위해 다음과 같은 태도를 갖추어야 한다. 첫째, 모든 인간은 독특한 방법으로 사건을 인식하고 경험하며 상호 교환적 관계형성을 이해한다. 그래서 의사소통에 있어 어느 정도의 오해는 예상해야 하고 이러한 문제를 최소화하려는 자세를 견지해야 한다. 둘째, 남들이 이해하기 쉬운 방법으로 사고를 조직하고 메시지를 전달하려는 의지가 필요하다. 셋째, 남들이 말하는 것을 들을 수 있도록 자신의 방어를 줄이는 의지가 필요하다. 넷째, 말하고 있는 사람에게 주의를 기울여 듣고자 하는 의지가 필요하다. 다섯째, 자기 자신의 사고와 감정 그리고 행동에 책임을 지려는 의지가 있어야 한다. 여섯째, 잘 이해하고 이해받기 위해 의사소통에 필요한 시간을 가지려는 의지가 있어야 한다(손광호, 2009).

비언어적 의사소통은 사람과의 관계에 있어서 약 90%가 이러한 비언어적 의사소통으로 관계를 형성해 나가고 있다는 조사가 있다. 또한 모든 관계의 수단으로 메시지의 약 50%가 얼굴 표정, 특히 눈을 통하여 전달되며, 30%는 목소리의 어조나 음조 등을 통해 표현된다. 따라서 사회복지실천 상담면접 시에 클라이언트의 비언어적인 의사소통에 집중하여 살펴보면 사회복지사는 자신이 클라이언트에게 어떻게 인식하고 있는지를 알 수 있다(이애재, 2013).

비언어적 의사소통의 요인으로 시선접촉, 목소리의 어조, 얼굴 표정, 팔과 손의 동작, 몸의 자세, 옷차림과 외모가 있으며 세부내용은 다음과 같다(설진화, 2011).

첫째, 시선접촉이다. 이것은 커뮤니케이션의 중요한 수단으로 눈을 마음의 창이라고 하는 것처럼 눈은 우리의 감정상태에 대해 많은 것을 알려준다. 시선접촉은 의사소통에 참여하겠다는 뜻의 표시이고 민감성과 이해를 나타내는 표시이기도 하다. 그래서 시선접촉이 없는 것은 진실성이나 흥미가 없는 것으로 해석되기도 한다.

둘째, 목소리의 어조이다. 이러한 목소리에 따라 클라이언트가 받아들이는 것이 달라질 수 있다. 상대방에게 말을 전하고자 할 때 목소리의 높낮이는 말하는 사람의 감정상태를 나타낸다. 목소리가 너무 크고 강하다면 상대로 하여금 공격적인 느낌을 갖게 할 수 있고, 반대로 너무 약하다면 철회나 두려움 그리고 약함을 나타내는 느낌을 줄 수 있다. 따라서 말이 빠르게 느껴지면 조금 늦추고 여기에 감정을 조정하여 대화를 나누는 것이 좋다.

셋째, 얼굴 표정이다. 대화의 내용이 긍정적일지라도 얼굴 표정에 따라 상대방이 부정적으로 받아들일 수 있다. 미소를 짓고 고개를 끄덕이는 것과 입을 오물거리는 것 그리고 인상을 쓰는 것 등의 얼굴 표정은 여러 가지 메시지의 뜻이 담겨져 있음을 알고 판단하여야 한다.

넷째, 팔과 손의 동작이다. 이러한 동작은 흔히 의외의 강한 느낌을 전달하고자 할 때 나타난 행위이다. 예컨대, 대화 시 팔짱을 끼거나 손 또는 발을 떤다는 것은 숨겨진 불안과 분노의 표현일 수가 있으며, 원활한 의사소통에 방해가 될 수 있다. 그리고 팔과 손이 몸의 가장자리에 있거나 뻗고 있으면 상대에 대한 개방성을 나타내는 것이고, 주먹을 쥐고 있으면 분노나 불안의 표시인 경우가 많다.

다섯째, 몸의 자세이다. 상대방과 대화를 나누는 가운데 몸의 자세가 어떠한가에 따라 개방적인지 폐쇄적인지를 알 수 있다. 예컨대, 상대방과 대화를 나누는 자리에서 위치를 상호 90도(직각)의 방향 위치로 앉는 것이 좋은 착석(着席)의 자세이며 안전성과 개방성을 나타낸다. 상대를 똑바로 쳐다보는 것은 공격성을 전달할 수 있기 때문에 주의하고, 책상 하나 사이로 마주 앉아 상담하는 것은 개방성과 밀접성을 저해할 수 있다.

여섯째, 옷차림과 외모이다. 사회복지사는 자신의 의복이나 용모에 세심한 준비가 필요하다. 예컨대, 아동복지기관에서 알맞은 복장이 병원이나 법원에서는 적절하지 않을 수 있다. 따라서 클라이언트가 처한 상태나 장소에 따라 융통성 있게 옷차림과 외모를 갖추어 상대를 맞이하는 것이 좋다.

2) 의사소통기술의 분류

사회복지실천에서 의사소통기술을 분류한다면 기본적인 의사소통기술과 공감적 의사소통기술 그리고 표현적 의사소통기술 3가지 유형으로 나눌 수 있다.

(1) 기본적인 의사소통기술

사회복지의 실천에서 직접적인 서비스를 제공하는 사회복지사는 그 원조과정에 긍정적인 영향을 미치는 관계를 발달시키려고 한다. 이러한 경우에 사용되는 의사소통기술에는 공감, 온화함, 진실성 등이 강조되고 간접적인 서비스를 제공하는 사회복지사에게는 명확성과 목표 지향적인 기술이 더욱더 필요하다(윤선오 · 김현진, 2016).

일반적인 의사소통은 다음과 같은 경우에 문제가 발생할 소지가 있다. 첫째, 스스로 이야기하도록 방기하는 것보다는 대신 이야기할 경우이다. 둘째, 편견이나 고정관념을 가지고 들으며 말할 때이다. 셋째, 다른 사람이 말하려는 것을 경청하지 않고 이해할 시간을 갖지 않을 때이다. 넷째, 자신이 실제로 믿고 느끼는 것을 다른 사람이 불인정할 것을 두려워하여 말하지 않으려고 할 때이다. 다섯째, 자신이 생각하고 느끼는 것을 다른 사람이 이미 알고 있을 것 같아 이야기하지 않을 때이다. 여섯째, 솔직하고 개방적인 이야기를 하는 것에 두려워할 때이다. 일곱째, 지시하기와 위협하기, 설교하기, 심판하기, 비난하기, 비위맞추기 등으로 의사소통을 억압하거나 무력하게 할 때이다. 여덟째, 낮은 자긍심으로 인하여 이야기할 상대가 없다고 생각할 때이다(전남련 외, 2011; 윤선오 · 김현진, 2016).

(2) 공감적 의사소통기술

공감(Empathy)은 사회복지실천 초기부터 그 중요성이 강조되어 왔다. 이러한 공감은 클라이언트 입장에서 그들의 감정이나 생각 그리고 표현을 존중하고 인정하는 것을 의미한다. 그래서 공감적인 이해는 사회복지실천에서 클라이언트와의 관계적 측면에서 가장 중요한 부분이라 할 수 있다. 즉 공감은 클라이언트와 함께 이해하는 것이므로 자연스럽게 반응하거나 반영하는 것이 좋다. 따라서 공감적 반영은 사회복지사가 클라이언트의 언어적 표현뿐 아니라 비언어적 표현에 반응하고 주관적인 경험으로 들어가는 것이다.

사회복지실천에서 사회복지사가 공감적으로 의사소통을 할 때 클라이언트는 자기가 이해와 존경을 받고 있으며, 수용되고 있음을 느낄 수 있다. 그래서 사회복지사의 공감적 반영은 클라이언트 자신에게 의미 있는 생각과 감정 그리고 경험을 지속적으로 탐색하도록 원조할 수 있게 된다. 또한 사회복지사가 클라이언트와 라포를 형성하여 지지할 때 그들이 더욱 가치 있는 존재로 느끼고 긍정적인 자아상을 개발할 수 있게 된다(전재일 외, 2010; 신성자 외, 2012).

공감적 의사소통기술에서 반영하는 경우를 살펴보면 내용의 반영과 감정의 반영, 의미의 반영, 결합적 반영이 포함되며 세부내용은 다음과 같다.

첫째, 내용의 반영이다. 이것은 클라이언트 문제 또는 환경이나 그들의 삶의 다른 면들에 대한 표현을 이해하고 있다는 것을 전달하는 것이다. 사회복지사는 대부분 클라이언트에게 문제와 상황에 대해 말하도록 요청하는 것으로부터 시작한다. 여기에서 클라이언트가 어느 정도 말을 하고 난 다음 사회복지사가 그 메시지를 정확하게 다시 말하는 것은 그 내용을 충분히 이해하며 반영하고 있다는 것을 나타낸다.

둘째, 감정의 반영이다. 이것은 클라이언트가 자신의 문제나 상황 그리고 다른 성원들 또는 사회복지사에 대해 느끼는 언어적·비언어적 표현을 이해하는 의사소통을 의미한다. 감정의 전형적인 반영은 클라이언트가 표현하는 느낌이나 감정을 다시 말함으로써 '고객님은 ~을 느끼고 계시군요?'라고 표현할 수 있다. 그러나 그들에 의해 사용된 말을 되풀이하는 것보다는 오히려 동등한 느낌을 나타내는 단어를 사용하는 것이 더 효과적일 수도 있다.

셋째, 의미의 반영이다. 이것은 사회복지사가 클라이언트의 경험에서 나오는 생각과 의미를 이해하여 전달하는 것이다. 클라이언트는 초기에 문제나 상황을 설명하면서 그와 관련된 감정을 표현할 수 있다. 이러한 경우 사회복지사는 '고객님은 ~라고 생각하는 군요', '고객님이 말하고자 하는 것은 ~인가요?, 집단은 ~라고 생각하는 것인가요?'라고 하면, 클라이언트가 암시적인 분명한 표현으로 메시지들을 반영함으로써 경험에 의한 생각을 탐색하게 된다.

넷째, 결합적 반영이다. 이것은 클라이언트가 말하는 내용이나 감정, 생각, 의미를 혼합하여 직·간접적으로 표현하는 것에 대해 반응하는 것이다. 이러한 표현들은 2개 이상의 경험들이 서로 연결된 것처럼 보이지만 반드시 인과관계로 연결되지 않은 클라이언트의 관점을 반영할 수 있다(윤선오 · 김현진, 2016). 그리고 어떤 때는 클라이언트가 하나의 경험을 다른 경험의 결과나 원인으로 여길 수도 있다. 사회복지사는 클라이언트의 관계가 우연이 아닌 자연스럽게 연결되도록 '그리고, 그러나, 그렇지만'과 같은 단어를 사용하여 공감적인 반영으로 연결해야 한다. 여기에서 클라이언트가 관계를 우연으로 보게 될 때는 '왜냐하면'이라는 단어로 바꾸어 말을 연결하는 경우이다.

(3) 표현적 의사소통기술

사회복지실천에서 사회복지사는 표현적 의사소통기술을 통하여 클라이언트의 준거틀보다는 자신의 준거틀에서 의사소통을 하는 것이다. 사회복지사는 새로운 주제를 소개하거나 클라이언트가 시작한 주제를 확장하게 될 때 표현적 의사소통기술을 사용하게 된다. 따라서 이러한 표현적 의사소통기술에는 목적 및 역할과 기대의 명료화, 질문하기, 초점화, 부분화, 정보공유, 자기노출, 재구성하기,

대결 등으로 표현한다.

① 목적 및 역할과 기대의 명료화

사회복지실천에서 사회복지사가 사용하는 표현적 기술 가운데 가장 기본적으로 중요한 기술은 목적 및 역할과 기대의 명료화이다(Shulman, 1992). 이것은 사회복지사가 새로운 클라이언트 또는 집단을 만났을 때 가장 먼저 사용하는 의사소통기술 중의 하나이다. 그래서 사회복지사는 명료화를 통해 사회복지실천의 방향이 정해질 뿐 아니라 이러한 과정을 통하여 클라이언트의 동의를 구하게 되는 것이다.

② 질문하기

표현적 의사소통기술에서 질문하기 또는 탐구하기의 의사소통은 사회복지사가 질문을 하거나 질문으로 설명하고자 할 때 주로 사용된다(Kadushin, 1995).

사회복지사의 질문하기는 클라이언트가 배우고 성장하도록 도울 수 있는 다기능의 도구이다. 그러나 많은 내용을 순서대로 질문했을 경우 클라이언트가 면접을 받고 있기보다는 심문을 받는 것처럼 느낄 수 있다는 오해를 낳을 수 있다.

③ 초점화

사회복지실천에서 클라이언트가 자신의 문제와 관련된 감정을 사회복지사에게 표현하는 것은 사회복지사가 클라이언트 자신보다 문제를 더 이해하고 해결할 능력을 갖고 있으며, 그가 필요한 도움을 줄 수 있다고 생각하기 때문이다(오봉욱 외, 2015).

사회복지사는 클라이언트의 문제를 듣고 그 문제를 극복하거나 목표를 달성하는 방법을 발견하도록 도움을 주어야 한다. 클라이언트는 자신의 많은 문제를 한꺼번에 해결하고자 할 때 큰 혼돈에 빠지거나 상실감을 겪게 된다. 이러한 것이 단순한 문제일지라도 여러 가지 수준에서 고려되어야 한다. 왜냐하면 문제의 표면 및 상황적 표현 또는 문제의 심리적 의미 그리고 개인의 특수한 반응형태와 그 문제와의 상호관계 등에서 고려되어야 하기 때문이다.

이와 같이 초점화는 초기단계에서 어디에 초점을 맞추어야 할 것인지에 대한 지침을 제시한 것으로서 다음과 같다. 첫째, 클라이언트 자신이 가장 중요하다고 느끼는 문제나 그 문제의 일부를 선택할 것, 둘째, 기관의 기능에 해당하는 문제의 부분을 선택할 것, 셋째, 사회복지사의 판단에서 도움이 가장 필요하다고 생각하는 문제를 선택할 것 등이다(윤선오 · 김현진, 2016).

④ 부분화

표현적 의사소통의 초점이 일반적인 측면에서 그 영역이 명백해졌다 하더라도 문제가 너무 복잡하고 크기 때문에 문제가 해결되려면 더욱 간결하게 축소해야 할 필요가 있다. 이처럼 문제가 복잡하거나 확대된 경우 그 문제를 동시에 다룬다는 것은 매우 어렵기 때문에 해결차원에서 집중적으로 다룰 것인지 또는 먼저 다루어야 할 어떤 명백한 문제의 부분을 가려낼 것인지가 요구된다. 따라서 문제에 대해 분할하여 초점을 모으는 것을 세분화 또는 부분화라고 한다(이영실, 2010; 윤선오 · 김현진, 2016).

초기단계에서 클라이언트가 그의 문제를 취급할 때 세분화 또는 부분화의 기준은 다음과 같다. 첫째, 긴급성이다. 사회복지사와 클라이언트가 명백하고 직접적인 부분으로서 가장 먼저 다루어야 할 부분이다. 둘째, 대표성이다. 보다 큰 문제에 밀접하게 관련된 부분을 일컫는다. 셋째, 처리가능성이다. 두려움이나 방어가 작용하더라도 클라이언트가 처리할 수 있는 것으로 기대되는 부분이다(전재일 · 이성희 · 김연희, 2010).

⑤ 정보 공유

사회복지실천에서 정보 공유하기는 매우 중요한 핵심적 기술이다(Kadushin, 1995). 클라이언트는 지역사회 환경 가운데 이용 가능한 자원을 쉽게 찾지 못한다. 그래서 사회복지사가 지역사회 프로그램과 서비스에 대한 정보를 클라이언트에게 알려 줄 수 있는 경우가 많다. 이러한 정보는 어떤 클라이언트에게는 매우 확실하고 유용한 자원이 될 수 있다(이영실, 2010).

⑥ 자기노출

사회복지사의 자기노출 기술은 자신의 생각과 감정 그리고 경험을 밝히는 것을 의미한다. 사회복지사가 자신의 감정과 경험들을 적절하게 노출할 때 클라이언트는 사회복지사를 진실함과 믿음을 갖고 대하게 될 것이다(손광호, 2009).

사회복지사의 개인적인 감정과 경험들을 클라이언트와 함께 나눌 때 신뢰감과 상호이해를 증진할 수 있게 된다. 그러나 자기노출을 부적절하게 사용하게 된다면 클라이언트가 사회복지사의 정서적 안정이나 전문적 능력에 대해 의문을 갖게 되고, 심지어 조종당하는 느낌을 받을 수도 있다. 따라서 사회복지사의 자기노출은 긍정적일 수도 있고 부정적일 수도 있기 때문에 상황과 여건에 따라 적절히 사용하는 것이 좋다(Sheafor, 1997).

⑦ 대 결

사회복지실천에서 대결(Confrontation)은 클라이언트에게 언어와 행위 사이에 언행불일치나 모순을 직접적으로 지적하는 것을 의미한다(Cournoyer, 1996). 그러나 대결은 다른 사람들을 공격하거나 비평할 때 쓰는 기술이 아니라 그들의 행동이 역기능적으로 되거나 언어적 메시지와 비언어적 메시지가 일치하지 않을 때 사용된다(전재일 외, 2010).

대결은 클라이언트가 자신을 평가하는 과정에서 고려할 수 있는 또 다른 견해를 그에게 제공한다는 점에서 그 가치를 알 수 있다. 사회복지사가 유능하면 클라이언트의 문제에 대해 상대보다 명확하게 인지하고 있어야 한다. 따라서 이러한 대결 시 유의해야 할 사항을 살펴보면 다음과 같다.

- 구체적인 증거를 바탕으로 하되 변화를 강요해서는 안 된다.
- 사전에 충분한 신뢰관계를 형성하여 C't가 어떤 지적도 감수할 수 있는 분위기가 되도록 유의한다.
- 일단 시작한 것은 마무리를 짓되, 진행간 돌발적 반발에도 소신껏 끝을 맺어야 한다.
- 가능한 부정적인 평가를 내리지 않는 범위 내에서 한다.

⑧ 재구성하기

사회복지실천에서 재구성하기의 기술은 클라이언트가 새롭고 다른 방식으로 문제나 상황을 보도록 도와주는 것이다(Toseland & Rivas, 1995; Cournoyer, 1996).

재구성하기에 대한 기술은 종종 부정적 상황에 대해 긍정적 면을 인식하도록 돕기도 한다. 예컨대, 완전히 반항적인 행동을 하는 10대의 아들을 둔 부모는 아들의 독립적인 사고능력이 성인기의 복잡한 삶을 다루는데 있어서 도움이 될 것이라는 생각을 하게 된다면 오히려 편안해질 수 있다. 부정적인 것을 긍정적인 것으로 재구성하는 것은 클라이언트 자신이 변화할 수 있음에 희망을 가질 것이고, 문제해결과정에 영향을 미치게 될 것이다.

3) 의사소통기술의 응용

(1) 효과적인 의사소통기술

의사소통에서 말하는 사람은 자신이 무엇을 말하는지 또 어떻게 말하고 있는지 그리고 자신의 신체언어가 전달하고 있는 메시지 등에 대해서 잘 알아야 한다. 또한 듣는 사람이 메시지를 잘 이해하고 있는지를 관찰해야 한다. 즉 듣는 사람은 말하는 사람을 관찰하고 필요하면 질문을 하여 무엇을 말하고 있는지 그리고 어떻게 전달하고 있는지에 주의를 기울이는 등 능동적인 청취자가 되어야 한다(최덕경, 2011; 윤선오 · 김현진, 2016). 따라서 효과적인 의사소통기술을 하기 위해서는 사전준비 및 예측기술, 메시지를 계획하는 기술, 자신을 소개하는 기술, 의사소통의 목적 설명과 비언어적 도구를 염두에 두는 기술, 메시지 수신 및 질문 응답과 단어의 의미를 확인하는 기술들이 있다.

① 사전준비 및 예측기술

효과적인 의사소통의 방법을 통해 사전준비 및 예측기술에는 먼저 감정이입을 하도록 하며, 장애물을 의식하고 피드백을 주고받는다. 또한 상대방의 말을 경청하되 권력과 조작에 의한 전달을 피하고 일대일로 의사소통하면서 상대방을 수용하고자 하는 노력과 함께 자기 자신과 상대방을 신뢰하는 것이 중요하다.

② 메시지를 계획하는 기술

사회복지실천에서 사회복지사가 더욱 효과적인 의사소통을 하는데 도움을 주는 기술들은 다음의 질문을 통해 메시지에 대한 계획을 수립할 수 있다.

첫째, 어느 정도의 시간을 메시지 전달에 사용할 수 있는가? 둘째, 내가 전달하고자 하는 메시지의 핵심적인 내용은 무엇인가? 셋째, 나의 메시지 가운데 어느 부분이 오해의 소지가 있으며 혼란스러운가? 넷째, 나의 메시지를 상대방이 잘 이해하고 받아들일 수 있도록 어떻게 조작할 것인가? 다섯째, 나의 메시지를 받는 사람이 언제, 어디에서 관심을 가장 잘 기울일 것인가? 여섯째, 나는 이 메시지를 전달할 신뢰성과 지위를 가지고 있는가? 일곱째, 다른 사람이 메시지를 전달하는 것이 좋은가? 등을 의사소통 전에 자문하여 준비하는 것이 좋다(전재일 · 이성희 · 김연희, 2010; 윤선오 · 김현진, 2016).

③ 자신을 소개하는 기술

효과적인 의사소통에서 의미 있는 의사소통의 중요성은 사회복지사가 자신을 소개하는 것이 첫 과정에서 초점으로 언급되어야 한다. 여기에서 자신은 누구이고 원하는 메시지나 정보의 교환에서 역할 또는 책임이 무엇인지를 간단하게 묘사할 수 있어야 한다(최미영 외, 2009).

④ 의사소통의 목적 설명과 비언어적 도구를 염두에 둔 기술

의사소통의 목적을 설명하는 기술은 전달자가 메시지를 전달하는 이유를 언급하는 것으로 이를 통해 수신자가 메시지를 적절한 맥락에서 파악할 수 있다(황철수 외, 2010). 비언어적 의사소통을 염두에 두는 기술은 수신자가 메시지에 동의하고 있지 않음을 비언어적 의사소통을 통하여 전달할 때 이를 염두에 두고 반응하는 시도가 필요하다.

⑤ 메시지 수신 및 질문 응답과 단어의 의미를 확인하는 기술

메시지 수신을 확인하는 기술은 수신자가 송신자의 메시지를 완전히 그리고 정확하게 받아들였는지를 확인하기 위해 다양한 질문과 탐색을 할 수 있다.

질문에 응답하는 기술은 질문에 대해 부합된 응답을 직접적으로 분명하게 답하는 것인데 어떻게 보면 단순해 보이지만 사람들은 종종 질문을 제대로 듣지 못하는 경우가 있다(김정진, 2008).

단어의 의미를 확인하는 기술은 사람들이 단어나 말을 서로 다른 방법으로 사용하기 때문에 의사소통의 문제가 대두되는 경우가 많다. 따라서 의사소통을 하는 사람들이 주요 단어들을 같은 의미로 생각하고 있는지 확인하기 위한 질문이 필요하다.

(2) 의사소통을 위한 자기표현

① 자기표현적 사람의 특징과 표현방법

자기표현은 확신을 가지고 기술적으로 자기의 생각이나 감정을 폭넓게 전달하는 능력이며, 어떤 상황에서 자신에게 도움이 되는 결정을 하도록 설득하는 대화의 방법이다. 이것은 상대방의 감정과 입장을 고려하지 않고 계속해서 자기 생각과 입장을 강력하게 주장하는 공격적인 표현과는 다른 개념이다. 따라서 자기를 표현하는 능력은 한 가지 능력에만 국한된 것이 아니라 어떤 상황에서도 적절한 행동방식을 선택할 수 있는 능력을 말한다(이신영, 2012).

자기표현적 사람의 특징은 자기의 생각을 전달하고, 의견표현을 두려워하지 않는 특징이 있다. 또한 요청이나 설명을 할 줄 알며, 항상 감정표현을 적절하게 할 줄 아는 특징이 있다. 그리고 자신감이 있으며 자신의 두려움을 다스릴 수 있는 용기와 함께 기술을 하나 더 가졌다는 자부심이 강한 특징을 갖고 있다.

자기표현의 방법은 첫째, 자기표현을 할 때는 상황에 따라서 구체적으로 한다. 둘째, 상대방의 인격이나 입장, 감정을 충분히 고려하면서 솔직히 상대에게 직접 자신의 권리를 자기표현식으로 주장한다. 셋째, 말소리는 분명하게 하되 적당히 큰 목소리로 안정된 태도로 말하고, 상대의 시선을 피하지 않으며 자신 있게 말한다. 넷째, 나의 생각을 자기표현으로 주장하는 것만이 능사가 아니기 때문에 항상 자기표현으로 주장할 필요는 없다. 그러나 자기표현적인 주장을 하지 않다가 갑자기 주장하게 되면 다른 사람들은 그것을 공격적이라고 생각할 수 있기 때문에 주의하여야 한다. 다섯째, 불안을 느낄수록 주장하는데 곤란을 느끼게 된다. 그러므로 처음에는 불안을 덜 느끼는 이야기부터 시작하는 것이 좋다. 여섯째, 자기표현적 주장하기를 통해 자신이 원하는 바가 이루어지기도 하고, 그렇지 못하기도 하기 때문에 설령 구체적인 소득이 없더라도 노력해 보았다는 자체에 만족을 얻을 수 있는 것이다. 일곱째, 설득적 행동에 타인에 대한 좋은 점을 이야기하는 것도 포함되며, 새로운 것을 시도하는 것에 대해 처음에는 다소 불편하고 이상하게 보일지 모르나 인내심을 갖고 행동하면 점점 쉽고 자연스럽게 된다(윤선오 · 김현진, 2016).

② 자기표현으로 기대되는 효과

의사소통 향상을 위해 자기표현을 함에 있어서 기대되는 효과는 다음과 같다. 첫째, 개인성장 및 상호성장, 스트레스 대응능력 증대를 기대할 수 있다. 둘째, 문제해결의 열쇠로서 활용되며, 사회생활에 대한 긍정적인 태도를 가질 수 있다. 셋째, 상호자존심이 높아짐과 동시에 자기 문제영역을 검토할 수 있는 기회를 가질 수 있다.

③ 비자기 표현의 결과 및 근원

의사소통의 비자기 표현의 결과는 사회적 손실과 심리적 손실 그리고 정신 및 신체 건강상 손실을 가져올 수 있다.

비자기 표현의 근원은 더 좋은 모델의 결핍과 비자기적 행동의 강화, 자기표현 행동에 대한 처벌 경험, 1가지 이상의 신화적 믿음 등을 내포하고 있다.

④ 나 전달법과 너 전달법

의사소통에서 나 전달법(I-Message)은 보다 효과적인 의사소통을 하는 메시지 구조의 한 유형이다. 이러한 구조는 분명하고 직접적인 메시지를 보낼 수 있고 메시지를 받는 사람이 방어적이지 않도록 하는 방법이다.

나 전달법은 갈등이나 논쟁이 있는 상황에서 토론이 무익한 말싸움이 되지 않도록 하면서 상호 간의 실망이나 분노 그리고 좌절 등의 감정을 적절히 표현할 수 있도록 하기 때문에 매우 유익한 방법이며, 가장 널리 적용할 수 있는 기본적인 의사소통기술이다.

나 전달법은 비난하거나 책임을 묻는 대신에 '난 당신 행동에서 변화가 필요하다는 결심을 할 것으로 믿는다'는 것을 암시적으로 전달하는 것이 핵심이며, 특정행동에 대해 간결하지만 분명한 묘사와 그 특정행동으로 인해 경험된 감정 그리고 그 특정행동으로 인한 명백한 영향의 묘사 등 3부분으로 구성된다(설진화, 2011).

나 전달법의 공식 절차는 감정의 원인에 대한 진술과 감정의 확인에 대한 진술 그리고 타인의 영향에 대한 진술로 진행된다. 이러한 진술방법을 구체적으로 설명하면 다음과 같이 묘사할 수 있다.

당신이 _____했을(할) 때 _______했(한)다.
왜냐하면 당신의 그 행동(말)은 나의 감정을 ______하게 만들기 때문이다.
따라서 나는 당신이 _____행동(말)하기를 정말로 원한다.

너 전달법(You-Message)은 우리 일상에서 자주 사용하는 방법이다. 예컨대, '너는 방을 꼭 치워야 해, 너는 네 스스로 더 솔직해야 해, 너는 나를 정말 미치게 만들고 있어'라고 하는 식이다. 이러한 메시지는 잘 전달되더라도 듣는 쪽의 사람이 기분을 상하게 할 수 있다. 그래서 너 전달법은 다른 사람이 필요한 행동변화를 요구하는 것을 목적으로 하지만 보통 변화에 대한 부가적인 저항으로 끝나곤 한다(신성자 외, 2012).

너 전달의 다른 형태로는 지시나 명령, 비난, 낙인식의 이름을 붙이는 것, 해결책을 제공하거나 언급하는 것이 있다. 이러한 전달방법에서 가장 혼란스러운 형태는 '만약 ~한다면'식의 위협이다. 그 외에 '네가 이것을 하지 않는다면 그때 너를 가만두지 않겠다. 네가 이번에 한 번만 더 결석하게 되면 이제 더 이상 너를 도와주지 않을 것이다'라는 표현이 좋은 예이다.

이와 같이 표현적인 방법에서 나 전달법과 너 전달법의 차이를 정리해 보면 다음 〈표 3-1〉과 같다.

〈표 3-1〉 **자기표현의적인 방법 비교**

구 분	나 전달법(I-Message)	너 전달법(You-Message)
개 념	나를 주어로 하여 상대방의 행동에 대한 자신의 생각, 감정을 표현하는 대화방식	너를 주어로 하여 상대방의 행동을 표현하는 대화방식
특 징	• 상대방의 문제행동과 상황을 구체적으로 말함 –평가, 판단, 비난의 의미생략, 객관적 사실만을 말함 • 상대행동이 자신에게 미친 영향을 구체적으로 말함 • 상대영향 때문에 생겨난 감정을 솔직하게 말함	• 해결책을 제시하는 말투 –강요, 지시, 명령하는 말 –경고, 위협하는 말 –당부, 설교, 도덕적 행동요구의 말 –충고, 이론적 설득의 말투 • 정신적 좌절감의 말투 –평가, 비판, 우롱하는 말 –탐색, 질문/심리분석의 말 –둘러대기, 관심을 전환시키는 말 /비교하기의 말

출처 : 윤선오 · 김현진, 2016.

(3) 거절하는 기술

의사소통 간에 들어주기 어려운 것을 거절하는 것은 상대방 자체를 거절하는 것이 아니라 그 사항만을 거절하는 것이다. 거절하기 전에 상대가 현재 느낄 수 있는 감정을 이해하고 그것을 미리 전달한 다음 거절의사를 분명하게 표현하는 것이 좋다(이윤로, 2007).

의사소통하는 과정에서 상대의 감정을 크게 손상시키지 않는 범위 내에서 거절하는 기술은 다음과 같다.

- 가부를 확실히 밝히되 그 결정이 곤란한 경우 생각할 시간을 갖고 솔직하게 표현한다.
- 대답은 간단하게 하되 구차한 변명은 불필요하다.
- 미안하다는 표현은 상황에 맞게 구사하고 자주 사용하지 않는다.
- 상대가 받아들이지 않을 때는 동시에 대화를 중단한다.
- 침묵은 필요한 상항에서만 사용한다.
- 일단 거부를 표현했더라도 나의 말을 변경할 수 있다.
- 조용한 목소리로 말하고 비언어적으로 표현한다.
- 대안을 제시하는 것도 좋은 방법이다(ex, 좋은날 다시 만날까요?).

4 상담면접기술

1. 상담면접기술의 기초

상담면접은 사회복지실천에서 치료적 과정의 기본이기 때문에 매우 중요한 분야이다. 특히 사회복지사의 상담면접기술은 의사소통기술과 함께 클라이언트 및 모든 관련자들과 의사소통을 잘 할 수 있게 하므로 더욱 중요하다. 따라서 상담면접의 준비, 사전 상담면접기술, 상담면접의 기초기술을 중심으로 살펴보면 다음과 같다.

1) 상담면접의 준비

사회복지실천에서 사회복지사가 가장 기본적으로 사용되는 기술은 상담면접을 통한 면담이다. 사회복지사와 클라이언트 간의 면담을 위해 상담면접 준비로서 면담의 목적과 할당된 시간 내에 얻고자 하는 것이 무엇인지에 대해 주의 깊게 설계하여 준비하는 것이 중요하다. 즉 면담을 위한 상담면접은 클라이언트에 대한 문제와 서비스에 맞는 계획과 준비가 중요하기 때문에 특정 요구나 기대를 포함한 보다 포괄적인 상황에서 고려해야 한다. 예컨대, 상담면접의 대상은 도움을 바라는 개인 또는 집단 클라이언트와 관련된 가족 및 친구 그리고 이웃의 지인이 대표적이다. 또 전문가로서 개인 및 전문 기관장이나 직원 그리고 관련된 타 전문가 등이다(전재일 외, 2010).

사회복지실천에서 상담면접을 위한 장소는 다양한 실천현장에서 이루어지고 있다(Davies, 1997). 그리고 업무시간 외 또 다른 장소에서 상담면접을 하는 것을 '2차적 장소'라고 한다. 예컨대, 사회복지기관 및 사무실, 가정, 사회복지시설, 군병영시설 및 교도소, 학교, 일반병원 및 정신병원, 주간보호센터, 정신보건센터, 자동차 안이나 카페 등의 비공식적인 장소가 여기에 해당된다.

2) 사전 상담면접기술

커노예(Cournoyer, 2000)에 의하면 사회복지사가 상담면접에 임하기 전에 갖추어야 할 상담면접기술을 다음과 같이 제시하였다(이영호, 2009).

(1) 사전 검토와 탐색

사전 검토(Preparatory)는 클라이언트의 이전 기록과 기관의 정보를 검토하고 기본적 배경인 교육정도 등을 검토하는 것을 의미한다. 그러나 여기에서 클라이언트에 대한 편견이나 선입견을 갖는 것에 대해서는 주의가 필요하다.

사전 탐색(Preparatory Exploring)은 정보를 사전에 수집하는 것을 말한다. 접수나 초기상담면접을 담당한 사회복지사가 클라이언트의 의뢰자에게서 일반상황에 대한 질문을 통해 탐색하는 것이다. 종종 클라이언트가 같은 기관의 다른 사회복지사로부터 서비스를 제공받았다면 이전에 서비스를 제공했던 동료 사회복지사로부터 정보를 수집하는 것도 여기에 해당된다.

(2) 사전 협의와 정리

사전 협의(Preparatory Consulting)는 수퍼바이저나 동료에게서 조언을 구하는 것을 의미한다. 예컨대, 우울증을 보이는 학생을 상담면접 할 예정인 사회복지사는 우울증상 및 잠재적인 자살 가능성을 파악하기 위한 질문목록을 수퍼바이저 또는 동료와 협의해 볼 수도 있다.

사전 정리(Preparatory Arranging)는 첫 상담면접을 위해 체계적인 물리적 준비를 하는 것이다. 예컨대, 약속시간을 확인하거나 상담실의 충분한 시간을 확보하고 비밀보장이 될 수 있는 공간 확보를 비롯하여 상담실의 사전예약과 가구배치 그리고 교통편의 및 주차여건과 장애인을 위한 편의시설 등에 관련된 준비를 한다. 또 대기실에 최신 잡지 등과 같은 읽을거리와 음료 등을 비치함으로써 방문하는 클라이언트로 하여금 안락감을 가질 수 있도록 준비하는 것도 여기에 해당된다.

(3) 사전 공감과 자기탐색

사전 공감(Preparatory Empathy)은 다양한 정보에 의거하여 초기 상담면접을 할 경우 클라이언트가 초기면담 전에라도 겪을 수 있는 불안감이나 현재의 문제 및 상황에 민감하게 반응할 수 있도록 사전 공감을 실천해 보는 것이다.

사전 자기탐색(Preparatory Self-Exploration)은 자기분석의 한 형태로서 타인과의 상호작용에서 어떻게 영향을 주고받는지를 파악하는 것이다. 자기 인식 및 전문적인 자질향상과 매우 관련이 깊다. 이것은 사회복지사가 클라이언트의 가족력과 개인력을 파악하고, 자신의 특징이나 요구내용, 선입관, 가치관, 편견, 정서적 약점, 행동양상 등을 이해하는 것이다.

(4) 철저한 자기관리와 사전 계획

상담면접을 하기 전에 철저한 자기관리(Intensive Self-Management)를 통해 사회복지사의 개인사정이 전문가로서 의무와 서비스 전달에 방해가 되지 않도록 해야 한다. 예컨대, 집안 문제나 개인 문제로 상담면접에 집중하기 곤란하거나 클라이언트와의 면담에 있어서도 집안 문제가 자꾸 생각난다면 진정한 면담이 진행되기 어렵다. 이러한 경우 클라이언트에게 사전 양해를 구하고 상담면접을 취소하거나 재조정하여야 한다.

사전 계획(Preliminary Planning)은 사회복지사가 상담면접을 하기 전에 면담의 목적과 목표를 검토하고 사전 논의된 주요 과제를 임시적으로 계획을 수립하는 것을 말한다.

3) 상담면접의 기초기술

상담면접이 시작되면 사회복지사와 클라이언트는 첫 면담이기 때문에 다양한 감정과 반응을 나타내게 된다. 이러한 상황에서 클라이언트는 문제해결을 위한 희망으로 도움 요청을 기대하면서도 한편으로는 기관 및 시설로부터 도움을 받을 수 있을지 아니면 사회복지사가 자신을 수용할지에 대해 의문을 갖게 된다. 이러한 양가감정을 해결하는 성공적인 상담면접의 기초기술을 살펴보면 다음과 같다(이신영 · 박선영, 2012).

(1) 사회복지사의 자기소개

상담면접이 시작되면 사회복지사는 자연스럽게 자신을 소개하는 것이 필요하다. 퀴즈나 질문 그리고 시청각 도구를 활용하여 소개하는 것도 하나의 방법이다. 자신을 소개할 때는 자신의 성명, 소속기관 및 부서, 직위 등에 대해 소개를 하며 필요시에는 학력과 출신학교, 자격증 여부에 대해 설명할 수도 있다(양옥경 외, 2005). 이러한 소개는 전문가로서 자격을 갖추었는지 또 신뢰할 수 있는 사람인지를 클라이언트에게 확인해 주려는 의도가 내포된 것이다.

(2) 클라이언트 자신 및 동행인에 대한 소개

사회복지사에 대한 소개가 끝나면 클라이언트 자신 및 동행인에 대한 소개를 요청한다. 이처럼 소개를 할 때에는 사회복지사 소개와 동일하게 도구를 활용하면 이해하는데 많은 도움이 된다(손광호, 2009).

상담면접에 필요한 접수양식을 먼저 받았거나 사전 전화통화에 의해 방문 예정인 클라이언트에 대해 알고 있다면 기관 및 시설을 방문한 사람의 이름을 확인해 보고 인사를 나누는 것이 좋다. 이러한 경우 상대방을 어떤 호칭으로 부를 것인지 먼저 양해를 구한다음 부르는 것도 좋다. 예컨대, "호칭을 어떻게 불러주시기를 원하시나요?, ○○ 어머니라고 불러도 될까요?, ○○선생님으로 하면 될까요?" 등 상대방 의사에 맞추어 정하는 것이 좋다.

(3) 상담면접의 목적 및 클라이언트 역할 설명

상담면접의 목적을 사회복지사가 직접적이고 명확하게 설명하는 것이 좋다. 왜냐하면 이러한 설명을 통해 클라이언트는 적절한 기대를 갖게 되고, 불필요한 혼동과 막연한 불안을 해소할 수 있기 때문이다.

초기 상담면접을 구조화시키는 방법으로 클라이언트의 불안감을 감소시키기 위해서 고려해야 할 사항들을 정리하여 준비하는 것이 또 하나의 기술이 될 수 있다. 즉 첫 면담이 어떻게 진행될 것이고 몇 분간 진행될 것이며, 첫 면담에서 행할 과업이 무엇인지를 설명해 준다. 그리고 클라이언트의 역할과 기대에 대한 설명을 해 준다면 또 다른 불안을 감소시킬 수 있다(이신영 · 박선영, 2012).

사회복지사는 상담면접을 위해 클라이언트와 상의하여 다음과 같은 기본 사항을 점검하여야 한다.

- 상담면접을 위해 약속 시간을 지킨다.
- 약속을 취소할 경우 사전에 통보한다.
- 합의된 면담내용을 확인한다.
- C't의 상황 변화를 사회복지사에게 알려준다.
- 과제가 있을 경우 이를 성실하게 수행한다.

(4) 기관의 정책 및 윤리적 요건 설명과 피드백 요청하기

사회복지사는 클라이언트에게 기관에서 제공하는 서비스의 수혜자격이나 수혜기간, 전달방법, 절차, 후속조치 등을 충분히 이해하도록 설명해 주어야 한다(양옥경 외, 2005).

사회복지사는 첫 면담을 통하여 클라이언트에 대한 이해와 기관 및 시설에 대한 설명을 마치고 난 다음 클라이언트에게 궁금한 사항이 있으면 질문토록 하여 보충 설명을 하는 것이 좋다.

(5) 비공식적 대화의 시작

상담면접을 하기 위해 클라이언트가 기관 및 시설을 찾아오는데 필요한 정보로서 교통편이나 날씨와 같은 주제로 시작하는 비공식적 대화는 첫 상담면접 시 매우 중요하다. 왜냐하면 이러한 것은 클라이언트를 따뜻하게 맞이하는 하나의 방법이 되며, 사회복지사가 어떤 방식으로 면담을 리드할 것인지에 대한 인상을 심어주면서 자연스럽게 주제를 말할 수 있는 기회를 제공하기 때문이다(이신영·박선영, 2012). 여기에서 짧은 대화는 상대방을 가볍게 취급한다는 느낌을 가져올 수 있고, 반대로 오랜 시간 동안에 이뤄진 대화는 시간을 낭비하는 것 같은 느낌을 갖게 할 수 있기 때문에 사회복지사는 직관 및 통찰력에 따라 융통성 있게 처리한다.

2. 상담면접의 질문기술

1) 질문기술 적용 시 유의적인 질문

사회복지실천의 상담면접에서 질문은 중요한 기법 가운데 하나이다. 사회복지사는 클라이언트 또는 관계자들로부터 필요한 정보를 얻기 위해 질문기술을 활용한다. 따라서 사회복지사는 질문을 하고자 할 때 다음 사항을 유념하여 진행해야 한다. 첫째, 사회복지사가 질문을 하기 전에 먼저 클라이언트의 반응에 관심을 가져야 한다. 둘째, 사회복지사는 질문을 가급적 적게 하여 클라이언트가 자유롭게 의사소통을 할 수 있도록 돕는 기술을 발전시키는 것이 중요하다. 셋째, 좋은 질문은 클라이언트가 모든 적절한 소재를 보증하고, 자신의 표현을 조직화하도록 돕는다. 넷째, 사회복지사가 질문할 때 클라이언트의 정서를 반영하여 질문해야 한다(이영실 외, 2011).

사회복지사는 상담면접을 하는데 있어 질문과 경청이 반복되는 과정을 겪게 된다. 이러한 과정에서 회피하여야 할 질문의 형태를 살펴보면 다음과 같다(박세정 외, 2010).

- 주도적 또는 제언적인 형태의 질문
- 특정한 방향의 응답을 유도하는 질문
- 단순한 답을 요하는 질문(예, 아니오)
- 모호한 질문으로 혼돈이 되거나 불명확한 질문
- 2가지 이상의 답을 요하는 다중적인 질문
- 의문이 생기는 '왜'라는 질문

2) 질문의 종류

(1) 개방형(열린) 질문

질문기술 가운데에서 개방형 질문은 클라이언트 자신이 하고 싶은 말을 할 때 자신의 방식대로 편하게 표현하는 것을 의미한다. 이러한 질문의 초점은 탐색을 하는데 도움이 되기 때문에 명료화하여 감정을 표출해 내도록 하는 것에 맞추어져야 한다. 그래서 초기 상담면접의 첫 면담에서 활용되도록 하며, 문제의 다양한 측면을 탐색하도록 하되 주요 핵심적인 부분에 초점을 맞추도록 한다. 따라서 개방형 질문은, 예컨대 '당신의 직업에 대해 이야기해 주십시오, 당신의 직업에 대해 어떤 점을 좋아하고 싫어하나요?, 나는 당신 직업의 성격을 잘 이해하지 못했어요, 당신 직업의 과제와 책임에 대해 좀 더 자세히 설명해 주시겠어요?'와 같은 질문이다.

한편 개방형 질문에서도 일반적인 개방성과는 차이가 있는데 다음과 같다. 첫째, 서비스 이용자가 자신이 말하고 싶을 때 자신의 생각과 표현할 수 있는 선택의 자유를 허용한다. 둘째, 클라이언트가 어떤 관심사를 선택할 수 있고 무시할 수도 있으므로 탐색에 도움이 되도록 충분한 시간을 갖는 것이 무엇보다 중요하다. 셋째, 클라이언트에게 가능한 자신의 대답을 선택할 책임과 기회를 많이 주는 것이 좋다. 넷째, 초기 상담면접의 첫 만남에서 이용하는 것이 보다 유용하다. 왜냐하면 자신의 생각이나 감정을 개방하여 공식화하는데 익숙하지 않은 클라이언트는 이런 질문에 대해 좋지 않은 느낌을 가질 수도 있기 때문이다. 다섯째, 클라이언트가 그들에게 일어난 것을 설명하는 적절한 말을 할 수 없어서 개방형 질문에 답하는 것을 어려워할 수 있다(윤선오 · 김현진, 2016).

(2) 폐쇄형(닫힌) 질문

질문의 종류 가운데 폐쇄형 질문은 클라이언트가 대답할 수 있는 방법을 제한하는 형태의 질문을 의미한다. 이러한 질문은 사회복지사가 특정한 정보 가운데 구체적인 사항이 필요하거나 또는 클라이언트가 너무 당황하고 혼란되어서 방향과 초점을 유지하기 위해서 특정한 구조가 필요한 경우에 적절하다. 따라서 이러한 폐쇄형 질문의 필요성을 정리해 보면 다음과 같다(박세정 외, 2010; 윤선오 · 김현진, 2016).

첫째, 클라이언트가 '예 또는 아니요'라고 답할 수 있거나 자신의 이름, 주소, 연령 등에 단지 몇 마디로 간단하게 답하는 것으로 반응하게 한다.

둘째, 클라이언트에게 선택할 자유를 주지 않고 제한을 두는 것으로 구체적인 상황에 초점을 맞추어 클라이언트가 대답할 수 있는 범위를 제한하는 질문의 형태이다. 예컨대, '당신의 이름이 무엇인가요?, 당신 아이의 이름이 무엇입니까?'이다.

셋째, 사회복지사가 특정한 정보의 구체적인 내용을 필요로 하거나 클라이언트가 너무 당황하고 혼란스러워할 때 방향과 초점을 유지하기 위해 필요하다.

넷째, 폐쇄적인 질문으로 면접이 지나치게 집중되어 잘못된 방법으로 나아가게 된 경우가 있을 수 있다. 따라서 이러한 경우의 질문이 클라이언트로 하여금 쉽게 무시당하거나 범주화시켜 억지 응답에 따라 답변자의 좌절감을 느끼게 할 수도 있기 때문에 유의하여야 한다.

다섯째, 사회복지사는 상담면접 전후에 충분한 시간을 갖고 클라이언트와 함께 이러한 방식의 질문에 답하는 것에 대해 의견을 교환하는 것이 필요하다.

(3) 간접 질문

직접 질문이 직선적으로 물어보는 것이라면, 간접 질문은 넌지시 물어보는 것을 말한다. 이러한 간접 질문은 그 끝에 물음표가 없는 것이 보통이지만 그러면서도 분명히 질문을 하는 것이고, 클라이언트의 답변을 구하는 질문처럼 작용하는 표현법이다(이영호, 2009).

직접질문과 간접질문에 대한 "예"를 비교해 보면 다음 〈표 4-1〉과 같다.

〈표 4-1〉 **직접 질문과 간접 질문 비교 "예"**

직접 질문	간접 질문
• 낮에 일하고 밤에 공부하는 것은 고된 일이지요. 그렇지요? • 당신은 그런 상황에 대해 어떻게 생각하나요?	• 낮에 일하고 밤에 공부한다는 것은 확실히 고된 일일 겁니다. • 당신은 그런 상황에 대해 어떻게 생각하는지 궁금하네요.

출처 : 윤선오 · 김현진, 2016.

인용된 간접 질문의 일부 또는 전부가 질문이라고 할 수 없을지도 모른다. 그러나 질문이 질문처럼 느껴지지 않을수록 더 좋은 질문이며, 간접 질문은 관심을 보여주면서도 질문처럼 들리지 않는다는 점에서 가치가 있다. 따라서 간접 질문의 전형적인 예를 살펴보면 다음과 같다.

- 그것이 가능하다고 믿는지 궁금하네요.
- 당신의 의견이 궁금하네요.
- 당신은 이미 결론에 도달했는지도 모르겠군요.
- 이에 대한 당신의 관점은 저에게 매우 궁금하네요.

(4) '무엇'이라는 질문

질문을 하는 것 중에 '무엇(What)'을 묻는 질문은 중요한 무엇인가에 집중(Focus)해 달라는 요청이다. 예컨대, '복지는 무엇인가?'라는 질문은 '복지'를 집중해서 다시 생각해 달라는 의미가 담긴 말이다. 또 자신이 복지에 대해 다른 무엇인가를 발견했다는 뜻이 담겨 있는 것이다. 그리고 '관계란 무엇인가?'라는 질문은 단순한 질문 이전에 '관계가 더 중요하니 좋은 관계 맺기에 대해 함께 생각해 볼까?'라는 초대의 질문이다.

흔히 주제에 관심을 기울여 달라고 할 때 우리는 '○○은 무엇인가?'와 같은 주제질문을 던진다. 이처럼 함께 이야기를 나누려면 주제(What)가 있어야 하고, 이러한 주제에 대한 결론(What)을 미리 내리지 않고 호기심을 가진 상태에서 함께 대화를 나누고자 할 경우 무엇(What)이라는 질문어를 쓰게 된다.

무엇(What)이라는 질문의 특성은 다음과 같다. 첫째, 개인과 가족치료 및 단기치료에 특히 유용하다. 둘째, 질문에서 무엇이란 것이 암시하는 것은 매우 불특정하기 때문에 면접을 받는 사람이 초점을 두고 싶어 하는 관심사나 이슈를 스스로 자유롭게 정의할 수 있다. 셋째, 장점은 과거보다는 현재를 강조한다. 그러나 과거와 관련하여 부가적인 질문을 할 수 있다. 넷째, 충분한 시간을 가질 수 없거나 문제의 원인이나 과거를 탐색하기 위해서는 이러한 질문이 항상 유용하지는 못하다. 다섯째, 사회복지사가 문제의 현재 영향이 무엇이고, 어떻게 문제를 해결할지를 명확히 말하는 데는 도움이 되지 않을 수도 있다. 여섯째, 무엇인가라는 질문들은 광범위한 이슈나 영속적인 문제에 작용하는 요인들이지만 관련이 있는 다른 사람들에 대해 탐색하려고 할 때 매우 적절한 질문이다. 일곱째, 행동에 대해 모두 책임이 있기 때문에 이러한 질문은 체계적인 관점으로 볼 수 있다(윤선오 · 김현진, 2016).

3. 상담면접내용 확인기술

상담면접내용 확인기술은 사회복지사가 지금까지 클라이언트와 의사소통을 전개해 왔던 내용과 의미를 이해했다는 것을 확인하는 것이다. 이러한 의미를 추적이라고도 하며, 지금까지 말한 것을 반영하거나 요약을 통하여 클라이언트에 관한 순간의 탐색을 의도적 · 공감적으로 경청하는 기술이다(전남련 외, 2011).

상담면접내용 확인기술에는 바꾸어 설명하기, 명료화하기, 요약하기, 피드백 주고받기가 있으며 다음과 같다.

1) 바꾸어 설명하기

상담면접내용을 확인하고자 할 때 바꾸어 설명하기는 사람이 말한 본질을 명확하게 반복하지는 않지만 다시 말하는 것을 의미한다. 바꾸어 설명하기의 주요 목적은 사회복지사가 의사소통하고 있는 것의 감각과 의미를 파악했는가를 확인하는 것이다. 바꾸어 설명하기를 했던 것을 확인하는 방법으로 사회복지사가 자신의 생각과 인상을 알기 쉽게 말로 설명하는 것이다.

2) 명료화하기

상담면접내용을 확인하고자 할 때 주로 클라이언트보다 더 명확하게 말하도록 격려하고, 클라이언트가 말한 것에 대해 이해했음을 입증하기 위해 질문하는 것이다. 이처럼 명료화하기와 같은 질문은 '고객께서 말하기를 ~'로 시작하기도 한다. 또한 면담의 흐름을 방해할 수 있는 '바꾸어 설명하기'를 적용했을 경우 어떤 사람은 쉽게 기분이 나빠질 수도 있다. 왜냐하면 사람들 자신들이 의사소통을 잘못하는 것을 의미하거나 은근한 비난으로 여길 수 있기 때문이다.

3) 요약하기

사회복지사는 새로운 세션(Session)을 시작할 때 이전에서 다룬 요점을 끌어내거나 요약할 수 있다. 또 지금까지 다루어 왔던 것에 관해 정확하고 간결한 부분이나 자세한 내용을 제공할 수도 있다. 그리고 치료과정 또는 면담이 방향을 잃게 되거나 방향 없이 시작할 때에는 적절한 시기에 간략하게 요약하는 방법이 한층 더 유용할 수 있다(이영실, 2010).

4) 피드백 주고받기

상담면접내용을 확인하고자 할 때에는 확인적 · 교정적 · 동기부여적인 목적을 갖고 피드백하는 것이 좋다(이애재, 2013).

확인적 목적은 클라이언트들에게 과정 가운데 있다는 것을 의미한다. 즉 목표를 향하여 여러 단계의 행동 프로그램을 거쳐 성공적으로 이동하고 있는 것을 알리고자 할 때 하는 것이다. 또한 교정적 목적은 클라이언트에게 그들이 다른 길로 빗나간다면 본래의 과정으로 돌아올 필요가 있다는 정보를 제공할 때 한다. 그리고 동기부여적 목적은 적절하고 부적절한 프로그램의 결과를 지적할 경우와 어떤 수행을 개선하기 위해 제안하고자 할 때 피드백으로 주고받는다.

4. 상담면접의 핵심 및 목적유지기술

사회복지실천에서 상담면접의 핵심과 목적을 유지하고자 사회복지사는 몇 가지 방식을 설명하게 된다. 이러한 기술을 통해 사회복지사는 사정의 목적을 위한 정보획득과 토의해야 할 이슈를 탐색한 것을 확인하여 구체적인 목적을 실천하기 위해 적용한다(윤선오 · 김현진, 2016).

상담면접의 핵심과 목적유지기술에는 핵심과 목적에 초점두기, 고취시키기, 검증하기, 침묵에 대처하기, 가지노출 이용하기가 있으며 다음과 같다.

1) 핵심과 목적에 초점두기

상담면접 핵심과 목적에 초점두기는 현재 다루고 있는 주제에 대해 주의를 끌거나 그것을 유지하기 위해 사용되는 기술이다. 이러한 기술을 통해 사회복지사는 관계된 주제로 방향을 되돌릴 수 있게 된다. 또한 클라이언트가 주목하지 않는 중대한 일에 주의함으로써 사회복지사는 클라이언트의 인식과 이해를 높일 수 있다.

사회복지사가 상담면접의 핵심과 목적에 충실하고 있다는 것은 클라이언트 자신의 요구가 적절한 실천기술을 통해 효율적으로 진행되는 것에 있다. 이러한 기술은 사회복지사와 클라이언트 간의 라포(Rapport)나 신뢰를 방해받지 않고 면접의 목적에 충실할 수 있게 하는 것이다. 사회복지사가 이러한 방식으로 중재하는 데는 다음과 같은 이유가 있다.

- 다른 이슈들을 제외하고 한 가지 이슈에 지나치게 초점을 두게 될 때
- 다루고자 하는 내용이 없어지거나 의사소통이 반복되고 있을 때
- 토의가 주변적이고 부적절한 이슈로 바뀌어질 때
- 다시 생각해 보기 위해 어려운 이슈나 요구에서 벗어날 때
- 토론 자체가 정서적 부담을 갖게 되어 침착함과 균형을 필요로 할 때

2) 고취시키기

상담면접의 핵심과 목적유지를 위해 고취시키기는 면접을 시작하거나 면접을 받는 사람을 대상으로 격려하는데 사용된다. 이러한 고취시키기의 종류는 어떤 이야기와 다른 이야기를 연결시켜 주거나 미완성한 문장 또는 설명으로 직접 암시를 하여 더 많은 설명을 끌어내는 것 등이 있다. 사회복지사는 가끔 정보가 왜 필요한지를 명백히 밝힘으로써 고취시켜야 할 필요성이 감소될 수도 있음에 유의해야 한다.

3) 검증하기

상담면접의 목적유지를 위해 검증하기는 구체적인 부가적 정보가 필요하거나 처음의 대답이 불충분하고 부적당하며, 불분명한 이전의 정보와 일치하지 않을 경우에 하는 질문이다.

클라이언트로부터 더욱 상세하고 구체적인 정보를 파악하는데 사용되며, 잘못된 의사소통의 형태를 취하는 경향이 있는 개인으로부터 정보를 수집할 때 유용한 기술이 될 수 있다. 지금까지 일어난 것을 이해하도록 돕는 기술인 동시에 사회복지사가 사정을 하는데 있어서도 중심이 되는 기술이다. 또한 여러 가지 형태의 질문이나 설명 그리고 감탄의 형태를 취할 수 있다.

검증하기에서 주의할 점은 질문하는 사람이 더욱 방어적이고 경계적인 입장

을 취하지 않도록 재치 있게 사용해야 한다. 사적이고 개인적인 일에 관해 두서없이 이야기하는 것을 피하는 것은 질문이 가설과 연결되는가를 검증하고, 어떤 질문을 왜 해야 하는가를 설명하는데 도움을 준다.

4) 침묵에 대처하기

상담면접 간 침묵에 대처하기는 클라이언트와 사회복지사 모두에게 어려운 감정을 초래할 수 있다. 침묵이 너무 길면 면접은 성공하지 못하며, 거절이나 불만의 신호로 사용될 수 있지만 반드시 그렇지 않을 수도 있다. 경험이 적은 초년의 사회복지사는 클라이언트의 침묵에 불안해하고, 의사소통을 잘하지 못하거나 자신이 클라이언트를 다루는데 있어서 실패의 신호로 침묵을 하는 것으로 생각할 수 있다.

사회복지사가 침묵을 다루는데 있어서 다음과 같은 내용들이 강조되어야 할 필요가 있다.

첫째, 사회복지사는 간혹 침묵을 하는 동안 자신의 침묵을 포함하여 무엇을 의사소통할 것인지 또 이것이 생산적인 침묵인지 아닌지를 확실히 이해하여야 한다. 이러한 침묵을 극복하는 방법으로 침묵이 무엇을 의미하는 것인지 질문하는 것이다. 사회복지사 자신의 침묵과 관련하여 침묵으로 무엇을 의사소통하고 있으며, 침묵이 무엇을 의미하는지를 생각하는데 도움을 줄 수 있다.

둘째, 짧은 침묵이 장시간 계속된 것처럼 여겨질 수 있다는 것은 매우 중요하다. 여기에서 사회복지사가 침묵하고 있는 시간을 확인할 수 있는 기회를 가지는 것이 필요하다.

셋째, 면접에서 침묵을 다루는 것은 중요한 기술이며, 모든 역량 있는 사회복지사들이 익숙할 필요가 있다.

넷째, 짧은 침묵으로 면접의 중단을 이해하는 한 가지 방법은 생각과 감정을 정리할 시간을 가지며 휴식을 취하는 것이다.

다섯째, 사회복지사는 오랜 침묵으로 면접이 중단된 경우 클라이언트가 어떤 형태의 침묵을 했는지를 이해하기 위해 면접의 흐름에 방해를 받지 않고 시간을 체크할 수 있도록 시계를 향해 앉는 것이 도움이 될 수 있다(윤선오 · 김현진, 2016).

5) 자기노출 이용하기

상담면접에서 자기노출은 클라이언트가 원조관계를 통해 결과적으로 최대한의 효과를 얻기 위해 자신을 돌보는 사회복지사가 과연 어떤 사람인지를 알아야 할 필요가 있다. 이러한 관계 속에서 신뢰가 조성된다면 성공적인 관계로 맺어질 수 있다. 사회복지사가 클라이언트와 기본적인 인간관계를 맺기 위해 사회복지사는 자신의 인간적인 독특성을 클라이언트에게 표출해 보이는 것이 중요하다.

자기노출은 클라이언트의 문제해결을 돕는 선상에서 사회복지사가 자신의 느낌이나 생각 그리고 경험을 클라이언트에게 전달하는 것을 말한다. 따라서 높은 수준으로 자기노출을 하는 사회복지사는 과거와 현재 그리고 미래의 체계를 통하여 자기 자신을 진지하게 또는 구체적으로 나타내 보이는 것이 좋다.

사회복지사가 자기노출을 하고자 할 때는 다음과 같은 내용이 반영되도록 해야 한다.

첫째, 사회복지사가 특수한 상황이나 면접이 효과적이기 위해 개인적인 생각과 과거를 드러내는 것이 중요하다는 것을 강조한다.

둘째, 사회복지사의 자기노출이 자신에 관한 과거와 현재의 개인정보를 나타내는 것과 관련되기 때문에 자기지식과 전문적 자기 활용보다는 한발 더 나아가게 하는 것이다.

셋째, 일반적인 규칙은 사회복지사가 클라이언트를 돕는데 관련되는 자기노출을 해야 한다는 점이다. 이것은 클라이언트가 수치감 및 죄의식이나 자책감 그리고 나는 다른 사람을 좋아하지 않는다는 감정에서 벗어나게 하는데 도움을 준다.

넷째, 사회복지사의 자기노출에 의해 클라이언트의 사고와 감정을 공유하는 것은 전문적인 사회복지사뿐 아니라 평범한 인간으로서 자신을 이해할 수 있도록 서비스 이용자들을 도울 수 있다.

다섯째, 자기노출은 클라이언트가 더욱 공감을 느끼도록 도우며, 무엇을 말하고 있고 또 느끼는가를 이해하는데 도움을 준다(윤선오 · 김현진, 2016). 그러나 자기노출은 위험을 수반하고 있기 때문에 유의하여 다루어야 한다.

5. 상담면접의 종결기술

상담면접의 종결을 위한 준비는 면접의 초기에 일반적으로 계획한다. 여기에서 종결이 중요한 이유는 많은 실천 활동을 실제 생활에서 하는 기회를 제공하기 때문이다. 훌륭한 종결을 하는 것은 클라이언트가 떠나게 되는 것처럼 느끼거나 떠나게 됨으로써 그 개인에게는 혼자서 생활해 나갈 기회를 준다는 것이다. 따라서 상담면접의 종결기술에는 면접 종결하기와 사례 종결하기로 나누어 진행된다.

1) 면접 종결하기

면접에 의한 종결하기에서 면접은 명백한 시간 한계가 있을 수 있지만 클라이언트가 면접을 떠나 계속 변화를 위한 활동을 하는 경우에는 매우 어려울 수 있다. 예컨대, 어떤 클라이언트는 필사적으로 끝까지 노력하지 않고, 면접을 중단시켜 사례 종결로 끝내려고 한다(이영실, 2010). 그래서 이러한 경우에는 그동안 면접을 다루어 왔던 것을 검토하거나 처음 시작할 때 가졌던 감정으로 돌아가 충분히 활동할 시간도 없이 서두르는 식으로 끝마치게 되어 많은 아쉬움이 남게 된다.

2) 사례 종결하기

사례 종결하기는 현시점에서 면접하는 것을 모두 종결하고, 적절히 사례를 끝내는 것으로 사회복지사가 알아야 할 가장 어렵고 중요한 기술 가운데 하나이다. 따라서 사회복지사는 정서적 또는 물질적 자원을 가지고 있지 않는 클라이언트와 함께 일할 때 특히 종결하기가 어려워 종종 필요 이상으로 오랫동안 서비스 이용자들과 계속 활동해야 하는 상황이 발생할 수 있다(남연희 외, 2012).

사회복지사가 필요 이상으로 관여하여 종결시기를 연장하는 것은 사회복지사의 활동이 목적과 방향을 상실하게 되는 상황을 초래할 수 있다. 그래서 전문적 수퍼비전은 종결연장에 대한 어려움을 해결하는데 많은 도움이 될 수 있기 때문에 이들의 조언이 필요하다(김혜란, 2005).

상담면접에서 바람직한 종결은 사회복지사와 클라이언트 모두가 동의한 시점에서 종결하는 것으로 다음과 같다.

- 목표에 도달할 경우
- 활동을 위해 할당한 시간이 다 되었을 경우
- 서비스 이용자가 접촉을 끝낼 준비가 되었을 경우

PART

2

사회복지실천모델 및 개입기술

5 정신역동모델의 개입기술

1. 등장 배경

사회복지실천의 정신역동모델(Psychodynamic Model)은 인간행동을 좌우하는 중요한 역동적인 힘의 근원으로 정신역학과 정신분석학 그리고 무의식의 심리학 등으로 불리며 1890년부터 프로이드(Freud)와 그의 동료들에 의해 연구되고 체계화되기 시작하였다. 또 이것은 성격이론이면서도 심리치료 기법에 관한 최초의 심리학 이론이다. 따라서 정신역동모델은 의식과 무의식의 구성요소로서 사고나 소원 또는 행위에서와 같이 현재의 정신활동과 과거의 경험 사이에 원인적 관계가 있다는 이론적 기초 위에 형성된 심리과학이다(Howard, 1980: 508–509).

프로이드(Freud)는 19세기에 나타난 다윈(Darwin)의 종의 기원, 햄홀츠(helmholtz)의 물리학, 브르쉐(Bruche)의 생리학 등의 영향을 받았다. 따라서 그가 개발한 정신역동모델은 인간행동에 대한 이해를 전제로 사회환경 속의 인간을 보는 구조(틀)로서 사회과학 거대이론 중의 하나로 꼽힌다(윤현숙 외, 2001 : 46).

프로이드이론에 대한 사회복지 분야의 관심은 사회복지실천의 과학적 기반을 찾으려는 사회복지 전문직의 수준 높은 고뇌에서부터 시작되었다. 사회복지사들이 그의 의료적 모델에 입각한 직선적 원인론을 채택함으로써 시행착오의 예술이라 불리던 개별 사회사업실천은 과학인 동시에 예술이라고 불릴 수 있는 지적 기반을 형성하였다. 따라서 그의 이론은 1909년 정신치료를 위한 이론으로 미국에 소개되면서 사회복지실천에 많은 영향을 주기 시작하였다. 또한 1920년대에는 진단학파의 개별 사회사업실천을 내담 초기 아동기의 해결되지 않은 정신적 외상에 대한 진단과 치료를 강조하는 정신분석적 치료와 동일시할 정도로 정신분석이론이 사회복지실천에 미친 영향은 지대하다. 그리고 1930년대는 심리사회적 이론의 개별사회사업 모델로 확대됨과 동시에 오늘날까지지도 사회복지실천의 중요한 이론적 토대가 되었다(김동배 외, 1998; 윤선오 · 김현진, 2016).

2. 이론적 기반

정신역동모델에 있어서 프로이드(Freud)는 인간의 모든 행동이나 생각과 같은 현상이 우연히 나타나는 것이 아니라 본능적 욕구인 성욕과 공격욕을 충족하기 위한 무의식적 충동에 의해 나타난다고 보았다. 그러나 모든 인간은 자신의 본능이나 욕구를 추구하는 과정에서 이를 억제하려는 사회적 환경이나 정신적 역동과정에 의해 갈등을 경험하게 된다. 또 이러한 갈등이 원만히 해결되지 못했을 때 신경장애와 같은 비정상적인 행동을 보이게 된다. 그러므로 정신분석이론은 문제를 일으키는 정신세계의 역동성을 이해하여 이들 간의 갈등을 해소하고 문제의 증상을 감소시키는 심리치료가 필요하다(박세정 외, 2010).

프로이드(Freud)는 정신분석이론의 초점이 인간의 정신세계에 있음을 강조하면서 인간의 성격구조를 지형학적 관점과 구조적 관점 그리고 유전학적 관점으로 구분하여 제시하였다.

1) 지형학적 관점

모든 인간에게는 정신적 요소가 있는데 여기에서 정신적 요소가 의식, 전의식, 무의식의 상호 다른 수준으로 구성되어 있다고 보았다. 따라서 이러한 의식과 전의식 그리고 무의식에 대한 세부내용을 살펴보면 다음과 같다.

(1) 의 식

의식(Conscious)은 인간이 현재 인식하고 있는 정신적 활동으로 자신이 느끼거나 알 수 있는 모든 경험과 감각을 의미한다. 이러한 의식은 주어진 시간제한 속에서 정신활동의 내용으로 의식의 개념을 파악하고 있다는 것이다. 즉 현재 느끼거나 알 수 있는 모든 경험과 감각을 의미한다. 예컨대, 직접적으로 관찰할 수 없고 인식하지 못하는 욕구나 본능으로 꿈이나 말의 실수 등이 여기에 해당된다.

(2) 전의식

전의식(Preconscious)은 선의식이라고도 하는데 현재 의식되지 않지만 과거에 의식했던 것이 저장된 것으로 주의집중을 통하여 쉽게 의식될 수 있는 경험을 말한다. 이러한 전의식은 무의식과 의식 사이에 존재하고 있는 영역이며, 무의식에서 떠오르는 감당하지 못하는 충동이나 욕구들을 검열하고 조절하는 역할을 한다.

(3) 무의식

무의식(Unconscious)은 의식과 반대되는 개념으로 인간의 행동이나 동기에 영향을 미치는 가장 중요한 요소이다. 이러한 무의식은 인간의 정신내용 대부분을 형성하며 행동을 결정하는 주된 원인이 된다. 우리 인간에게 무의식이 있다는 증거로는 최면에 걸렸을 때의 암시나 꿈 그리고 잘못 튀어나오는 말이나 불쾌한 사건의 망각 등이 여기에 해당된다(Freud, 1973; 이인정 외, 2001).

2) 구조적 관점

프로이드(Freud)는 인간의 성격(Personality)이 원초아와 초자아 그리고 자아로 구성되어 있다고 보았으며, 이들은 서로 상호작용하면서 인간의 행동과 성격을 결정짓는 것으로 보았다(윤현숙 외, 2002).

(1) 원초아

원초아(id)는 인간이 출생할 때부터 원시적이며 본능적 원칙을 따르며 존재한다. 이러한 원초아는 정신에너지의 저장고이며, 무의식에 속한 성격의 기초이다. 따라서 원초아적 기능과 분별력은 유아적인 수준에 머물러 있다 보니 성적 욕구와 공격적 본능으로 쾌락을 추구하고 고통을 회피하는 쾌락원칙에 의해 지배를 받는다.

(2) 초자아

초자아(Super-ego)는 도덕적 원칙을 따르며 사회의 이상이나 도덕관에 의해 형성되는 성격의 마지막 구조이다. 이러한 초자아는 선악을 판단하는 자아 이상과 양심으로 구성된다. 자아 이상은 아이들이 품는 도덕적 선의의 개념으로 부모가 도덕적으로 선하다고 여기는 견해에 따르는 것을 의미한다. 또 양심은 아이들이 가지는 도덕적 악의 개념으로 부모가 도덕적으로 악하다고 생각하는 견해에 따르는 것으로 처벌의 경험을 거듭함으로써 형성된다. 따라서 초자아는 외부세계의 대변자이기 때문에 사회원리를 이행한다고 볼 수 있다(Freud, 1973: 37).

(3) 자 아

자아(Ego)는 본능적 충동을 충족시킬 수 있는 바람직한 대상과 방법이 발견될 때까지 정신에너지의 맹목적인 방출을 지연시키고, 사회적으로 바람직하거나 수용될 수 있는 방법이 발견될 때까지 긴장하고 인내하며 실질적인 만족을 얻을 수 있어서 현실원리에 입각해 작용하게 된다.

자아는 원초아와 초자아를 중재하는 역할을 하기 때문에 내부세계와 외부세계 사이에서의 기능이 잘 집행되도록 현실적 원칙을 따르게 된다. 즉 외부에 의해서 형성된 성격의 집행자로 원초아의 본능적 욕구를 현실원칙에 따라 통제하고 조절하여 불안을 감소시키는 일을 한다. 그러다보니 제 기능을 수행하지 못할 경우 무의식에 의한 자기방어기제가 현실의 불안을 감소시키는 역할을 대신하게 된다. 따라서 이러한 방어기제를 정리해보면 다음 〈표 5-1〉과 같다.

〈표 5-1〉 **구조적 관점의 방어기제**

구 분	방어기제 내용
억 압	고통스럽거나 위협적인 충동, 감정, 소원, 환상, 기억 등을 무의식 속으로 추방시켜 의식화되는 것을 막아 주는 것 예) 기억상실, 핑계를 대는 경우
투 사	사람들이 스스로 받아들일 수 없는 충동, 태도, 행동을 무의식으로 타인이나 환경 탓으로 돌리는 것 예) 시험 준비를 제대로 하지 못하여 만족스런 성적을 받지 못한 학생이 시험문제가 분명하지 못하다거나 다른 학생들이 커닝을 했다고 자기 실패의 원인을 전가하는 경우
전 위 (전치)	본능적 충동의 표현을 재조정해서 그것이 위협을 많이 주는 사람이나 대상에서 덜 위협을 주는 것으로 방향을 전환하게 만드는 것 예) 교사에게 꾸지람을 들은 아이가 동생을 때리거나 개를 발로 차고 장난감을 부수는 행동을 한 경우
합리화	인간의 행동이 합리적이고 정당하며 자기와 타인이 시인할 가치가 있다는 것을 입증하려고 시도하는 것. 아주 빈번히 사용되는 방어기제로서 우리가 인식/의식하지 못하는 동기에서 나온 용납할 수 없는 충동이나 행동에 대해 지적으로 그럴듯한 설명이나 이유를 대는 것 예) 친구의 잘못을 선생님께 보고한 것은 내가 그렇게 해야 할 의무 때문이었다고 이유를 대지만 친구와의 경쟁에서 이기려고 하는 욕망이 실제적인 욕망이었던 경우
반동 형성	어떤 충동을 의식에서 추방하는 것 예) 미운 놈에게 떡 하나 더 준단 속담처럼 자기를 학대하는 남편 앞에서 그를 매우 사랑하는 것처럼 행동, 또 어떤 사람에 대한 증오심이 있음에도 걱정해 주고 관심을 보이는 경우

구 분	방어기제 내용
퇴 행	실패 가능성이 있거나 불안한 상황에 대한 해결책으로 초기의 발달단계나 행동양식으로 후퇴하는 것 예) 동생이 태어나 부모의 관심이 동생에게 집중되자 갑자기 말을 하지 못하고 대소변을 못 가리는 어린이의 경우
보 상	심리적으로 어떤 약점이나 제한점이 있는 사람이 이것을 보상받기 위하여 다른 어떤 것에 몰두하는 행위 예) 자신의 친부모에게 효도를 하지 못한 사람이 이웃의 홀로 된 노인을 극진히 부양하는 경우
동일시	용납할 수 없는 충동 그 자체는 부정하고 그 충동을 갖고 있는 사람 또는 그 사람의 일면과 동일화하여 받아들이는 것으로 주로 부모, 형, 윗사람, 주위의 중요한 인물의 태도와 행동을 닮은 것으로 불안을 없애기 위해서 오히려 불안의 원인이 되는 그 사람과 똑같이 되려는 것 예) 아버지를 무서워하는 아들이 그 아버지를 닮아가는 경우
전 이	어떤 사람에 대한 심상이 무의식적으로 다른 사람에 대한 심상과 동일시된 것 예) 엄한 아버지 밑에서 성장한 여성이 남편에게 쉽게 말을 걸지 못한 경우
감정이입 (공감)	그 사람이 되지 않고서도 마치 그 사람이 된 듯 그가 느끼는 것을 같이 느낄 수 있는 일시적, 한정적이면서 건전한 형태의 동일시 예) 상대의 슬픈 사연을 듣고 이에 대해 진지한 표정을 짓는 것
합일화 (함입)	자기와 자기가 아닌 것을 분별하지 못한 영아기에 일어나는 동일시와 유아가 좀 커서 자기와 자기가 아닌 것을 이젠 적어도 구별하는 시기에 일어나는 동일시(함입)하는 것 예) 배신당한 애인을 증오하고, 그를 깊이 빠지게(함입) 하여 죽이는 경우(자살로도 나타남)
관심사	타인에게 스스로를 인식시키는 수단으로 사용되는 행위의 일종 예) 고층 빌딩에서 아래로 떨어지겠다고 말하는 사람이 있는데 그는 좌절과 갈등이 너무 심하여 그런 행동을 할 수도 있고, 반면에 지나친 관심을 끌기 위한 수단으로 그런 해동을 보일 수도 있음
거부증	주의를 끌기 위한 수단으로 사용되며 관심사와 중복되는 면이 많음 예) 한 여대생이 시험문제를 한번 살펴보고 어렵다는 것을 발견했고 이에 대해 분노를 품으며 아는 한도 내에서 쓸 수도 있었지만 백지답안지를 제출하고 나가는 경우
지적화	언어적 말의 위협으로부터 도피하는 방어기제로써 함축적이고 간결한 말 대신에 긴말이나 과장된 말을 사용하려는 경향 예) 정서적으로 위협이 되는 상황을 추상적이고 지적인 용어를 사용함으로써 초연하게 보이려는 시도
고 립	긴장을 일으키는 상황으로부터 신체적으로 자기 자신을 철거시키려는 사고

구 분	방어기제 내용
분 리	고통스러운 생각이나 기억을 그에 수반되는 감정상태와 분리시키는 것
상 환	무의식에 있는 죄책감을 씻기 위해서 사서 고생하는 것 같은 행동 예) 단칸 셋방살이를 하면서 돈만 생기면 전부 자선사업에 바치는 경우
금욕주의	경험을 통해 얻을 수 있는 직접적인 쾌감의 근원을 차단하는 것
백일몽 (공상)	실제생활의 어려움으로부터 성공하기 위한 모든 장애를 무시하거나 효과적으로 극복할 수 있는 영역 안으로 도피하는 것(백일몽), 또는 만족스럽지 못한 현실에 위로를 주고 해방될 수 있다는 착각을 하는 것(공상) 예) 인기가 좋지 않다면 백일몽으로 인해 그동안에는 군중이 찬양하는 인기의 중심인물로 자신을 그림으로 대신해 행복해하는 것
상징화	어떤 특징을 가진 중립적인 대상이 금지된 어떤 면을 가진 다른 대상을 대신하는 과정 예) 고향을 떠난 이가 고향으로 가는 기차 길 옆에서 살려고 하는 것
부 정	인정하기 고통스러운 어떤 일을 전혀 보지 않으려는 것 예) 어머니가 사망했음에도 불구하고 돌아가신 것이 아니라 며칠 다른 곳으로 여행을 간 것이라고 믿는 것
해 리	의식에서 떨어져 나와 하나의 독립된 기능을 하는 경우 예) 이중인격, 다중인격, 몽유증, 잠꼬대, 건망증 등
전 환	심리적 갈등이 신체증상으로 전환되는 과정 예) 글을 쓰는데 갈등을 느끼는 소설가가 원고를 쓰는 오른팔에 마비를 느끼는 것
저 항	억압된 자료들이 의식으로 나오는 것을 막고 싶어 하는 것 예) 정신치료 도중 사회복지사의 해석에 대해 화를 내는 경우
증상 형성	자아가 금지된 충동과 그것에 대항하는 자아 반응들을 모두 부분적으로 만족시키려 하는 병적인 방어기제 예) 임신에서 나타나는 병적 구토현상은 태아를 없앴으면 하는 금지된 충동의 표현이기도 하지만 동시에 이 신체증상으로 파괴적인 충동 무의식화시키는 것
반복강박	경험으로부터 배우지 못하고 계속 일정한 병적 행동양상을 보이는 것 예) 가난한 유년기를 보낸 후 성인이 되어 부자가 되었음에도 마음은 항상 가난하고 돈을 쓸 줄 모르는 경우
자신에 향함	자기가 사랑하는 사람에게 공격적 충동이 생길 때 이를 자신에게 돌려 자신을 해치는 것 예) 엄마에게 야단을 맞은 어린이가 화가 나서 머리를 벽에 박는 것 경우
차 단	불쾌한 생각이나 느낌을 의식화 시키지 않으려는 노력 예) 좋지 않은 기억은 잘 생각나지 않는 경우

구 분	방어기제 내용
신체화	심리적 갈등이 감각기관, 신체부위를 증상으로 표출되는 경우 예) 다가올 기말고사를 생각하니 벌써부터 머리가 아픈 경우
취 소	무의식에서 어떤 대상을 향해 품고 있는 자기의 성적인 또는 적대적인 욕구 등으로 인해 그 대상이 입었다고 생각하는 그 영향을 취소, 원상복귀, 불인정하는 행위 등 예) 선물을 주거나 사과를 하는 행위
유 머	다른 사람과 자신에게 거북하고 불쾌한 감정을 느끼지 않게 하면서 자기 느낌을 공개적으로 표현하는 것 예) 직장에서 여직원에게 "오늘따라 꽃처럼 아름답네요"라고 말한 경우
이타주의	남들의 본능적 욕구 충족을 건설적인 면으로 도와주는 것 예) 학업 성취도에서 여동생과의 라이벌 관계를 포기하고 여동생이 공부를 잘하도록 도와주는 언니가 있는 경우
분 단	자기와 다른 사람의 심상과 태도에서 전적으로 좋은 것과 전적으로 나쁜 것이라는 2개의 상반된 정서를 자아가 가지는 것 예) 좋게 느껴지던 사람이 갑자기 원수로 느껴지는 경우
투사적 동일시	내적으로 용납될 수 없는 자신의 부분을 상대에게 투사시키고 상대방에게 투사된 부분을 동일시하도록 유도하고 조종하는 방어기제

출처 : 김동배 외, 1998.

3) 유전학적 관점

(1) 심리성적 발달의 기본원칙

일반적으로 심리성적 발달단계는 3가지의 기본원칙을 적용하게 된다. 즉 정신적 결정론과 무의식의 중요성 그리고 성적 에너지인 리비도 원칙이다(조휘일 · 이윤로, 1999).

① 정신적 결정론

심리성적 발달단계에서 첫 번째 원칙은 정신적 결정론(Psychic Deteminism)이다. 인간의 행위는 단지 우연히 발생한다기보다는 인간의 사고과정으로부터 발생한다는 원리이다. 예컨대, 사람과의 만남에 있어 상호 간의 의견충돌 빈도가 높아 전혀 어울리지 않는 관계임에도 주변의 충고를 무시하며 대수롭지 않게 여기는 경우이다.

② 무의식의 중요성

심리성적 발달단계에서 두 번째 원칙은 무의식(Unconscious)의 중요성이다. 인간의 행동이 의식적 과정이라기보다는 인식할 수 없는 무의식에 의해 동기가 유발된다고 보는 견해이다. 예컨대, 질량의 해답을 찾고자 고민하던 중 우연한 기회에 목욕탕에 입욕하자 물이 넘침을 보고 깨달음을 얻었다면 이것은 의식적인 계산과정만을 통해서만 아이디어를 도출하는 것이 아니라 무의식적 사고를 통해 새로운 아이디어 산출에 결정적인 역할을 한 것으로 볼 수 있다.

③ 성적 에너지인 리비도

심리성적 발달단계에서 세 번째 원칙은 성적 에너지인 리비도(Libido)이다. 이러한 리비도는 죽음에 대한 욕망으로 파괴나 공격성의 본능을 갖고 있는 타나토스(Thanatos)의 반대 개념이다(김혜란, 2005).

리비도(Libido)는 인간의 본능적인 성적 에너지가 행동과 사고의 동기가 된다고 간주하는 것이다. 즉 성적 에너지인 리비도는 탈출구를 못 찾으면 그 화살의 방향을 결국 자기 자신에게 돌리게 된다. 그래서 결국 우울증이나 자살 및 자해 등으로 나타나고 그것이 무의식의 차원에서 나타나면 자신의 세포가 자신을 공격하는 암으로 표출된다. 결국 자신의 방어체계가 무너져 자신의 세포나 피로물질을 적으로 오인하여 공격하는 류마티스와 같은 병을 유발한다. 예컨대, 인간의 스트레스성 질환이 발생한 것은 리비도의 분출을 막은 결과로 인한 것이다.

(2) 심리성적 발달단계

인간의 성격발달은 모든 본능이 근본적으로 심리성적에 따라 발달하기 때문에 성적인 욕구와 밀접한 관련이 있다. 따라서 프로이드(Freud)의 심리성적 발달단계는 구순기(출생~1.5세)–항문기(1.5~3세)–남근기(3~5세)–잠재기(6~사춘기)–생식기(청소년기)의 5단계에 걸쳐 이뤄진다. 이러한 심리성적 발달단계 가운데 구순기부터 남근기까지는 인간의 성격형성에 결정적인 역할을 하는 중요한 핵심단계라 할 수 있다.

리비도(Libido)는 심리성적 발달단계 중 핵심단계에서 신체의 특정 부위에 대해 만족을 추구해 나간다고 하였다. 따라서 이러한 특정 부위는 대상연령에 따라 변화한다(이인정 외, 2001).

심리성적 발달단계에서 각 단계를 성공적으로 통과하기 위해서는 적절한 만족을 획득하여야 한다. 그러나 특정 단계에서 만족이 지나치게 과도한 에너지를 투입할 경우에는 고착(Fixation)이 발생하게 된다. 즉 다음 단계로의 진행이 방해를 받으면 고착이 생기게 되는데 이것이 곧 성인기 성격형성에 직접적인 영향을 미치게 된다(이영실 외, 2011).

고착은 심리성적 발달과정에서 흔히 나타나는 현상으로 모든 인간은 어느 정도 고착되어 있다고 보는 견해이다. 여기에서 고착된 에너지는 다음 단계로 이동하는데 사용될 수 없기 때문에 그만큼 발달에 지장을 받게 되며 불완전하게 된다. 이러한 고착은 개인이 완전한 성장에 도달할 수 있는 능력을 방해하게 된다.

프로이드(Freoud)는 고착으로 인하여 인간의 성장에 방해가 된다는 것을 해소하고자 부분적 고착과 퇴행이라는 절충된 방안을 제시하였다. 즉 부분적 고착은 개인이 비록 성인기에 도달하였더라도 부분적 고착과 연관된 행동으로 되돌아가려는 경향을 말한다. 성격의 기본구조는 남근기에 흔히 경험하는 오이디푸스 콤플렉스(Oedipus Complex) 해결에 의해 주로 결정된다고 볼 수 있고, 이 후의 성장은 이러한 기본적 성격구조가 정교화 되는 것에 불과한 것이다(박차상 외, 2014). 따라서 심리성적 발달단계에 따른 인간의 성격특성을 정리해 보면 다음 〈표 5-2〉와 같다.

〈표 5-2〉 심리성적 발달단계 따른 인간의 성격특성

단 계	성감대	활동	갈등의장	방어기제	성격특성	주요과업
구순기 출생~ 1.5세	입, 혀, 입술	받기, 먹기	음식섭취	투사, 거부, 내면화	낙천-비관 어수룩-의심 능동-수동적 감탄-질투	분리, 개별화, 대상관계형성
항문기 1.5~3세	항문	주기, 보유	배변훈련	지성화, 반동형성, 격리, 무위	인색-관대 고집-순종 청결-지저분 정확-애매	책임성, 통제수용, 권위적 인물과 협상
남근기 3~5세	성기	이성 교제	오이디푸스 (남아) 엘렉트라 (여아)	억압	허영-자학 자신-소심 저돌-우유부단 순결-음란	가족 내 자신의 지위와 일치되는 성적 O/T 설정, 가치와 윤리지향능력표현
잠재기 6세~ 사춘기	성 본능 잠재 또는 성 본능과 관련 없는 기술습득					보다 높은 수준의 방어기제활용
생식기 청소년기	전신	성교	오르가즘	승화	성숙-미숙 적응-부적응	일과 성공적인 사랑

출처 : 김동배 외, 1998(재인용).

3. 사회복지실천에서의 개입기술

1) 개입 목표 및 기본가정

(1) 정신역동모델치료의 개입 목표

정신역동모델(Psychodynomic Model)은 사회복지실천에서 비정상적 행동이나 증상의 원인을 파악하고 이를 제거하는 치료적 절차이다. 이러한 절차에 따라 정신역도모델의 개입 목표는 다음과 같다.

첫째, 증상완화와 함께 환자가 지닌 기본적 성격 양상과 방어의 재건이나 수정에 기초를 두고 있는데 이를 위해 우선 사회복지사가 할 일은 과거사를 이해하여 그것이 오늘날 환자의 감정생활에 어떤 영향을 주었는지 분석하여 인지하는 것이 필요하다.

둘째, 병식(病識)으로 인해 종전까지 자기 의식상에서 깊은 괴리감으로 인식해져 왔던 것으로 여겨왔던 2개 아상의 체험, 기억, 행동양상 등이 실제 상호 밀접하게 관계되어 있음을 환자가 인정하는 것을 의미한다. 그 이후 작업수행이 있어야 하는데 이는 어떤 특정한 인물이나 일련의 경험 또는 갈등상황이 동일한 형태의 자료로 오랜 시일을 두고 반복되어져 나오는 가운데 서서히 환자의 감정적 견해가 변화하는 과정이라 할 수 있다. 이러한 작업수행을 통하여 환자는 새로이 얻은 병식(病識)을 자기 자아의 일부로 결속시켜 변화된 사람이 되는 것이다(이영실, 1996).

(2) 정신분석적 기본가정

정신역동모델치료의 목적이 개인의 내적인 심리적 조직을 재구조화하여 보다 융통성 있고 성숙하게 만드는 것이다. 이러한 목적을 성취하기 위하여 정신분석적 치료에서는 무의식적 정신과정에 대한 의식적 통제력을 증진시키기 위하여 자아를 강화한다.

사회복지실천을 적용함에 있어 전문 사회복지사가 수용해야 할 기본가정은 다음과 같다. 첫째, 증상의 상징적 속성을 파악하고 해석하는 것이 과거의 사건, 특히 아동기의 외상을 재구조화하는 첩경이 된다. 둘째, 지속적으로 억압된 무의식을 발견하여 이를 의식수준으로 끌어올리는 것은 원조과정의 필수적 요소가 된다. 셋째, 정서적 갈등을 표출하는 것은 외상적 기억에서 해방되는데 많은 도움이 된다. 넷째, 초기의 어려운 생활사건을 이해하고 재구성하는 것이 치료적 도움이 된다. 다섯째, 사회복지사와 클라이언트 간의 상호 원조관계에는 이전의 중요한 경험이 내포되어 있다. 여섯째, 자아의식과 자아통제력을 증진시키는 것이 치료적 개입의 목적이다(김동배 외, 1998; 윤선오 · 김현진, 2016).

2) 치료과정과 전문기능 및 역할

(1) 정신역동모델의 치료과정

사회복지사는 클라이언트와 상호 신뢰관계를 형성한 다음에 클라이언트의 전이 또는 역전이를 활용하여 클라이언트가 자신의 문제를 통찰할 수 있도록 도와주는 치료적 과정을 거치게 된다.

① 전 이

전이(Transference)는 클라이언트가 특정한 사람에게 느꼈던 과거의 감정을 동일시하여 무의식적으로 현재의 사람에게 옮겨가는 것을 의미한다. 이러한 전이는 반복적이며 부적절하지만 무의식적으로 일어나고 퇴행하는 특성이 있다.

정신병리학에서 중요한 추론은 아동이 한 개인에 속해 있는 어떤 특성을 다른 상대에게 귀속시킴으로써 왜곡된 지각을 발달시킬 수 있는데 이것을 전이라고 불렀다. 예컨대, 치료과정 가운데 클라이언트가 자신의 무의식적인 갈등을 문제로 표출하게 될 때 그 갈등과 관계되는 사람에 대한 감정들이 치료자에게 나타난 것을 말한다(전재일 · 이성희, 2004; 전남련 외, 2011).

② 역전이

역전이(Counter-transference)는 사회복지사가 마치 자기 과거에 그 어떤 중요한 인물로부터 가졌던 감정을 현재의 클라이언트에게 무의식적으로 느끼며 일어나는 현상이다. 이러한 역전이는 사회복지사가 현재의 클라이언트가 가지고 있는 문제를 객관적으로 볼 수 없을 뿐만 아니라 치료적 · 전문적 관계를 위협하기도 하기 때문에 신속하게 극복해야 한다. 예컨대, 클라이언트의 욕구가 너무 많거나 크다고 판단하여 거부 또는 승인하여 보상하려고 할 경우 또는 클라이언트와 애정관계로 발전시킨다거나 충고를 주려고 할 경우에 발생할 수 있다(이윤로, 2007; 윤선오 · 김현진, 2016).

(2) 전문 사회복지사의 기능 및 역할

전문 사회복지사의 기능은 클라이언트가 자신을 긍정적으로 인식하게 하여 다른 사람과 효과적인 인간관계를 맺도록 하는 것이다. 또한 불안을 현실적으로 잘 처리하되 충동적이거나 비합리적인 행동을 통제하도록 돕는데 관여하는 것이다.

사회복지실천 영역의 사회복지사는 힘의 주체로서 모든 것을 변화시키는 당사자가 아니며, 도움이 필요로 하는 대상자를 도와주는 산파의 역할을 하는 것이다. 여기에서 변화는 오직 변화하고자 하는 클라이언트 자신만의 몫이어야 한다. 따라서 사회복지사는 클라이언트를 치료하는데 집중하고 클라이언트가 감정적인 성숙을 하도록 능동적이며 지속적으로 도와주어야 한다. 특히 사회복지사는 돕는자의 역할을 수행할 때 자신의 개인적 이득을 위해 클라이언트의 성장 및 발전을 방해하는 행위가 절대 발생하지 않도록 해야 한다(이영실, 1996; 전남련 외, 2011).

사회복지사가 자신의 역할수행을 함에 있어서 지켜야 할 실무원칙을 정리해 보면 다음과 같다. 첫째, 모든 행동은 의미가 있고 설명이 가능하다는 점을 수용해야 한다. 둘째, 원조관계에서 클라이언트가 제시한 것이 있다면 그것의 초점과 의미가 무엇인지 파악할 수 있도록 경청해야 한다. 셋째, 현재의 박탈된 행동을 관찰하고 분석함으로써 심리성적 발달단계의 결과를 평가하고 사정해야 한다. 넷째, 자아방어기제의 활용 유형과 활용 정도를 사정하며, 자아방어의 성숙된 수준을 포함한 융통성 및 유약성을 평가한다. 다섯째, 자신의 동기와 감정에 성찰의 귀를 기울인다. 여섯째, 클라이언트가 원조적인 자세로 표현하는 반응에 대한 해석을 하여야 한다. 일곱째, 비강요적인 상태에서 클라이언트 자신의 감정과 사고 및 행동을 돌이켜 볼 수 있도록 해주어야 한다(김동배 외, 1998).

이와 같은 것 외에도 환상이나 감정 그리고 사건에 대하여 해석하고 클라이언트에게 그 해석이 효율적인가에 대해 피드백 할 수 있도록 돕는다.

3) 정신역동모델의 개입기법

정신역동모델의 개입기법에 따른 심리성적 치료는 자유연상과 경청 그리고 감정이입 기능에 대한 이해를 바탕으로 클라이언트와의 상호작용적인 관계에서 발생하는 꿈의 분석과 해석, 저항의 분석과 해석, 전이의 분석과 해석 등의 개입기법을 활용하게 된다(Nelson, 1983; 엄명용 외, 2005).

(1) 자유연상

클라이언트는 일상생활의 상념과 선입견을 제거하고 어떤 감정이나 생각도 억압하지 않은 상태로 마음에 떠오르는 감정이나 생각 그리고 기억 및 환상 등 무엇이든 자유롭게 말하도록 하는 기법이다. 예컨대, 클라이언트가 "해수욕장에 가고 싶어요"라고 말하면 사회복지사는 "해수욕장 하면 무엇이 생각나요?"라고 질문한다. 그리고 이러한 질문에 대해 클라이언트의 반응을 또 다른 연상에 의해 연계하는 것이다. 따라서 자유연상의 과정 동안 표현의 자발성이 매우 중요하기 때문에 클라이언트가 최대한 자발적으로 참여하도록 해야 한다(전재일 외, 2010).

(2) 경청과 감정이입

경청(Listening)은 정신분석이론에 따라 사회복지사가 클라이언트를 위해 할 수 있는 중요한 과업 가운데 하나이다.

경청은 모든 상담 및 반응과 전략을 위한 선행조건이다. 따라서 사회복지사가 클라이언트의 언어적 · 비언어적 표현에 귀를 기울임으로써 의사소통의 숨겨진 의미를 이해하는 것이다. 또 이완된 경청의 자세에서도 모든 것을 관찰하고 상황을 정확하게 판단할 수 있을 때 참다운 정신분석적 경청이 가능해진다(이애재, 2013).

한편 클라이언트의 무의식적 감정과 사고 그리고 소망을 이해하고 이에 개입하기 위해서는 감정이입(Empathy)이 이루어져야 한다. 즉 객관성을 유지한 상태에서 클라이언트의 마음속으로 들어갈 수 있어야 한다.

(3) 꿈의 분석

프로이드(Freud)는 꿈의 내용이 간혹 무의식적 원망을 표현하는 것이라고 하였다. 꿈에 나타난 물체나 사람은 가끔 무의식적인 성적 상징물로 표현되기도 한다. 즉 의식의 수준에 있는 꿈은 가장되었거나 상징적인 것이기 때문에 명시적인 꿈이 주로 무의식적인 성욕과 관계가 있는 상징들로 채워진다고 확신한다(윤선오 · 김현진, 2016).

클라이언트가 언급하는 꿈 가운데에서 해결되지 못한 갈등을 알고 있는 치료자 또는 사회복지사는 꿈과 해결되지 못한 갈등 사이의 관계에 대해 분석을 하여 답을 찾는 모든 노력을 다하여야 한다.

(4) 해 석

해석은 치료관계에서 나타나는 클라이언트의 행동에 관한 의미를 설명하고 때로는 가르치기도 하는 것을 의미한다. 따라서 이러한 해석은 3가지 유형으로 분류하는데 우선 발견적 해석과 연결적 해석 그리고 통합적 해석이며 세부내용은 다음과 같다(Strean, 1996).

첫째, 발견적 해석(Uncovering Interpretation)은 감추어진 소망들이 의식적으로 드러나는 것을 말한다.

둘째, 연결적 해석(Connective Interpation)은 클라이언트의 현재 상황이 과거와 어떻게 연결되어 있으며 또한 왜곡되어 있는지를 파악하는 것을 의미한다.

셋째, 통합적 해석(Integrative InterPretation)은 다양한 자원들로부터 협력하는 것을 포함한다.

이와 같은 해석은 행동에 대한 단순한 설명이 아니라 자아가 더 깊은 무의식의 자료를 탐색할 수 있도록 도와주는 기술이다.

(5) 저항의 분석과 해석

클라이언트가 치료의 목적에 상반되는 태도적인 행위를 보이는 것을 저항이라고 한다. 따라서 사회복지실천의 정신역동모델 개입기법 가운데 저항의 분석과 해석은 실천 저항을 인내할 수 없는 불안에 대항하여 자아를 방어하려는 무의식적 역동으로 보았다.

저항(Resistance)은 전이적 저항과 방어적 저항이 그 원인이 될 수 있다. 즉 클라이언트가 치료과정에서 발생하는 전이로 인하여 문제해결이나 치료에 저항하는 전이적 저항이다. 또 외부로부터 유발되는 변화의 위험으로부터 자아를 보호하기 위해 활용하는 방어기제가 저항의 형태로 재발하여 나타나는 방어적 저항이다(엄명용 외, 2000).

사회복지사는 침묵이나 중요한 주제를 회피 또는 상담시간에 늦거나 결석하는 등의 저항의 행태를 지적한다. 또 이것을 해석하여 분석함으로써 클라이언트 자신을 객관적인 입장에서 자기성찰이 되도록 지도해야 한다.

(6) 전이의 분석과 해석

전이(Transference)는 이전에 알고 지냈던 사람과 현재의 사람을 동일시하여 이전에 느꼈던 자신의 감정을 현재의 상대에게 옮기는 것을 의미한다. 예컨대, 클라이언트가 치료자를 마치 자신의 부모처럼 여기며 그에 따른 무의식적으로 느낀 감정을 치료자에게 투사할 때 생기는 경우이다(박세정 외, 2010).

전이의 분석과 해석은 클라이언트로 하여금 과거 자신의 미결사항이 현재 자신에게 어떻게 영향을 미치는지 성찰할 수 있는 기회가 되며, 성찰된 미결사항을 적절히 해석하고 훈습함으로써 클라이언트가 자신을 변화시킬 수 있는 기회를 갖게 하는 것이다.

4) 정신역동모델의 유용성 및 한계

프로이드(Freud)의 정신분석이론과 이를 기초로 한 성격발달에 관한 설명들이 사회복지실천에 제공한 유용성은 다음과 같다(엄명용 외, 2000 : 118).

첫째, 심리 내적 상황에 대해 관심을 집중시켜 무의식의 존재와 무의식이 성격에 미치는 영향 그리고 성격의 구조 및 무의식과 성격의 상관관계를 이해하도록 하기 위해 원초아 · 자아 · 초자아의 개념을 활용하게 한다. 또한 자아와 방어기제의 역할 등에 많은 관심을 갖게 한다.

둘째, 가족관계의 심리성적인 측면을 중요시한다. 즉 심리성적 요인의 분석을 통하여 클라이언트의 행동을 이해하며 역동적인 이론을 제공한다.

셋째, 클라이언트와 그 가족 내에서의 상호 인간관계에 대한 주의를 환기시킴으로써 부부간, 부모 및 자녀 간, 형제간의 관계에 관심을 갖게 한다.

넷째, 사회복지사의 자기인식과 클라이언트 간의 상호관계의 중요성을 인식하도록 한다.

이와 같이 정신역동모델에서 무의식, 전이, 역전이, 애착, 정서적 발달 등과 같은 개념은 인간의 행동을 이해하는데 있어서 도움이 되는 중요한 개념이다. 또 복잡하고 어려운 행동을 포함한 모든 인간의 행동과 개인이 그 사건에 어떤 의미를 부여하는지를 설명할 수 있는 이론이라는 장점을 발견하게 된다. 그러나 이러한 유용성에 비하여 또 다른 한계에 직면해 있다.

정신역동모델의 한계점은 인간과 사회환경 간의 상호작용을 중시하는 사회복지실천의 관점과 상반되는 견해로 인해 사회복지사들 간의 내적 갈등과 분열을 조장하기도 하였다. 특히 정신분석적 치료는 클라이언트의 문제를 진단하고 범주화하는 특성으로 인해 사회복지사의 권위와 우월성을 강조할 뿐 아니라 클라이언트를 낙인화시키는 문제점이 있다(윤현숙 외, 2002).

사회복지실천에 있어 의료적 모델인 사회적 원인 및 문화적 영향과 같은 외적 요인의 중요성을 간과하고 있다. 따라서 이러한 현상으로 인해 정신 분석적 치료기법이 점차 통합적 방법에 흡수되어 그 본래의 목적을 찾기가 어렵게 되었다(손광호, 2009).

6 인지행동모델의 개입기술

1. 등장 배경

사회복지실천의 인지행동모델(Cognitive Behavioral Model)은 보통 생각하고 정보를 처리하는 과정인 인지과정의 연구로부터 도출된 개념과 함께 행동주의와 사회학습이론으로부터 나온 개념들을 통합 적용한 것이다(전남련 외, 2011).

인지행동모델의 근원은 고대 그리스 스토아철학에서 찾을 수 있다. 에픽테투스(Epiktetos)에 의하면 인간은 사물에 의해서가 아니라 그들이 그것을 어떻게 생각하느냐에 따른 관념에 의해 방해를 받게 된다고 주장했다. 그 후 파블로프(Pavlov)의 고전적 조건화와 스키너(Skinner)의 조작적 조건화 그리고 반두라(Bandura)의 관찰학습 등의 이론들이 인지행동적 개입들에 기초가 되었다. 특히 고전적 조건화 이론은 울프(Woolf)의 체계적 탈감법 개발에 많은 영향을 주었고, 인지행동모델의 주요기법으로 활용하게 되었다.

손다이크(Thorndike)의 조작적 조건화 이론은 이후 인지행동모델 발달에 중요한 역할을 한 스키너(Skinner)에 의해 계승되었다. 또한 반두라(Bandura : 사회학습이론), 바우어(Bower : 기분과 기억의 연결망 이론), 켈리(Kelly : 개인적 구조), 셀리먼(Seligman : 학습된 무력감 이론), 라자루스(Lazarus : 행동변화에 미치는 사고와 정서의 영향), 보울비(Bowlby : 초기 애착이론) 등이 인지행동모델에 많은 영향을 주었다(이영호, 2009).

인지행동모델이 미국의 사회문헌에 소개되기 시작한 것은 1960년대 중반이었으나 지금은 임상사회사업의 주요 시각으로 정착되었다. 이러한 인지행동모델의 이론에 영향을 주었던 학자는 엘리스(Ellis, 1962), 캠퍼(Kanfer, 1975), 벡(Beck, 1970), 마이켄바움(Meichen-baum, 1977), 반두라(Bandura, 1977) 그리고 행동주의자 울프(Wolpe) 등이다(김기태 외, 1999).

최근의 사회사업 임상에 거대한 영향을 주고 있는 인지행동모델은 일반적으로 생각하고 정보를 처리하는 과정인 인지과정의 연구로부터 도출된 개념과 함께 행동주의와 사회학습이론으로부터 나온 개념들을 통합 적용한 것이다. 따라서 인지행동이론은 클라이언트가 자신에게 주어진 도전을 확인하고 역기능적 정서 및 행동을 초래하는 사고패턴을 변화시키는 데에 초점을 두고 있다.

2. 이론적 기반

1) 인지이론적 관점

인지이론은 클라이언트의 생각을 점검하고 정서와 행동에 대해 클라이언트가 가지고 있는 인지 경향과 타당성을 인정하여 평가한 다음 클라이언트의 역기능적인 태도나 신념 그리고 가정들을 수정할 수 있는 객관적인 방법을 가르치는 모델이다(양옥경 외, 2005; 전남련 외, 2011).

인지이론에서는 사람들의 감정이나 행동이 어떤 사건에 대한 그들의 지각에 의해 영향을 받는다고 가정하고 사람들의 느낌을 결정하는 것은 그 상황 자체가 아니라 그들의 상황을 해석하는 방식에 달려 있다고 믿는다.

사회복지실천의 인지이론의 특징을 살펴보면 다음과 같다. 첫째, 사고가 행위의 기본적 결정요인이라고 본다. 둘째, 과거는 오로지 그릇된 사고의 근원을 규명하기 위해서만 중요한 의미를 갖는다. 셋째, 개인의 오인 문제를 만들어 내며 이것을 해결할 책임 또한 개인에게 있다고 본다. 넷째, 인간의 본질은 성악설과

성선설, 즉 사람은 선천적으로 악하다거나 선한 것으로 보지 않고 어떤 방향으로든 훈련될 수 있는 것으로 보는 것이다. 다섯째, 인간의 사고는 목적과 관련된 것으로 보는 것이다(엄명용 외, 2000; 윤선오 · 김현진, 2016).

2) 행동주의 이론적 관점

행동주의자들은 인간의 행동이 심리적 상태와는 아무런 관계가 없는 외적 자극 및 환경의 영향에 의해 변한다는 것을 주장하고 있다. 왓슨(Watson)은 이러한 이론을 최초로 주장하였으며, 또 그의 행동주의에 영향을 주었던 손다이크(Thorndike)의 조작적 동물실험과 파블로프(Pavlov)의 동물에 의한 조건반사 실험이 좋은 예이다.

행동요법이란 말이 처음 등장한 것은 1953년 스키너와 린즈리(Skinner & Linsley)에 의해서였다. 그 이후 아일론과 아즈린(Aellon & Azrin)은 정신병원이라는 장면에서 행동주의자들이 확립한 조작적 조건형성 기법을 적용한 결과에서 전통적 치료방법으로는 효과를 보지 못했던 만성 정신병자들에게 토큰경제(Token Economy)가 매우 효과적임을 입증하였다(설진화, 2011).

3) 인지행동주의 관점

인지행동주의 이론은 사고나 인지처럼 개인의 내면에서 은밀하게 일어나는 과정이 행동변화를 중재한다는 입장을 취하는 모든 치료접근법을 의미한다. 따라서 그 강조점에 다소 차이가 있기는 하지만 개인의 행동과 정서의 변화를 유도하기 위해서 클라이언트의 사고와 사고과정을 변화시킨다는 목적을 가진 모든 치료절차는 인지행동주의 이론의 범위에 속한다.

인지행동주의 이론의 특징을 살펴보면 다음과 같다. 첫째, 문제중심적이며 목표 지향적이다. 둘째, 관계 구성원 간의 협력적이다. 셋째, 치료사는 능동적이며 직접적으로 개입한다. 넷째, 과제중심적이다. 다섯째, 현재에 초점을 맞춘다.

행동주의(Behaviorism)와 사회학습이론(Social Learning Theory) 그리고 행동치료(Action Therapy), 기능주의 사회사업(Functional Social Work), 과업중심치료(Task-Centered Treatment) 등에서 채택한 개념과 기술 그리로 인지모델에 근거한 접근방법을 통하여 특수한 문제를 해결하는데 도움을 준다. 이런 유형의 모델은 성찰치료와는 반대되는 비교적 단기적이고 현재에 초점을 맞추며, 목표도 한정되고 특수하다. 인지－행동지향적인 치료사들은 상당히 직접적인 경향을 지니며 클라이언트의 표출된 문제에 초점을 맞춘다(윤선오 · 김현진, 2016).

3. 사회복지실천에서의 개입기술

1) 개입 목표

인지행동모델의 개입 목표는 클라이언트가 당면한 문제를 해결하고, 역기능적인 사고와 행동을 수정하는 것이다. 즉 목표 지향적이고 문제중심적인 치료이며, 교육적이고 클라이언트 자신이 스스로 사회복지사가 될 수 있도록 교육하는 것과 단기적이고 시간 제한적인 치료를 목표로 한다.

인지행동모델은 모든 심리적인 장애에서 왜곡되고 역기능적인 사고가 공통적이며, 이러한 역기능적인 사고는 환자의 기분과 행동에 영향을 미친다고 가정하는 인지이론과 학습을 통해 습득될 수 있다고 가정하는 행동주의이론의 영향을 받는다. 따라서 인지행동모델은 인지 치료적 방법으로 교육을 통해 상황을 해석하는 왜곡된 방식을 변화시키거나 기능적인 차원에서 해석하는 방식을 배우며, 관찰학습을 통해 변화를 유지시키는 것을 목적으로 한다고 할 수 있다.

2) 클라이언트와 사회복지사의 역할

(1) 개입기법에 따른 클라이언트의 역할

인지행동모델의 실천적인 측면에서 치료의 초점은 클라이언트의 학습 경험을 강조하는 것이다. 따라서 인지행동모델실천에서 클라이언트의 역할은 다음과 같다. 첫째, 자신의 부정적 자동 사고를 모니터한다. 둘째, 인지와 정서 그리고 행동의 연관성을 인식한다. 셋째, 자신의 왜곡된 사고를 뒷받침하거나 반박하는 근거를 점검해 본다. 넷째, 왜곡된 인지를 보다 현실 지향적 해석으로 전환한다. 다섯째, 왜곡된 인지유형으로 기울어지게 된 저변의 가정들과 믿음을 규명하고 변경할 수 있도록 학습한다(Biestek, 1973).

합리적 치료에서 사회복지사는 교육적 환경에서 클라이언트의 비합리적 신념을 합리적인 신념으로 전환하도록 원조한다. 먼저 클라이언트가 부정적 감정 또는 행동과 연관된 비합리적 신념을 찾아내고, 비합리적 신념이 옳은지 그른지 사회복지사와 토론함으로써 비합리적 신념과 합리적 신념을 구분해 낼 수 있도록 교육한다(김혜란 · 홍선미 · 공계순, 2006).

(2) 개입기법에 따른 사회복지사의 역할

인지행동모델의 실천에서 사회복지사의 역할은 주관적인 경험의 독특성, 협력적인 노력, 자신과 타인을 위한 무조건적 관심, 구조화되고 직접적인 관심, 적극적인 접근 등이며 세부내용은 다음과 같다(양옥경 외, 2001; 윤선오 · 김현진, 2016).

① 주관적인 경험의 독특성

모든 인간은 개인이 갖는 삶의 사건과 정서반응에서 독특한 의미를 갖는다. 또한 인간의 현실은 조직하는데 작용하는 정보전달과정과 신념 그리고 주관적 경험의 독특성을 갖고 있기 때문에 사회복지사는 클라이언트의 정보를 탐색하게 된다. 예컨대, 첫 만남에서 클라이언트의 객관적 정보에서부터 실행 간의 지속적인 정보 파악은 보다 효과적인 서비스의 완성을 기대할 수 있게 된다.

② 협력적인 노력

사회복지실천에서 클라이언트 문제에 대한 해결 완성의 결과는 사회복지사와 클라이언트 간의 신뢰를 바탕으로 하는 상호 협력적인 노력 여하에 있다. 클라이언트는 자신과 타인, 세계에 대한 견해와 관련된 특정한 내용을 가져오기 때문에 사회복지사는 이들의 문제와 치료 그리고 개입전략에 관련된 구조화나 사정, 지침, 특정한 정보들을 제공해야 한다(김정진, 2008).

③ 자신과 타인을 위한 무조건적 관심

전문 사회복지사는 모든 인간은 존엄의 가치가 있다는 견해를 인지하여 표현으로 나타내야 하는데 특히 클라이언트가 이러한 철학을 적용할 수 있도록 개입하게 된다. 따라서 사회복지사는 자신과 타인에 대한 무조건적 관심이 보통 인간의 강점과 제한점, 기술과 재능, 지식과 무지, 예외적인 흐름 등을 가지고 있다는 자기수용을 기반으로 하고 있음을 전제하고 임해야 한다(박세정 외, 2010).

④ 구조화되고 직접적인 접근

인지행동모델에 있어 치료는 문제를 해결하기 위한 방향과 처방된 절차를 갖고 있다. 따라서 사회복지사는 치료 지침에 의해 치료과정을 유지하고 비협조와 힘의 갈등 그리고 종결준비 등과 같은 이슈를 관리하고 표적이 되는 문제에 전략적인 초점을 유지한다. 그리고 사회복지사는 클라이언트와의 협력관계를 전반적으로 견지하되 모든 치료과정의 궁극적인 책임은 본인에게 있음을 인식하여야 한다(양옥경 외, 2001).

⑤ 적극적인 접근

인지행동모델에 있어 클라이언트는 치료세팅 범위에서 모두 적극적인 역할을 수행하도록 기대된다. 협력을 통해 변화를 위한 전략이 수립되면 클라이언트는 변화노력을 기울이며 성취자료를 모으는 것이다. 따라서 치료세팅으로부터 클라이언트의 자연적인 상황에 이르기까지 성취된 것이 유지되도록 가정에서의 과제가 주어진다(이영호, 2009).

3) 인지행동모델의 개입기법

전문 사회복지사는 클라이언트의 문제를 사정할 때 클라이언트의 역기능적 인지 왜곡이나 잘못된 사고, 감정, 행동 등을 파악하고, 내적 의사소통 명료화, 설명, 과제, 역설적 개입, 역동적, 실존적 반영, 인지 재구조화 모델링, 행동시연 등의 기법을 활용하게 된다. 따라서 이러한 내용을 구체적으로 살펴보면 다음과 같다(Bear & Federico, 1978; 엄명용 외, 2005; 전남련 외, 2011).

(1) 내적 의사소통 명료화

인지행동모델에 있어 내적 의사소통 명료화(Clarifying Internal Communication) 기술은 클라이언트 스스로 자신에게 독백하고 생각하는 것에 대해 사회복지사가 피드백을 제공하는 것이다. 내적 의사소통의 명료화는 이처럼 효율적이라는 강점 때문에 인지적 사회복지실천에서 흔히 사용하고 있다(전제일 외, 2010).

클라이언트는 자기 자신과 다른 사람에게 하는 말 속에 숨겨진 잘못된 생각과 비합리적 신념에 대해 더 잘 이해할 수 있게 된다. 클라이언트가 이러한 잘못된 생각을 깨닫게 될 때 인지적 검토를 통해 인지변화가 유발될 수 있다.

(2) 설 명

인지행동모델에 있어 설명(Explanation)은 클라이언트의 감정이 그들의 행동에 어떤 영향을 미치는지에 대한 ABC모델을 설명하기 위해 사용된다. 이러한 ABC 모델에서 A는 촉발사건(Activation event), B는 신념(Brief), C는 감정적 결과(Consequences)를 설명하는 것을 뜻한다(김정진, 2008).

(3) 과 제

인지행동모델에서의 과제(Writtin Homework)를 일명 숙제라고도 부르는데 이것은 클라이언트의 적극적인 참여와 협조를 근본적 기반에 두고 있기 때문이다. 이러한 과제는 클라이언트가 엘리스(Ellis)의 ABC모델을 활용하는 방법에 대해 읽고 기록할 수 있도록 양식을 제공하는 것이다. 따라서 클라이언트는 과제를 통하여 자신의 문제에 대한 인식을 향상시킬 뿐만 아니라 새로운 행동을 획득 또는 과거의 반응을 제거할 수 있도록 돕는 것을 하게 된다(박세정 외, 2010).

(4) 역설적 개입의도

인지행동모델에 있어 역설적 개입은 클라이언트가 어떤 불유쾌한 구체적 행동이 자주 발생할 것을 불안해하는 나머지 그 행동을 오히려 더욱 발전시킬 경우에 가장 적절하게 사용될 수 있다(이애재, 2013). 그러나 이러한 역설적 개입의도는 많은 유용성에도 불구하고 주의를 요한다. 또한 클라이언트의 불안에 대한 인지적 오류에 도전하고 두려워하는 행동을 하도록 지시하는 것이기 때문에 이중구속 메시지를 전달하고 클라이언트는 그 이중구속 메시지에 관계없이 변화를 일으키게 된다.

(5) 인지 재구조화

인지행동모델에 있어 인지 재구조화는 클라이언트가 자신의 기능에 부정적 영향을 미치는 역기능적 사고와 관념을 인식할 수 있도록 돕고, 이를 현실에 맞는 신념과 행동으로 전환하여 그 기능을 향상시킬 수 있도록 하는 기법이다. 따라서 이러한 인지 재구조화의 기법은 다음과 같은 절차를 통해 활용된다.

첫째, 클라이언트는 생활사건에 대한 자신의 정서적 반응을 매개할 가정이나 신념을 갖고 있다. 따라서 사회복지사는 클라이언트가 이러한 점을 수용할 수 있도록 돕는 것이다.

둘째, 클라이언트가 문제에 내재해 있는 역기능적 신념과 사고과정의 유형을 파악할 수 있도록 돕는 것이다.

셋째, 클라이언트가 자신의 역기능적 인지를 유발할 상황을 사전에 파악할 수 있도록 돕는 것이다.

넷째, 클라이언트가 자학적 인식을 대체할 만한 긍정적이고 순기능적인 대안적 자기진술로 전환할 수 있도록 돕는 것이다.

다섯째, 클라이언트의 성공적 대체노력을 클라이언트 스스로 보상할 수 있도록 돕는 것이다(엄명용 외, 2006).

(6) 모델링

인지행동모델에 있어 모델링(Modelling)은 클라이언트가 사회복지사에게 제시한 방법에 따라 직접 시행해 보도록 하는 기법이다. 이러한 모델링은 관찰학습을 통해 클라이언트가 시행착오 학습을 거치지 않고 원하는 행동을 하게 한다. 즉 사회복지사는 제시된 방법에 따라 취할 행동을 시범적으로 먼저 보여주고, 그 후 클라이언트는 사회복지사가 시범으로 보여준 행동을 동일하게 답습해 보도록 한다. 이러한 모델링 기법은 역할극을 통해 종종 활용되며 사회복지사는 클라이언트가 보인 행동에 대해 다시 피드백을 제공해 준다.

모델링 기법의 과정은 다음과 같다. 첫째, 변화를 필요로 하는 구체적 행동을 파악한다. 둘째, 모델을 제시한다. 셋째, 클라이언트가 모델링에 주의와 관심을 갖도록 한다. 넷째, 모델의 행동을 따라하도록 한다. 다섯째, 모방한 행동을 강화한다(신성자 외, 2012: 187).

(7) 행동시연

인지행동모델에 있어 행동시연(Behavior Rehearsal)은 심리치료에서 클라이언트로 하여금 치료실 내에서 어떤 역할을 시험적으로 실행해보도록 함으로써 인간관계의 형성과 유지에 필요한 태도나 특징을 습득하게 하는 행동수정기법이다.

행동시연(Behavior Rehearsal)은 일반적으로 사회복지사가 시범을 보이고 클라이언트가 이를 모방하도록 하여 행동으로 보여주는 것이다. 따라서 이러한 행동시연은 역할놀이와 같은 뜻으로 활용되어지기도 한다(윤선오 · 김현진, 2016).

(8) 자기지시 훈련

인지행동모델에 있어 자기지시 훈련(Self-directive Training)은 클라이언트가 변화하기 원하는 행동을 대상으로 구체적인 목표를 설정하고 이에 따른 실천행동지침을 작성하며, 이것을 실행에 옮기는 과정이다. 따라서 자기지시 훈련은 과제의 수행과 기술성취 그리고 문제해결을 안내하는 자기진술의 사용을 의미한다(엄명용 · 노충래 · 김용석, 2005).

클라이언트는 자기가 직접 지시받은 것을 언어화로 반복하면서 자기지시 기술을 숙달함으로써 자동적으로 이를 수행할 수 있게 된다. 따라서 자기지시 훈련은 다음의 5단계의 과정을 거치게 된다.

- **1단계** : 사회복지사는 수행방법을 큰소리로 자신에게 말하면서 과제를 수행한다(인지적 모델링).
- **2단계** : C't는 사회복지사가 했던 행동을 그대로 따라한다(명백한, 외부적 도움).
- **3단계** : C't는 큰소리로 자신에게 지시하면서 수행한다(명백한, 자기 도움).
- **4단계** : C't는 스스로에게 속삭이면서 과제를 수행한다(감소한, 명백한, 자기 도움).
- **5단계** : C't는 속으로 생각하면서 과제를 수행한다(숨겨진 자기지시).

자기진술 방법을 실생활에 응용할 수 있도록 반복해서 연습하는 것이 좋다. 따라서 이러한 자기지시 훈련은 임상적으로 입증이 되고 있는데, 예컨대 학업성취 및 시험불안 해소, 대중연설의 두려움 극복, 문제해결 기술향상에 효과가 있다(윤선오 · 김현진, 2016).

(9) 문제해결 기술훈련

인지행동모델에 있어 사회복지실천의 문제는 직접적으로 효과적인 반응이 존재하지 않는 일련의 조건들을 의미한다. 즉 문제박탈 상태에 있는 사람이 이전에 강화되었던 행동을 방출할 수 없는 경우에 발생한다. 예컨대, 배고픈 사람이 이전에 음식으로 강화되었던 행동을 방출할 수 없다면 그는 문제에 직면하게 된다. 따라서 사람들은 그것을 해결하기 위해 반응이 발생할 때까지 자신을 변화시키거나 상황을 변화시켜야 한다. 이러한 변화를 일으키는 과정을 문제해결과정이라 부르고, 아울러 그것이 촉진되는 반응을 해결이라 한다(남연희, 2012; 이애재, 2013).

인지행동적 차원에서의 문제해결이란 매일 연속된 삶 속에서 직면하는 문제를 확인하고 발견하며, 효과적으로 개입하거나 적응하는 인지적-정서적-행동적 과정이라 할 수 있다. 문제해결의 목표는 부적응적인 반응을 일으킨 선행사건이라는 생활문제를 고려해야 하는 것이다. 선행문제가 정의하기 어렵거나 변화하기 어려울 때에만 부적응적인 반응이 표출된다고 본다. 이에 따라 문제에 대한 명확한 정의와 구체적 대안의 탐색으로 문제해결을 할 수 있다.

스키너(Skinner)는 문제해결의 5단계 모델을 제시하였는데 그것은 문제오리엔테이션, 문제의 정의와 형성, 해결대안의 모색, 결정, 해결에의 적용과 입증이다(윤선오 · 김현진, 2016). 따라서 그의 문제해결 이슈를 다루는 구체적인 훈련의 예는 다음과 같다.

- 어떻게 나의 시간을 더 잘 사용할 수 있을까?
- 어떻게 나와 남편은 보다 고상한 시간을 보낼 수 있을까?
- 어떻게 노인이 되어 가는 나의 아버지를 더 잘 돌볼 수 있을까?
- 어떻게 나의 일에서 오는 스트레스를 줄일 수 있을까?

이와 같이 문제해결의 5단계를 단계적으로 문제의 정의에 대해 구체화한다. 또한 그 해결대안을 찾기 위한 방법으로 구체적 문제 진술을 적용하여 도우며 문제해결을 도모해 나가야 한다.

(10) 이완훈련

인지행동모델에 있어 이완훈련(Relaxation Training)은 클라이언트가 겪을 수 있는 스트레스적인 상황에 적절히 대처할 수 있도록 돕는 기법으로 근육의 수축과 이완, 깊고 규칙적인 호흡, 즐거운 사고나 심상(心象) 등을 훈련함으로써 일상생활에서 유발되는 불안장애, 중독, 기타 스트레스성 장애를 해소하는데 매우 유용하다. 클라이언트에게 녹음테이프 또는 CD를 주어서 매일 듣고 적용하게 하는 것도 이러한 개입방법을 간단하게 채택할 수 있는 기법이다(전재일 · 이성희, 2004).

(11) 역할연기

인지행동모델에 있어 역할연기(Role-playing)는 클라이언트가 어떤 상황에서 무엇을 느끼고 있는가를 알아보기 위해 그 행동을 시연해 보는 기법이다. 즉 클라이언트의 관심이 되는 특정 상황을 그가 있는 자리에서 재현하도록 요청하는 행동기법이다. 이처럼 발생한 사건은 사회복지사가 더 잘 이해하는 데 많은 도움이 된다(이영호, 2009).

4) 인지행동모델의 유용성과 한계

(1) 인지행동모델의 유용성

사회복지실천에서 인지행동모델은 최근 몇 년간 급속한 성장을 거듭하고 있으며, 가장 대중적인 상담접근 가운데 하나로 주목받고 있다.

인지행동모델이 급격한 성장을 하게 된 이유는 다음과 같은 강점이 있기 때문이다. 첫째, 단기적이며 현재에 초점을 맞추지만 과거를 무시하지 않는다. 둘째, 사회복지사와 클라이언트가 함께 작업을 한다. 셋째, 효과성이 입증되었고 구조화되어 있으며 목표 지향적이어서 상담이 수월하다. 넷째, 사회복지사 자신들도 그 유익을 얻을 수 있다(윤선오 · 김현진, 2016).

이와 같은 강점 이외에 인지치료의 개입은 정서장애, 불안장애, 후유증 스트레스장애, 결혼생활문제 등을 포함하는 폭넓은 정서적인 장애와 행동문제에 대한 치료에서 인지적 치료방법의 효과성이 많이 발견되었다.

인지행동모델은 임상적 질병중심보다는 문제점을 중심으로 그 범위를 이야기하는 것이 현재의 추세라고 할 수 있지만 질병 위주로 설명을 한다면 우울증, 불안장애, 공황장애, 사회공포증, 물질남용, 섭식장애(비만 및 폭식), 부부문제 등의 치료에 효과적으로 적용이 되고 있다. 또 그 외에 강박장애, 인격장애, 재발성 우울증, 건강염려증, 만성통증, 정신분열증 등에도 적용할 수 있다. 따라서 이러한 증상에 관해 인지행동모델은 치료의 효과가 높고, 약물 복용을 끊은 다음에 재발이 적다는 점 그리고 치료기간이 단축된다는 것 등이 가장 큰 강점이다. 또한 재발 시에도 스스로 조절하여 대처할 수 있으며, 새로 획득한 성찰을 행동으로 옮기는 것을 강조한다. 또 과제는 클라이언트가 새로운 행동으로 실행하고 재조건화 과정을 형성하도록 돕는 데 적합하다.

인지행동모델은 인간의 인지 또는 신념이 부적응의 원인이라고 전제하면서 실천과정에서 이에 대한 성찰의 중요성을 주장한다. 이는 다양한 문제에 적용할 수 있고 클라이언트 스스로의 삶에 대한 책임을 강조하며 교육을 통한 능동적인 변화방법을 제시하였다는 점에서 기여한 바가 매우 크다. 그리고 인지행동적 접근은 인간과 환경 간의 호혜적인 상호교류를 충분히 설명해 준다(최규련, 2011).

(2) 인지행동모델의 한계

인지행동모델의 여러 가지 강점에 비하여 다음과 같은 한계점이 있다. 첫째, 자신의 인지구조와 불합리한 신념을 분석하는 것은 지적 수준이 낮거나 현실감이 떨어진 클라이언트 또는 사고가 지나치게 경직되어 있는 클라이언트에게는 효과를 기대할 수 없다. 둘째, 치료방법이 매우 지시적이고 교육적이므로 사회복지사의 가치와 철학을 클라이언트에게 강요할 수 있어 사회복지사는 가치중립적이어야 한다는 전문적 윤리원칙과 갈등을 초래할 수 있다. 셋째, 인지와 신념에 대한 강조는 자칫 사건 자체의 중요성을 간과할 수 있고, 또한 인지와 신념의 영향력에 한계가 있다. 예컨대, 신체적인 질병에서부터 유전적 영향까지의 범위에서 인지와 신념으로 설명할 수는 없다. 넷째, 인지행동 접근만을 사용하는 사회복지사는 바람직하면서도 종합적 절충주의 접근(정신역동, 경험주의, 약물치료)을 소홀히 하게 된다. 다섯째, 지금 여기에만 집중하면 과거의 상처와 억압된 분노, 적개심을 과소평가하는 결과를 가져올 수 있다. 여섯째, 주의집중, 존중, 공감의 기초 핵심조건이 소홀히 될 수 있다. 그리고 사람은 컴퓨터가 아니기 때문에 종종 감정을 과대평가 또는 과소평가해 버린다. 일곱째, 사회복지사의 접근이 지나치게 해결중심적으로 될 수 있으며, 자칫하면 의미 없는 지적 훈련으로 끝날 수도 있다. 여덟째, 열매 없는 이론적인 논쟁 다툼이 될 수 있고, 단순한 긍정적 정신태도와 가능성 있는 사고(思考) 그리고 자기칭찬으로 표류할 위험성이 있다(손광호, 2009).

7 위기개입모델의 개입기술

1. 등장 배경

사회복지실천의 위기개입모델(crisis intervention model)은 천재지변이나 사람이 생활하는 과정에서 갑자기 발생한 사건으로 인해 격심한 고통의 감정을 일시적으로 경험하고, 이로 인해 압도당하는 상황에 직면했을 때에 돕는 모델이다. 그리고 이러한 고통에서 유발되는 스트레스로 인해 일상생활 수행에 어려움이 발생하는 경우에 대처할 능력이 부족하여 문제를 갖는 사람들에 대한 관심에서부터 나온 모델이다(설진화, 2011). 따라서 이러한 모델은 극심한 스트레스 상황에서 즉각적으로 필요한 서비스의 지원과 격심한 고통 이후에 발생할 수도 있는 심각한 심리적 붕괴현상의 예방에 관심이 있다.

에릭슨(Erickson)은 사춘기를 자아 동요로 인한 갈등이 증대하는 정신적 성숙단계로 보고 성숙위기와 상황적 위기 그리고 환경적 위기에 대한 연구의 기초를 제공하였다. 그리고 힐(Hill)은 가족 스트레스에 관한 연구로 위기이론 발달에 큰 영향을 주었다. 또한 린더만(Lindemann)의 이론적 틀은 위기개입 기술을 발달시키는 데 많은 기여를 했고, 집에서 재활 프로그램을 실시하는 작업이 구체화되어 치료적 지역사회개념도가 출현하게 되었다(한국정신보건사회사업학회, 2001).

캐플란(Caplan)은 1970년대 파괴적 위기상황을 완화하고 예방할 수 있는 지역사회 내의 자연적 상호 지지체계에 관심을 갖게 되었다(양옥경 외, 2001).

이와 같이 위기개입모델은 여러 학자들이 제시하여 강조한 것처럼 우리에게 전혀 생소한 것이 아니며, 근본적으로 기존 모델들과 절충적이고 통합적인 형태를 갖고 있음을 나타내고 있다.

2. 이론적 기반

사회복지실천에서의 위기(Crisis)를 맞는 것은 위협적이거나 외상적 위험사건을 경험함에 따라 취약해져오면서 현재까지의 대체전략으로는 스트레스나 외상 대처 또는 경감할 수 없는 불균형의 상태가 되는 것을 말한다(Robert, 2000).

위기는 위험과 기회라는 2가지 요소가 혼합되어 있는 특성이 있는 개념이며, 외부 사건으로 인해 격심한 심리적 혼란을 야기하는 경우가 많기 때문에 위기를 내면적인 갈등으로만 다루고자 하였던 전통적인 정신분석적 견해로는 설명이 다소 부족하다. 따라서 이러한 위기는 균형상태의 혼란을 말한다. 즉 위기는 지속적인 상태 속에서의 급격한 변화를 의미하는데 개인은 작은 기제나 균형기제를 가지고 있지만 위기상태에서의 개인의 습관적인 문제해결 활동만으로는 신속하게 균형상태를 회복하지는 못한다. 또한 위기는 개인이나 가족 및 집단에 있어서 좋든 나쁘든 어떤 전환점을 가져오는 계기가 될 수 있다(김용환 외, 2013).

인간이 일상적으로 생활하는 동안 어떤 사건에 직면하는 일은 흔히 있는 것이지만, 그 사건에 대한 반응은 사람마다 매우 다양하게 나타난다. 그래서 그 반응의 정도에 따라 전문가의 도움을 받아야 하는 경우도 있을 수 있다. 즉 문제에 대한 스트레스가 얼마나 심각하고 얼마나 지속되느냐는 것은 온전히 그 사건의 성격에 달려있겠지만 그 의미를 어떻게 받아들이는가와 사건이 요구하는 개인적·환경적 자원이 얼마나 충분히 있는가에 따라 다를 수 있다.

위기개입은 위기로 인한 불균형 상태를 회복하기 위하여 일정한 원조수단을 개인과 가족 그리고 지역사회 등에 적용하는 단기적 과정이라고 할 수 있다. 따라서 위기를 어떻게 이해하느냐에 따라 위기이론에 차이가 있는데 이를 심리학적 관점과 정신의학적 관점 그리고 생태학적 관점으로 나누어 살펴볼 수 있다.

1) 심리학적 관점의 위기

심리학적 관점에서 여러 가지 이론을 연구하며 제시한 대표적인 학자는 린더만(Linderman)과 캐플린(Caplan) 그리고 라자루스(Lazarus) 등이다(윤현숙 외, 2002).

린더만(Linderman, 1944)은 '급성적인 비탄의 증후와 관리'라는 논문을 연구하여 발표하였다. 그는 논문을 통해 사별 후의 비탄이 일정하고 뚜렷한 이행단계를 거치며, 그 비탄은 사별에 있어서 필수적이면서도 자연스러운 반응이라고 보았다. 그리고 어떤 사람은 4~6주 정도에 걸쳐 비탄을 겪고 난 다음에 재적응할 수 있었지만 또 다른 사람들은 정신질환이나 신체질환을 겪으며 장기간 부적응 반응을 일으켰다고 지적하였다.

린더만(Linderman)은 인간이 정상적으로 비탄에 잠겼을 때의 행동으로 사별한 사람에 대한 몰두와 사별한 사람과의 동일시 그리고 죄책감과 적대감의 표현 및 일상생활의 붕괴와 신체적 증상의 호소 등이 있었다고 하였다. 따라서 그의 위기개입의 패러다임은 위기로 인한 일상생활 유지 균형의 붕괴와 단기치료를 통한 비탄 다루기 그리고 문제나 슬픔 속에서의 클라이언트의 활동 및 균형의 회복 과정을 겪게 된다고 보았다.

캐플란(Caplan)은 제2차 세계대전 이후 이스라엘 수용소에 있는 아동들의 위기상황에 대한 연구를 통해 위기란 통상적인 행동으로부터 극복할 수 없는 일상의 장애에 따른 위기가 발생한다고 보았다. 따라서 위기의 구분을 크게 발달적 위기와 상황적 위기로 유형화하였다.

그는 초기의 심리적 트라우마를 발생시킨 인지적 · 정서적 · 행동적 왜곡을 인정하고 수정하거나 제거하는 것이 위기개입이라고 하였다. 또한 정신적 건강에서 가장 중요한 측면은 자아의 상태, 자아의 성숙 정도, 자아구조의 질(質)이라고 하였다. 여기에서 자아상태의 평가는 다음의 3가지 주요 영역에 기초한다. 그것은 첫째, 대상이 되고 있는 사람이 스트레스와 불안을 인내하면서 자아의 균형을 유지해가는 능력이다. 둘째, 문제를 해결해 가는데 있어서 현실에 따른 인지와 직면의 정도이다. 셋째, 대상이 되고 있는 사람이 자신의 심리적·생물학적·사회적 영역에서의 균형을 유지하기 위해 이용할 수 있는 효과적인 대처기제의 목록 등이 그 평가기준이 된다(박세정 외, 2010).

린더만(Linderman)과 캐플란(Caplan)은 하버드 지역의 'wellelsey 사업계획'이라고 부르는 정신적 건강에 관한 지역 프로그램을 실시하였다. 그리고 문제해결을 위해 여러 가지 방안을 시도하면서 본질적인 정서적 균형을 찾으려 노력했다. 그러나 문제해결에 실패하면서 균형이 깨어지고 내면적 긴장이 높아지며, 불안이 표출된 상태에서는 정서적 혼란만 야기된 채 일정한 위기의 기간이 존재하는 것에 주목하게 되었다. 따라서 그는 이러한 기간 동안에 개인과 그의 정서적·환경적 측면에서 중심이 되는 인물 간에 어떤 상호작용이 발생되느냐가 위기극복에 중요한 변수가 되는 것으로 보았다.

2) 정신의학적 관점에서의 위기

(1) 정신보건 차원에서의 위기개입

린더만과 캐플란(Linderman & Caplan)의 위기에 대한 초기이론은 1960년대 지역사회 정신보건이 대두되면서 지역사회 정신의학의 중요 접근방식의 하나로 위기개입이 인정되었고, 그 효과성의 검증을 위한 많은 연구들로 이어지면서 위기개입이론이 발전하게 되는 초석이 되었다(윤현숙 외, 2002).

지역사회 정신보건이 일반화되어 있는 현대에는 정서적 문제에 대한 응급처치로서 24시간 핫라인 및 긴급출동과 같은 위기개입서비스를 제공하여 지역사회 내에 설치된 위기개입센터에 의해 운영되는 것이 보편화되었다.

(2) 정신적 외상으로서 위기

정신적인 외상에 대해 그동안 여러 학자들의 연구발표에 의하면 인류의 기원부터 시작되었다고 볼 수 있다. 수세기 동안 관찰 및 묘사에 대해 연구되어 왔던 외상 후 스트레스 장애는 정신건강 영역에서 인지되었고, 특히 대중매체를 통해 일반대중에게 주목을 받기 시작하였다. 예컨대, 1~2차 세계대전 동안의 전쟁공포나 전투 무력증상을 보이는 군인 치료뿐 아니라 1970년대 여성운동 가운데 여성들의 성학대, 강간, 가정폭력으로 인한 외상적 영향 보고 등이 대표적이다(김용환, 2013; 윤선오 · 김현진, 2016).

과거 150여 년 동안 다양한 외상적 사건 이후에 보이는 증상들을 묘사하는데 있어서 여러 용어들이 사용되어 왔는데, 예컨대 열차 척추장애, 히스테리아, 보상신경증, 강간외상증후군, 아동학대증후군 등이 그것이다(황철수, 2008).

외상에 대한 반응에는 2가지로 분류해 볼 수 있다. 먼저 테르(Terr)는 1991년 단기간의 타입1과 장기간의 타입2의 외상사건에 대한 차이를 설명하였다. 전자는 예측되지 못한 1번의 충격적이며 재난적인 특성이 있지만 단기간에 이루어지는 강간이나 자동차사고 같은 것이다. 따라서 이것은 침입적인 사고나 회피 그리고 과민증상들을 일으키는 경향이 있다. 그리고 후자는 지속되고 반복되는 시련과 연관된 스트레스 요인이며 좀 더 의도적이고 계획적인 경향이 있기 때문에 전투나 지속적인 학대와 같은 것이다. 이러한 스트레스 요인은 무력감, 해리, 성격적 대인관계적 장애, 분리, 제한된 정서, 물질남용 등과 같은 자기방어적 장치를 사용하는 결과를 가져오게 된다(윤선오 · 김현진, 2016).

3) 생태학적 관점에서의 위기

위기이론은 스트레스에 관한 방대한 연구결과에 밀접한 영향을 받아왔다. 사회적 · 물리적 환경의 악화로 인한 인간의 문제를 다루어야 하는 현재의 서비스

실천에서 위기의 생태학적 개념이다. 즉 대인관계적 · 상호작용적 · 사회문화적 · 사회구조적 측면을 고려해야 할 필요성이 증대되었다(이윤로, 2007).

최근에 급속히 발달하고 있는 생태학적 관점의 이론에서 중요한 역할을 하는 3가지 요소는 전자매체효과, 체계적 상호의존, 거시체계적 접근이다. 여기에서 전자매체 효과는 그 매체를 통해 재난과 외상적 사건들이 가정에서 방송되어 희생자뿐 아니라 일반인들에게도 영향을 미쳐 그런 사고가 언제 자신에게 발생할지 모르는 위기의식을 고취시킨다는 것이다. 특히 전자매체의 발전으로 허리케인, 지진, 화산폭발, 집중호우 및 홍수 등과 같은 자연재해를 미리 예측하여 전파하고 예방할 수 있다는 강점이 있다(김용환 외, 2013; 최영주, 2016).

체계적 상호의존은 인간이 생태적 주류를 이루고 있는 가운데 약물남용이나 폭력과 같은 부정적 요소들이 급속히 확산되는 상호작용 속에 존재하므로 이러한 문제들을 피하기가 결코 쉽지 않은 속성이 있다. 그리고 거시체계적 접근은 해결되지 않은 위기가 클라이언트의 인성적 · 사회적 · 재정적 · 환경적 자원뿐 아니라 전체 생태체계를 파괴시켜 공적체계를 통해 전체적인 생태체계에 접근하여 위기에 대처할 수 있다(양옥경 외, 2001).

3. 사회복지실천에서의 개입기술

1) 개입 목표

라포포트(Rapoport, 1970)는 위기개입이 매우 초점화되어 단기개입으로 위기상황과 관련된 구체적 문제해결에 주안을 두고 있기 때문에 그 목표가 제한적인 것을 강조하며 개입 목표를 2단계로 제시하였는데 다음과 같다(김용환 외, 2013).

첫째, 1단계 개입 목표는 위기로 인한 증상을 제거하고 위기 이전의 수준으로 모든 기능을 회복하는 것이다. 또한 불균형 상태를 가져온 위기촉발 사건에 대한 이해와 클라이언트 및 가족이 지역사회 자원을 동원하여 얻을 수 있는 치료 방법을 모색하는 것이다.

둘째, 2단계 개입 목표는 현재의 스트레스를 과거 경험이나 갈등상황과의 연관성을 인식하는 것이다. 또한 새로운 인식과 사고 그리고 정서를 개발하되 위기상황 이후에도 사용할 수 있는 새로운 적응 및 대처기제를 개발하는 것이다.

이와 같은 위기개입 목표는 위기로 인한 정서적 문제를 해소하고 위기 이전의 기능수준까지를 회복시키며, 나아가 위기 이전 수준을 능가하는 기능을 수행하도록 하는데 있다(남연희 외, 2012).

2) 개입과정에 따른 사회복지사의 역할

골란(Golan)은 위기상황의 치료모델에서 위기개입 과정을 초기와 중기 그리고 종결로 구분하였으며, 그 과정별 사회복지사의 역할을 다음과 같이 제시하였다.

① 초기단계

위기개입 과정의 초기단계는 일반적으로 클라이언트를 처음 만나 첫 회기에 주로 이루어진다. 사회복지사는 위기상황에 즉각적으로 초점을 맞추되 클라이언트의 현재위기 상태를 평가함과 동시에 차후 활동에 대해 계약을 맺게 된다. 또한 클라이언트의 주관적 반응을 이끌어 내는 것이 중요하기 때문에 반응에 대한 해석이나 직면보다는 감정표현으로 보다 합리적이며 이성적으로 위기상황에 대처할 수 있도록 돕는 것이 중요하다(설진화, 2011).

사회복지사는 초기단계에서 좋은 사정을 위한 5가지 세부영역을 고려하되 다음과 같은 질문방법들을 제시하여야 한다.

첫째, 클라이언트가 왜 오늘 도움을 받으러 오게 되었는가를 고려해 보아야 한다. 즉 무슨 일이 있었는가에 대한 정확한 이해가 필요하다.

둘째, 클라이언트가 현재의 위기와 선행사건을 어떻게 인식하고 있는가를 고려해 보아야 한다.

셋째, 클라이언트에게 주위의 도움을 받을 만한 지지적인 자원이 있는지를 질문하고, 또한 그 자원의 지지수준과 질(質)은 어떠한지 고려해 보는 것이다.

넷째, 클라이언트가 과거에 비슷한 문제를 체험사례가 있는지를 질문하되 만약 있었다면 어떻게 해결하였는지 확인해 보아야 한다.

다섯째, 위기개입에서 반드시 고려해야 할 특수한 영역인 자살 또는 타살의 위험에 대한 부분이다. 클라이언트가 자해 또는 타해의 위험 여부를 사정하되 만약 위험하다고 판단되면 즉각 입원치료 의뢰와 같은 절차를 연결하여야 한다.

② 중기단계

클라이언트를 첫 만남으로 시작하여 위기개입이 4~6회기 동안으로 계획이 된 것이라면 실행단계인 중기단계는 1~4회기까지 진행된다. 따라서 중기단계에서는 우선 클라이언트의 주요 주제를 선정하는 것이 중요하다. 예컨대, 클라이언트의 상실감이나 자기존중감 손상에 대해 깊이 탐색하고, 필요한 경우에는 과거에 대해서도 탐색하는 것이 좋다(손광호, 2009).

중기단계에서의 주요 영역은 사회복지사가 위험사건 이후의 자료를 조직화하고, 단기에 성취할 수 있는 목표와 이를 달성하기 위한 과제들에 대해 작업함으로써 행동변화를 파악한다. 그래서 클라이언트가 자율성을 회복하게 되면 사회복지사는 소극적 역할로 전환할 필요가 있다. 그리고 클라이언트의 일상생활에서 활용할 수 있는 자원과 지지체계를 찾아내어 클라이언트가 적극 활용할 수 있도록 지원해야 한다.

클라이언트의 행동변화가 초래되었을 때에는 다음과 같은 역할을 수행하여야 한다(장인협 · 우국희, 2001).

첫째, 초기행동 계약으로 돌아가 과거에는 어떠했으며, 위기상황을 다루고 균형을 회복하는데 얼마나 효과적이었는지 규명한다.

둘째, 단기에 성취할 수 있는 전반적인 과제영역 또는 달성할 수 있는 중간목표를 설정한다.

셋째, 목표달성을 위한 구체적인 과제들에 대해 진행하되 그 과제들은 행동 지향적이며 수행의 변화를 가져올 수 있어야 한다.

넷째, 과제는 클라이언트가 행동과정 또는 이를 수행하는 방법을 결정하도록 하여 사고 지향적일 수 있도록 한다.

③ 종결단계

위기개입 마지막 종결단계는 일반적으로 1~2회기로 진행되어지게 된다. 따라서 종결기에는 종결에 대한 클라이언트뿐 아니라 사회복지사의 저항을 다루고 성취한 과제와 목표 그리고 변화와 성취하지 못한 것들에 대해 점검하며 클라이언트의 활동 계획에 대해 논의한다. 또한 클라이언트가 사회복지사에게 의존하지 않도록 격려함과 동시에 필요한 경우 클라이언트가 활용할 수 있는 지지원으로 사회복지사를 인식할 수 있도록 하여 종결을 결정한다(정문자 외, 2008).

클라이언트의 현재 상태와 장래계획에 대해 논의하되 클라이언트의 독립을 강조하면서 필요한 경우 언제든지 찾아올 수 있도록 기회의 문을 열어두는 것이 좋다.

3) 위기개입모델의 유용성 및 한계

위기개입모델은 사회복지실천적인 측면에서 전화상담이나 가정폭력인 상황에 매우 유용한 모델이다. 따라서 이러한 유용성에 대해 살펴보면 다음과 같다(조휘일 · 이윤로, 1999).

첫째, 전화상담에서는 먼저 치료적 관계가 무엇보다 확립되도록 하여야 한다. 상대방이 수화기를 놓아버리면 관계가 끊어지고 복구될 수가 없다. 대화를 지속할 수 있도록 인내심을 갖고 관심을 보이며 대화에 응하고, 위기적 상황을 묘사하도록 하여 적극적으로 대화를 이끌어간다. 또한 접근수단의 확보를 위해 이름과 전화번호, 주소, 현재 위치하고 있는 장소 등을 확인하여 긴급구제가 필요할 때 즉시 출동하여 접촉할 수 있도록 모든 수단의 조치가 필요하다. 또한 상황의 심각성을 판별하는 것이 중요하다. 자살 또는 타살 등의 상태나 의도를 가지고 있는지의 여부를 즉시 직설적 화법을 구사하여 구체적으로 질문하여 자살 가능성 여부에 대한 평가를 내린다.

전화상담에서 중심이 되는 문제를 파악한 다음 명료화시키는 것이 중요하다. 따라서 경청이나 심층적 수준에서의 의사소통을 함으로써 중심된 문제와 2차적 문제를 구별한다. 또한 상대방을 수용하되 자유롭게 자기가 하고 싶은 이야기를 마음껏 하도록 허용한다. 그리고 공감대 형성을 위해 다양한 방면의 지식을 갖추어 어떤 주제에 대해서도 정확하게 이해하고 공감하는 태도를 가지는 것이 좋다. 아울러 클라이언트와의 관계망 형성은 이들의 지지적 관계망을 탐색하여 동원하며, 완성시켜 나감으로써 클라이언트에 관한 치료적 계획을 수립하는 것이다.

둘째, 가정에서 폭력이 발생한 상황은 언제나 위기적이다. 따라서 폭력이 만성적이어서 가족구성원이 폭력상황을 예측하되 익숙한 경우에도 가정이라는 존재 자체가 파괴될 것에 대한 불안과 공포는 항상 새롭게 다가오는 위기가 될 수 있다.

가정폭력은 가족구성원이 신체적인 안전이 위협당하고 때로는 생명이 위협받는 상황에 처하는 경우이다. 따라서 이런 처지에 놓인 가족구성원은 심리적으로 배신감과 분노, 사랑이나 가족관계 유지의 실패에 따른 좌절감과 절망감, 수치감, 무력감(무기력), 가족구성원을 상실할 것 같은 불안과 공포 등을 경험하게 된다. 이러한 가운데 폭력이 빈발하는 가정에서는 폭력으로 야기되는 위기적 요소가 언제 다시 발생할지 모른다는 점에서 불안감이 상존하게 되고 이러한 불안감은 실제로 폭력상황이 발생할 때 과거의 폭력피해의 후유증과 함께 위기적 지각 수준이 더욱 높여질 우려가 있다(조흥식 외, 2000).

위기개입모델의 한계는 위기개입 효과성 검증에 대한 실증적 자료가 부족하고, 이론적 체계가 미흡하다는 비판을 받고 있다. 또한 위기개입 실천을 위한 구체적 기술이 개발되지 못하고 있다는 한계점을 지적하고 있다.

한편 개인이 자각하지 못하는 정신내적인 힘이 행동에 강하게 영향을 미치게 되므로 개인상황적 반성만으로 클라이언트의 문제를 효과적으로 해결하기가 곤란하다는 것이다. 따라서 클라이언트 자신의 성격저변에 역동성이나 현재의 적응에 나쁜 영향을 미치는 초기 생활 경험에 있어 자신의 관심을 기울이도록 하는 것이 도움이 될 수 있다(이미선 · 강우진 · 권향임, 2011; 김용환 외, 2013).

8 해결중심모델의 개입기술

1. 등장 배경

사회복지실천의 해결중심모델(Solution Focused Model)은 인간에 대한 긍정적인 철학을 기반으로 클라이언트 자신의 문제를 해결할 수 있는 능력을 가지고 있다는 생각을 기본 전제로 하고 있다. 따라서 문제의 원인보다는 해결에 초점을 두고 인간의 강점을 발견하여 문제해결에 활용하는 상담모델이다. 이러한 모델의 이론은 단기치료의 대표적 개입방법을 제시해 주고 있으며, 특히 접근방법은 클라이언트 지향적이어서 이들의 문제를 잘 이해하고 있는 전문가로 인정함과 동시에 문제해결의 주체인 전문적 관계의 동반자로 인정한다.

해결중심모델(Solution Focused Model)은 1960년대와 1970년대에 가족치료이론이 전반적으로 발전함과 동시에 해결중심적 치료 분야가 주목받게 되었다. 그리고 한국에서는 드셔쯔와 인수버그(De Shazer & Insoo Berg)에 의해 처음 소개되었다(손광호, 2009).

1978년 밀워키(Milwaukee)에 의해 설립된 단기가족치료센터에서 치료의 초점을 문제중심으로부터 해결중심으로 전환시키는 과정의 해결중심치료기법이 발전하면서 해결중심모델이 등장하게 되었다. 그리고 이러한 모델은 과거보다 현재와 미래를 중요시하는 가운데 인간의 강점과 유용한 자원을 발견함으로써 작은 변화라도 가져올 수 있는 전략을 사용하게 되었다. 또한 해결중심에 활용되는 단기치료모델인 해결중심치료를 가족상담에 적용시킴으로써 확대 · 발전된 계기가 되었다. 따라서 이러한 모델은 기본적으로 병리적 또는 잘못된 것에 관심이 있는 것이 아니라 과거의 성공적 · 긍정적 사례를 발견하여 이것을 적극적으로 활용하는 모델이다(김용환 외, 2013).

한편 해결중심모델(Solution Focused Model)의 철학은 전통적인 치료모델들과 다른 가정이나 전제 가치적 철학을 지니고 있다(송성자 외, 1994). 따라서 중심 철학은 클라이언트가 문제 삼지 않는 것은 염두에 두지 않는 것이 특징이다. 또 효과가 없다면 대신에 다른 것을 찾아 적용하고, 효과가 있는 것을 인지하였다면 이것을 더욱 확대시켜 나가는 것이다.

2. 이론적 기반

1) 해결중심 접근의 가정 및 규칙

사회복지실천의 해결중심모델(Solution Focused Model) 접근에서의 가정은 다음과 같다. 첫째, 긍정적인 측면에 초점을 두는 것이다. 이것은 긍정적인 측면이나 문제해결 또는 미래에 초점을 두고자 할 때 바람직한 방향으로 유도할 수 있기 때문에 해결중심 대화를 중요시 한다. 둘째, 예외상황은 해결점을 제시한다. 즉 문제의 예외상황을 치료자와 환자가 스스로 발견하여 해결점을 찾는데 활용하는 것이다. 여기에서 예외상황의 질문은 문제를 해결하려고 모든 노력을 다한 사람들에게는 다소 역설적인 질문일 수 있겠지만 아직 문제가 발생하지 않았던 점을 인식하지 못한 것을 확인시켜 줌으로써 강점을 발견하도록 돕는 것이다. 셋째, 항상 있는 그대로 머물지 말라는 것이다. 즉 치료자들이 가족의 체계, 항상성, 불변성, 문제 보유 경향성 등에 대해 사전에 말하게 한 다음 어떻게 그 상황을 전환시킬 것인가에 대해 노력하는 것은 결코 도움이 되지 못하기 때문이다. 넷째, 작은 변화는 큰 변화를 이끌 수 있기 때문에 생성적(Generative)이다. 이러한 가정은 치료과정을 쉬운 방향으로 나아가게 하고 치료자에게 단순한 시각과 행동이 요구된다는 것을 의미한다. 따라서 환자가 자신이 할 수 있는 범위 내에서 작은 문제를 해결한 경험사례를 상기하게 된다면 다른 문제에도 해결의지를 보이며 시도하게 될 것이다(김용환 외, 2013).

해결중심모델(Solution Focused Model)을 임상적인 측면에서 시행했을 때 적용된 규칙들을 정리해 보면 다음의 4가지로 요약될 수 있다. 첫째, 효과가 있으면 수정하지 않는다. 치료과정에서 대부분의 환자는 문제를 구체적이고 상세하게 제시하는 것에 익숙해져 있다고 가정할 수 있다. 이것은 환자들이 그동안 시도하였으나 실패한 것들에 대해 초점을 두고 문제를 제시하는 수준에 계속 머물러 있을 수 있기 때문이다. 그러나 해결중심에서는 치료의 초점이 문제상황보다는 예외를 발견하는 것 자체가 해결책을 제시하는 것이 되기 때문에 환자가 발견한 예외상황 및 치료목표를 연결시키는 것에 초점을 맞추게 된다. 둘째, 지금 하고 있는 것이 효과가 없다면 다른 방법을 시도한다. 여기에서 환자가 시도하는 방법이 비논리적일지라도 기존의 해결책에 대한 효과가 없다면 무언가 다른 것을 찾아 시도해 보도록 제안할 수 있다. 즉 합리적으로 판단되는 것은 모두 시행하였지만 효과를 보지 못했다면 비합리적이고 비논리적인 것 외에는 없다고 생각할 수 있기 때문이다. 셋째, 단순하게 한다. 해결중심모델에서 단기가족치료의 기본 가정 중에 하나는 작은 변화가 큰 변화로 이어진다는 체계이론을 적용하는 것이다. 따라서 작은 변화로 성공경험을 갖게 된다면 환자에게 긍정적인 영향을 주게 될 것이고 자신의 성공적 이미지를 발견할 수 있게 된다. 넷째, 각 치료에 대한 상담을 환자와는 마지막이자 유일한 시간이라 생각하고 접근한다. 이러한 각오로 치료자가 집중하여 치료에 임한다면 상담을 마친 환자는 자신의 문제를 해결하는데 있어 어떤 작은 변화라도 있는지 자문하는 자신을 발견할 것이다(김윤재 외, 2011).

2) 기본 개념

드셔쯔와 버그(De Shazer & Berg)는 가정과 철학을 기초로 해결중심치료를 실시하기 위해 원칙적 기본개념 8가지를 다음과 같이 제시하였다. 첫째, 병리적인 것 대신에 정신건강에 대한 강조이다. 이것은 클라이언트의 성공적인 경험사례에 초점을 두고 치료에 활용하되 결함 또는 장애는 가급적 다루지 않는다. 즉 무엇이 잘못된 것보다는 잘되어 어떻게 활용할 것인가에 더 많은 관심을 기울인다. 둘째, 클라이언트의 강점 및 자원과 건강한 특성을 발견하여 치료에 활용한다. 일반적으로 클라이언트가 바라는 결과를 해결하기 위해 이들이 갖고 있는 자원, 지식, 믿음, 행동, 증상, 사회관계망, 환경, 개인특성 등을 최대한 활용한다. 셋째, 탈이론적 · 비규범적 · 클라이언트의 견해를 존중한다. 즉 클라이언트가 경험하는 문제에 대해 어떤 가정도 하지 않고 오직 이들이 호소하는 독특한 불평에 기초하여 개별화된 해결책을 발견하는 것이다. 이러한 조치는 클라이언트의 진정한 치료접근이 가능하도록 만들기 때문이다. 넷째, 단순하고 솔직한 의미를 추구한다. 치료목적을 달성하기 위해 지표방법의 경제성을 추구하되 복잡한 문제는 그 해결방법 역시 복잡하다는 가정이 아니라 작은 변화를 통해 다른 변화를 가져올 수 있다. 따라서 목표는 클라이언트가 달성할 수 있는 작은 것 하나라도 수립하는 것이 중요하다. 그리고 치료는 파급효과를 낳기 때문에 치료개입은 가장 단순한 것에서부터 시작하는 것이 좋다. 다섯째, 변화는 항상 발생하며 불가피한 것이다. 인간은 끊임없는 변화의 삶을 살아가고 있다. 그래서 치료자는 자연스럽게 일어나는 변화를 확인하고 그 속에서 해결책을 찾아 활용하게 된다. 즉 치료자의 역할은 긍정적인 변화가 유발되도록 도와줌으로써 해결책을 구축하도록 하는 것이다. 여섯째, 현재와 미래를 지향한다. 해결중심모델은 과거보다는 클라이언트가 현재와 미래 상황에 잘 적응하도록 돕는 것에 있다. 따라서 치료상담 과정은 클라이언트가 과거의 문제에서 벗어남과 동시에 미래를 지향하며 해결책을 찾도록 해야 한다. 일곱째, 치료자와 클라이언트 간의 협력관계를 유지한다. 클라이언트는 자신의 문제에 대해 가장 많이 알고 있기 때문에 이들의 변화 요구를 인정하여야 한다. 이러한 가운데 좀 더 나은 해결책을 탐색하거나 선택할 수 있도록 협력자적 관계를 유지하되 상호 지속적인 노력이 필요하다. 여덟째, 기타 개념으로 여러 가지 질문(기적질문, 예외질문, 척도질문), 첫 회기 때 공식 과제부여, 해결중심치료 등의 원칙을 개념에 반영한다(김용환, 2013).

3) 이론적 기반

해결중심모델(Solution Focused Model)의 단기치료가 발달하게 된 배경은 에릭슨(Erickson)과 후기 사회구성주의 이론의 영향이 있었기 때문이다.

1950년 중반 에릭슨(Erickson)의 단기치료 작업은 드셔즈(De Shazer)가 해결중심의 단기치료를 포함하여 가족치료 전반에 영향을 주었다. 여기에서 그는 어떻게 하면 치료가 효율적일 수 있는가를 파악하기 위해 에릭슨(Erickson)의 최면치료 접근법과 기법을 연구하였다. 그 결과 클라이언트가 갖고 있는 것을 활용하는 점과 심리적 장애의 원인을 찾아내어 해결중심 단기치료에 적용하였다. 이러한 것은 과거보다 현재 또는 미래에 초점을 두는 개념으로 변화되었다(정문자 외, 2012 재인용).

구성주의 이론(Constructivism Theory) 역시 해결중심 단기치료의 철학에 지대한 영향을 주었다. 객관적인 사실과 실제만을 믿는 과학적 낙관주의와는 다른 사회구성주의는 현실이라는 개인에 의해 사회적·심리적으로 구성된 것이라고 주장한다. 주변사람들과 상호작용하고 관찰하면서 개인은 새로운 의미를 구성하게 되고 여기에서 일어나는 변화에 근거해 무엇이 진실인지에 대한 사고구성을 하게 된다. 따라서 해결중심 단기치료의 언어는 클라이언트의 현실을 구성하기 위해 사용된다는 철학을 갖고 있기 때문에 후기 사회구성주의에 포함된다고 보는 것이다(김용환 외, 2013).

이와 같은 이론들을 기반으로 1975년 정신건강연구소(MRI : Mental Research

Institute)의 단기치료센터에서 활동한 드셔쯔(De Shazer)를 비롯한 그의 동료(Fisch, Weakland, Segal, Watzlawick)들에 의해 문제의 구성에 가족들과 내담자를 포함시킨 단기치료모델로 발전되어졌다. 그리고 드셔쯔(De Shazer)는 정신건강연구소(MRI)에서 나와 1978년 미국 위스콘신(Wisconsin) 주의 밀워키(Milwaukee)에 단기가족치료센터를 설립하였다.

3. 사회복지실천에서의 개입기술

1) 개입 목표

해결중심모델(Solution Focused Model)에서 사회복지실천을 위한 개입 목표는 클라이언트와 상호 협력하여 치료를 능률적으로 진행시켜 효과를 증대시킬 수 있는 내용을 구체화하는 것이다. 특히 관계형성과 성공적인 종결을 위해 세부적인 목표설정과 함께 결과에 대한 평가기준 역시 구체적이고 명확해야 함을 강조하고 있다. 따라서 이러한 치료 목표를 수립하는데 있어 필요한 원칙을 정리해 보면 다음과 같다(김혜숙, 2003).

첫째, 클라이언트가 요구하는 치료 목표를 설정해야 한다. 사회복지사는 클라이언트와 가족의 동의를 받아 가족의 공동 목표를 설정하되 구체적 · 행동적 · 목표성취를 위해 직접 관찰이 가능하면서 객관적인 내용이 함축되도록 해야 한다. 그리고 이러한 목표를 설정하는 과정에서 사회복지사와 클라이언트 간의 상호협조적 신뢰관계가 형성되어진다면 치료의 필요성과 성취 가능성에 대한 기대가 높아질 수 있다.

둘째, 목표는 핵심적이어야 하되 구체적으로 제시되어야 한다. 보통의 클라이언트는 목표성취에 대한 조급함으로 인해 전체적이며 원대한 목표를 수립하려는 경우가 많다. 그러나 치료를 위한 목표는 핵심적인 내용을 정리하여 클라이언트가 쉽게 성취하여 자신감 획득과 함께 변화의 동기가 강화되어야 한다.

셋째, 목표는 행동적인 것이 되도록 설정하여야 한다. 사회복지사는 클라이언트가 자발적 변화가 되도록 기적질문을 적용할 필요가 있다. 이러한 질문을 통해 분명하고 구체적인 행동이 발현된다면 이들의 성공을 즉각적으로 인정할 수 있는 기회가 증가된다. 그리고 여기에서 성취하지 못했다면 그 이유를 명확히 파악함으로써 대안을 모색하기가 용이하게 된다.

넷째, 목표 설정 시 클라이언트의 강점에 관심을 두어야 한다. 클라이언트 입장에서 제한된 것보다는 최대한 할 수 있는 것을 목표로 설정하는 것이 효과적이다. 이처럼 강점 위주의 목표설정은 클라이언트로 하여금 불필요한 에너지 소모를 방지하고 설정된 목표에 전념할 수 있도록 유도하게 된다.

다섯째, 목표는 종식보다는 이제 시작한다는 사고(思考)로 접근해야 한다. 흔히 클라이언트는 자신의 문제에 따른 목표에 대해 긍정적인 종결의 기대와 함께 실패할 수 있다는 불안감에 혼란스러워 하는 경우가 있다. 따라서 긍정적인 자세와 함께 쉬운 문제부터 단계적으로 해결해 나아감으로써 성취도를 증대시켜 나간다.

여섯째, 목표는 현실적이며 성취 가능한 것으로 설정한다. 클라이언트의 생활환경에 있어 현실적이고 성취 가능한 것을 파악한 다음에 목표를 정하는 것이 좋다. 흔히 목표달성에 실패한 사례를 보면 설정한 목표가 비현실적인 경우가 대부분일 때가 많다. 따라서 사회복지사는 클라이언트가 실생활에서 성취 가능한 것을 찾아내도록 도우면서 성공적인 목표설정이 되도록 협상하며 조정해야 한다.

일곱째, 목표달성은 결코 쉬운 것이 아님을 인식하는 것이다. 목표가 비록 현실적이며 실현 가능한 것일지라도 클라이언트 자신의 변화 정도에 따라 성공 여부가 결정된다는 것을 깊이 인식하여야 한다. 즉 새로운 것과 변화를 시도하는 것은 평소 익숙하지 않은 것들이기 때문에 내면의 에너지 소모가 극대화됨이 예상된다. 따라서 목표설정을 위한 협상 및 조정할 때 클라이언트의 수준에 맞는 목표설정이 필요하다.

2) 클라이언트 유형에 따른 관계기술

사회복지실천에서 클라이언트 유형은 크게 방문자형과 불평형 그리고 고객형 3가지의 유형으로 구분되는데 세부내용은 다음과 같다(김윤재 외, 2011).

(1) 방문자형의 클라이언트

해결중심모델(Solution Focused Model)에서 방문자형의 클라이언트는 고민과 갈등에 대해 치료를 받아야 한다는 필요성을 느끼지 못하거나 문제해결에 대한 의지와 동기가 희박한 경우이다. 이러한 유형의 클라이언트는 자신의 문제가 타인에 의해 발생한 것으로 해석하기 때문에 치료 자체를 부정적으로 인식하며 강하게 거부한다. 예컨대, 방문자형의 클라이언트는 부모, 배우자, 고용주, 선생님, 보호관찰관 등에 의해 의뢰된 경우가 대부분이다.

사회복지사는 방문자형의 클라이언트 성향을 고려하여 이들을 대할 때 가능한 겸손하고 성실한 자세로 대해야 한다. 또한 클라이언트의 문제와 그에 따른 해결책에 대한 자세한 설명과 함께 스스로 판단할 시간적 여유를 주면서 부드럽게 진행하여야 한다.

(2) 불평형의 클라이언트

해결중심모델(Solution Focused Model)에서 불평형의 클라이언트는 자신의 문제에 대해 인식하면서도 내용적인 문제가 타인 때문이라며 불평하기 때문에 문제해결을 위한 구체적인 행동변화를 찾기가 곤란하다. 이런 유형의 클라이언트 성향은 문제에 대한 불평불만을 치료자에게 이야기하되 동시에 이해를 바라며 해답을 얻고 싶어 하는 이중적인 자세를 견지한다. 그리고 자신의 문제에 대한 해결로 타인을 먼저 변화시켜야 한다는 인식을 갖고 있기 때문에 해결방법에 매우 수동적이며 동기가 부족하다.

사회복지사는 불평형의 클라이언트 성향을 고려하여 이들을 문제중심적 대화로 접근하되 필요시에는 가벼운 과제를 부여하여 자기 스스로 해결책을 찾도록 유도해야 한다.

(3) 고객형의 클라이언트

해결중심모델(Solution Focused Model)에서 고객형의 클라이언트는 자신의 문제를 직시하고 그 문제해결을 위해 도움을 청하며, 적극적인 자세로 해결책을 찾거나 목표성취에 투철한 자신감을 견지하는 경우이다. 따라서 고객형의 관계에서는 문제를 분명히 인식하고 있기 때문에 자발적이며 구체적인 치료목표와 해결방안을 찾는 클라이언트이다.

사회복지사는 고객형의 클라이언트 성향을 고려하여 언어적·비언어적 표현을 적용하되 목표설정과 해결책을 스스로 찾아내도록 지켜보면서 칭찬과 격려속에 실행해 나가도록 한다.

3) 개입과정과 사회복지사의 역할

사회복지실천에 있어 해결중심모델(Solution Focused Model)의 개입과정은 다음과 같다. 먼저 전체적인 상담 및 치료팀의 관찰－치료과정 검토 및 자문－메시지 작성 및 전달－종료를 위한 상담 순으로 진행되어진다. 따라서 이러한 개입과정에서 요구되는 사회복지사의 역할은 다음과 같다.

(1) 상담 및 치료팀의 관찰

해결중심모델(Solution Focused Model)에서 사회복지사는 치료자보다는 의논자로서 상담 진행을 하기 때문에 클라이언트 문제의 대안적 현실을 구성하게 된다. 따라서 첫 회 상담에서는 클라이언트와의 관계형성과 목표설정에 초점을 맞추어 진행한다.

의논자로서의 사회복지사는 질문을 통해 클라이언트가 바라는 해결방안과 목표가 무엇인가를 파악한다. 예컨대, “오늘 방문하신 목적이 무엇인가요?”라고 질문한 다음 반응을 살핀다. 이때 클라이언트가 바라는 목표에 대해 유무결과를 대답하는 것에 따라 그 목표에 대해 무엇을 변화시키고 싶은가를 묻고, 다른 소원이나 요구문제에 대해 질문하며 진행한다(김용환 외, 2013).

상담과정에서 가족사정 도구를 통해 예외적 상황이 있었다면 그것이 의도적 노력에 의한 것인지 아니면 우연히 일어난 것인지를 확인한다. 예컨대, “어느 때에 문제가 일어나지 않는가요?”라고 질문한 다음 예외적 상황이 의도적 노력에 의한 것인지 아니면 우연히 일어난 것인지를 파악한다. 여기에서 의논자는 예외적 상황과 문제상황 간에 어떤 연관이 있으며, 어떤 차이가 있는지를 파악한다. 또 클라이언트로부터 문제행동에 대한 예외적 상황을 발견하지 못했다면 기적에 관한 질문을 통해 문제에 대한 질문을 분리하여 해결상황을 상상하도록 함으로써 바라는 것을 구체화하고 명료화시킨다. 이러한 경험은 클라이언트에게 희망과 변화에 대한 가능성을 갖게 하고 치료 목표를 설정하는데 도움이 된다.

이와 같은 상담과정에서 치료팀은 일반경이나 모니터를 통해 관찰하면서 필요한 경우 전화·인터폰으로 개입할 수 있다.

(2) 치료과정 검토 및 자문

상담과정 가운데 치료팀이 일반경이나 모니터 및 전화·인터폰을 통하여 치료과정을 검토하거나 자문을 할 수 있다. 이러한 자문을 통하여 의논자인 사회복지사는 더욱 객관적으로 클라이언트의 문제를 다양한 관점에서 파악할 수 있으며, 해결책에 대한 다양한 관점을 제공해 줄 수 있게 된다(손광호, 2009).

치료과정을 검토하면서 자문을 하는 동안 클라이언트는 치료팀의 피드백에 대한 기대감 및 호기심으로 의논자의 다음 메시지에 주의를 집중하게 됨으로써 상담의 효과를 향상시킬 수 있게 된다.

사회복지사는 의논자로서 치료팀이 없더라도 클라이언트와의 관계형성을 검토하기 위해 노력하되 수용할 칭찬거리를 생각하고 연구하면서 적절한 과제를 주기 위한 독립된 휴식시간이 필요하다.

(3) 메시지 작성 및 전달

해결중심모델(Solution Focused Model)의 가족치료에서는 클라이언트에게 전달하는 메시지를 매우 중요하게 취급한다. 이러한 메시지는 클라이언트에게 칭찬과 인정, 이해 및 공감, 동의 및 지지하기 등 필요한 과정요소 위주로 작성한다.

작성된 메시지는 확인과정과 연결과정 그리고 과제주기과정으로 진행되며 세부내용은 다음과 같다. 첫째, 확인과정은 칭찬과 인정이다. 여기에서 칭찬하기는 클라이언트가 현재 하고 있는 일이나 과거의 일 또는 여러 가지 좋은 생각과 개방된 의사소통 등 자신과 다른 사람에게 도움이 되는 내용 위주로 칭찬하며 인정함으로써 분위기 조성과 함께 요구문제를 파악한다. 둘째, 연결과정이다. 현재 어려운 상황에 직면해 있는 문제를 일반화시키거나 클라이언트에게 필요한 부분을 도출하여 설명한다. 이러한 과정에서 과제주기를 왜 하는지에 대한 이유를 분명하게 설명하되 클라이언트의 문제해결을 위한 실천 가능성을 높이기 위해 강점과 자원에 대한 확인과정을 바탕으로 설명해 주어야 한다. 셋째, 과제를 전달하는 것이다. 과제 전달 시 사회복지사는 클라이언트와 가족 간의 관계유형을 고려하여 과제형태를 선정한다. 이것은 클라이언트가 과제를 수행할 의지 정도와 현실적인 능력 등을 고려하여 치료팀의 조언을 받아 과제를 부여한다. 특히 클라이언트 유형에 따라 과제를 부여하는데 있어 방문형은 칭찬만 하고 과제를 생략하며, 불평형에게는 무엇인가를 생각하고 관찰하라는 과제를 부여하되 다음과 같은 원칙을 참고한다(손광호, 2009; 김용환 외, 2013).

- C't 의견에 동의하고 인정하되 진실하게 받아들인다.
- C't의 목표에 동의하고 긍정적 방법으로 목표를 설정한다.
- C't가 사용하는 용어를 동일하게 사용하며 동류의식을 함께한다.
- C't의 목표달성을 위해 노력한 것에 격려와 칭찬을 아끼지 않는다.
- C't의 요구우선순위에 따라 진행하되 목표성취가 쉽지 않음을 인식시킨다.
- 메시지 전달 시 치료적 윤리와 철학적 사고를 견지하여 부여한다.

클라이언트에게 과제를 부여할 때에는 유용한 과제를 제안하거나 직접 클라이언트에게 과제를 전달하는 방법이 있다. 따라서 이러한 과제를 부여하는 방법은 클라이언트의 유형에 따라 전달하게 되는데 과제부여에 대한 "예"를 제시하면 다음과 같다(김용환 외, 2013).

- 기적 때문에 문제가 해결된다면 무엇이 달라질 것인지 생각한 것을 기록해서 가져온다.
- 지금 당장 당면과제가 해결된다면 무엇을 할 것인지 생각한 것을 기록해서 가져온다.
- 자기의 습관을 다르게 행동해보고 이때 무엇이 변화되었는지를 기록해서 가져온다.
- 아침에 예측한 것이 오후 또는 밤에 어떻게 맞았는지 확인해서 가져온다.
- 목표를 향해 1점을 올리고자 실천할 수 있는 일이 무엇인지를 기록해서 가져온다.
- 목표를 향해 실천한 것을 지켜본 가족들의 반응에 대해 관찰한 것을 기록하여 가져온다.
- 가족의 반응에 대해 자신의 반응을 기록하여 가져온다.

(4) 종료를 위한 상담

해결중심모델(Solution Focused Model)에서 첫 상담이 끝나고 2회 상담부터는 일상생활에서 변화된 것에 초점을 두며 진행한다. 이러한 상담에서는 일반적으로 'EARS'를 적용하여 상담을 요약한다. 즉 E(Elicit)는 구체적으로 무엇이 나아졌는지를 이끌어 내고, A(Amplify)는 나아진 것을 확장시키며, R(Reinforce)은 이를 강화하되, S(Start-again)는 또다시 진보된 다른 것에 관하여 질문한다. 여기에서 변화가 없다면 작은 변화라도 탐색하게 하여 변화의 파급효과를 기대하도록 한다(김윤재 외, 2011).

클라이언트가 상담을 통해 어떤 변화가 없거나 악화되었다고 이야기한 경우에는 그 악화된 이유와 대처방법을 찾고자 세부적인 질문을 함으로써 해결책을 발견하도록 해야 한다. 또 해결책은 찾기 위해 치료간격을 조정하며 확신 정도에 대해 측정하도록 한다.

클라이언트의 문제를 해결하기 위해 목표를 함께 수립하고 해결책을 구상하며 실행한다. 여기에서 사회복지사는 클라이언트가 문제를 어떻게 지각하고 있는지를 파악하며 성공적인 종결을 위해 해결방안을 논의한다.

상담을 하는 과정에서 사회복지사는 '알지 못함의 자세'에 직면할 수 있다. 이러한 상황을 극복하기 위한 의사소통기술은 다음과 같다. 첫째, 클라이언트를 존중하는 태도를 견지하되 언어적·비언적 방법을 동원하여 경청하는 자세를 가져야 한다. 둘째, 클라이언트가 사용하는 용어를 자주 사용한다. 이러한 용어 사용은 클라이언트의 준거 틀을 파악하는데 도움이 되며, 해결책을 마련하는 데에도 결정적인 역할을 하게 된다. 셋째, 클라이언트의 비언어적인 행동에 주목하되 상담 시 미소, 침묵, 눈동자 굴리기, 허공 쳐다보며 한숨짓기, 의자에 힘없이 기대어 앉아 있기 등 여러 가지 행동을 관찰한다. 넷째, 사회복지사가 자기개방 기법을 활용하되 자신의 삶의 경험을 통해 클라이언트의 지각을 명료화하는데 도움이 되도록 한다.

4) 해결중심모델의 개입기법

해결중심모델(Solution Focused Model)의 개입기법은 흔히 다른 치료모델이 활용하는 기법들을 함께 공유하는 경우가 많이 있다. 그러나 단기간에 클라이언트의 문제해결을 돕는 기법으로 클라이언트와의 상담기법과 해결중심의 치료기법이 있는데 세부내용은 다음과 같다(손광호, 2009).

(1) 클라이언트와의 상담기법

클라이언트와의 신뢰형성을 위해 이들의 강점과 능력에 대해 경청하고 인정해 줌으로써 자신이 존중받고 있다는 사실을 느낄 수 있도록 하는 것이 좋다. 따라서 클라이언트와의 상담의 초점은 먼저 질문과 경청을 통한 호기심 갖기이다. 이러한 호기심 갖기는 클라이언트를 좀 더 자세히 진단하며, 하고 싶은 것이 무엇인지를 명확하게 파악할 수 있다. 또 상담으로부터 기대하는 것이 무엇이며 목적달성과 문제가 해결되어 발전의 징후가 무엇인지를 파악하기 위해 '초대하기' 기법을 활용한다. 질문과 답변을 하는 과정에서 지속적인 칭찬과 격려는 클라이언트에게 자신감을 갖게 하는 매우 중요한 기법이다.

(2) 해결중심의 치료기법

첫 상담 전후의 변화에 대한 질문은 문제해결에 중요한 단서를 제공할 수 있다. 따라서 상담 전후에 변화가 있었다면 클라이언트에게 이미 보여준 해결능력을 인정하며, 칭찬과 격려를 통해 자신감을 높여 나가도록 한다. 예컨대, "상담신청을 하고 꽤 시일이 지났는데 어려운 상황에 어떤 변화가 있었나요?"라고 질문을 한다.

기적질문을 통해 클라이언트가 바꾸고 싶어 하는 것을 자기 스스로 설명하게 하는 것은 문제해결에 대한 조급함에서 탈피할 수 있도록 하기 때문에 자연스럽게 유도한다. 예컨대, "잠자는 동안에 기적이 일어나 어려운 문제가 해결된 것을 상상해 보세요. 잠을 자고 있었기 때문에 기적이 일어나 어떤 일이 있었는지 모르겠지요. 그런데 아침에 잠에서 깨어나 눈을 떴을 때 어떤 것을 보고 기적이 일어났는지 알 수 있을까요?"라고 질문해 본다. 이러한 기적질문을 할 때에는 기적이 일어났을 때를 가정하고 질문해야 하며 '만약 일어난다면~'으로 가정해서 질문하는 것을 금해야 한다.

이와 같은 기법 외에 예외질문과 척도질문, 대처질문, 관계성 질문, 간접적인 칭찬 메시지 작성 및 과제부여 등을 통하여 해결 지향적인 방안을 탐색할 수 있다.

5) 해결중심모델의 유용성 및 한계

(1) 해결중심모델의 유용성

해결중심모델(Solution Focused Model)에서는 인간을 병리적인 관점보다 강점 관점에서 보는데 특히 해결 지향적인 단기치료에 초점이 맞추어져 있기 때문에 다른 치료모델보다 경제적이며 치료효과가 높다. 여기에서 단기는 막연한 시간중심의 회기 수를 단위로 하는 것이 아니라 개입에서부터 목표성취가 완료되는 기간을 의미한 것이다. 따라서 이러한 모델의 유용성을 정리해 보면 다음과 같다.

첫째, 해결중심의 개입과정에서 클라이언트 중심의 관계 및 협조를 활용하며, 이들이 무엇을 할 수 있는가에 초점을 맞추기 때문에 강점과 자원을 확인할 수 있다.

둘째, 클라이언트의 우울과 불안 등 부정적인 정서에 대한 대처능력과 문제해결력 향상 그리고 약물남용의 청소년, 부모상담, 비행청소년, 분노성향이 높거나 어려움에 처한 사람들의 강점과 자원을 통하여 희망적으로 변화되도록 학습함으로써 자신감을 증진시킬 수 있다.

셋째, 문제해결력 향상과 분노 감소 등의 효과가 있으며, 특히 정신분열증 환자, 알코올중독자, 장애아 및 만성질환자의 손상된 가족기능을 회복시키는데 적합한 모델이다.

넷째, 의료적인 치료기법이 단순하고 명료하기 때문에 학습이 용이하며 효율성이 높다. 여기에서 사회복지사가 느끼는 책임감과 부담감이 상대적으로 적은 것은 클라이언트의 문제처리가 악화 또는 퇴보되더라도 좌절하기보다는 노력하며 대안을 찾아 해결하려는 긍정적인 상호 협력관계가 유지되기 때문이다.

다섯째, 다른 모델에 비하여 해결중심모델은 클라이언트가 바라는 것에 초점을 맞추어 목표 설정 및 개입하기 때문에 상담이 단기간에 마칠 수 있다(정문자 외, 2012).

(2) 해결중심모델의 한계

해결중심모델(Solution Focused Model)은 매우 획기적인 유용성을 내포하고 있지만 다음과 같은 한계점이 있다.

첫째, 다른 모델에 비하여 해결중심모델은 철학적 접근방법이 구조화 측면에서 다양한 기법이 혼재되어 있거나 절충주의적 접근법으로 인식되기 쉽다. 따라서 일부 사회복지사들은 이러한 측면에서 문제의 원인을 해결하기보다는 임시 대응책으로 취급한다.

둘째, 해결중심모델의 이론적인 측면에서 비용 효과성에 관해 비현실적인 기대를 갖게 함으로써 실제 이론 적용 시 많은 노력과 시간이 소요된다.

셋째, 과거에 대한 이해를 중요시하지 않지만 사회복지사는 클라이언트의 문제파악을 위해 사정하고 진단을 하게 된다. 이러한 과정에서 클라이언트가 추후 상담과 종결을 결정해야 하기 때문에 사회복지사의 업무일정을 계획하거나 실행하는데 어려움을 호소할 수 있다(손광호, 2009).

이와 같은 해결중심모델의 한계점을 극복하기 위해서는 이러한 모델의 철학과 원리를 충분히 이해한 가운데 클라이언트에 대한 수용과 존중 그리고 문제해결에 궁극적인 도움이 될 수 있도록 지속적인 훈련과 실습이 선행되어야 한다.

PART

3

사회복지실천대상 및 기술

9

개인대상 실천기술

1. 개인대상 실천기술의 개념과 특성

1) 개인대상 사회복지실천기술의 개념

오늘날 사회복지실천기술 분야의 개입은 클라이언트체계의 수준 및 대상에 따라 개인대상의 개별지도와 집단대상의 집단지도 그리고 지역사회 대상의 지역사회조직으로 분류하여 왔다. 이러한 분류 가운데에서 특히 개인과의 일대일 관계를 통해 이뤄진 접근방법은 개별사회사업(Social Casework)으로 일컬어지고 있다.

리치몬드(Richemond, 1944)는 그의 연구에서 "개별사회사업(Social Casework)을 개별적 · 의식적으로 개인과 그의 사회환경 간의 조정을 통해 그 사람의 성격을 발달시키는 과정"이라고 정의하였다.

개별사회사업을 체계화시킨 리치몬드(Richemond)는 개인의 기능에 영향을 미치는 환경의 영향을 인식하며, 개인의 부적응에 대한 치료적 개입을 강조하고 있다. 이러한 초기 사회복지실천의 흐름은 다수가 경험하는 사회문제에 대한 거시적 관점보다는 개별화된 문제의 다양성과 적응방식에 초점을 두고 있는 미시적 접근 중심으로 사회복지사의 역할을 한정시키는 역할을 하였다(이영호, 2009).

1950년대 이후 사회복지실천의 체계는 인간의 존엄성과 사회정의 실현을 통하여 개인의 삶의 질을 최대한 보장하려는 기본 목적을 중심으로 구성되었다. 여기에서 개인의 문제를 사회적 환경과의 관련성 안에서 삶의 문제로 이해하고 다양한 수준의 체계적으로 개입할 것을 강조하는 통합적 접근이 등장하게 되었다. 이러한 등장과 함께 인간과 환경 간의 상호적인 변화를 가능하게 하는 개입방법에 관심을 갖게 되었다. 즉 개념적 변화에 따라 개인에 대한 심리 내적 적응과 개입을 강조하는 개별대상의 실천(Social Work Practice With Individuals)으로 전환되고 개인을 대상으로 개입하게 되는 실천 영역이 확대되었다(윤선오 · 김현진, 2016).

이영호(2009)는 개인대상 사회복지실천에 대해 "개인의 인격존중을 전제로 한 전문적인 대인관계의 기반 위에서 클라이언트가 직면하고 있는 문제상황을 분석하고 검토하여 클라이언트의 생활상의 요구를 조직적이고 체계적으로 충족시켜 나가는 전문적인 방법이다"라고 하였다.

이와 같이 개인대상 사회복지실천을 종합해 볼 때 사회복지실천 영역에서 개인대상의 실천기술은 인격체를 갖춘 개인의 존엄성을 바탕으로 개별적 · 전문적 대인관계 속에서 직면하고 있는 클라이언트의 다양한 문제를 분석하고 검토하여 생활상의 모든 요구를 통합적으로 충족시켜 나가는 기술적인 방법이라 할 수 있다.

2) 개인대상 사회복지실천기술의 특성

사회복지실천 영역에서 개인대상 실천기술의 특성은 먼저 개인을 중심으로 이루어지며, 클라이언트와 사회복지사의 전문적 관계를 강조한다. 그리고 문제해결을 위해 다양한 개입모델을 활용하는 것이다. 따라서 이러한 특성을 좀 더 자세히 살펴보면 다음과 같다.

(1) 클라이언트 개인중심체계

개인을 대상으로 하는 사회복지실천은 여기에 개인적 · 사회적 문제에 직면해 있는 개인을 일대일로 만나 문제해결을 원조하는 활동, 즉 1인의 클라이언트체계를 중심으로 이루어진다.

개인문제에 초점을 두고 클라이언트와의 개별화된 원조과정을 진행하되 개인의 존엄성과 자기 결정권을 강조하는 사회복지실천의 기본적 가치가 개별 클라이언트와의 협력적인 문제해결 과정 속에 반영되어 클라이언트의 선택권을 중요시하며 개별적인 요구와 특성 그리고 상황에 맞는 방법 및 전략을 활용하도록 해야 한다.

(2) 클라이언트와 전문 사회복지사의 관계 강조

사회복지실천의 개인대상은 사회복지사가 클라이언트 문제에 대한 과학적 지식과 전문적 기술을 갖고 있기 때문에 이들의 관계가 중요하다. 따라서 사회복지사는 클라이언트와의 일대일 관계 속에서 관계형성과 의사소통의 기술을 도구로 활용하여 클라이언트의 문제해결과정에 개입하도록 해야 한다.

(3) 문제해결을 위한 개입모델 활용

사회복지실천의 개인대상은 다양한 학문적 배경을 바탕으로 한 실천모델을 활용하여 개인의 변화 또는 환경과의 상호작용을 변화시키도록 한다.

이준우(2009)는 그의 연구에서 사회복지실천의 개인대상 특성을 다음과 같이 제시하였다. 첫째, 개별적인 사회복지실천 개입은 과정이며, 예방보다는 치료적 측면에서 문제해결과 재조정을 해야 한다. 둘째, 사회복지사와 클라이언트 간의 일대일 파트너십을 구축하여 보다 치밀한 기술적 접근이 필요하다. 셋째, 1인의 클라이언트 이용 자체를 문제해결을 위한 변화의 표적으로써 설정함과 동시에 클라이언트는 그들 주변의 미시적, 중시적, 거시적 체계이다. 넷째, 개인의 문제 해결을 위해 다양한 개입모델을 활용할 수 있다(윤선오 · 김현진, 2016).

2. 개인대상 사회복지실천의 개입기술

1) 직접적 개입기술

사회복지실천에서 직접적 개입기술은 직접적 치료라 일컫는다. 즉 클라이언트에게 직접적으로 상담 및 심리적으로 도움을 제공하는 방법이다(윤선오 · 김현진, 2016).

직접적 개입기술은 학자들에 따라 다양하게 분류되어 제시하여 왔지만 홀리스(Hollis, 1972)가 연구하여 제시한 직접적 개입기술의 분류는 지지와 직접적 영향(충고, 설득) 그리고 환기법의 체계가 널리 활용되고 있는데, 세부내용은 다음과 같다.

(1) 지 지

직접적 개입기술에서의 지지(Support)는 클라이언트의 성격에 당장 큰 문제는 없지만 현실에 직면하고 있는 문제로 인하여 괴로워하는 클라이언트의 긴장과 불안 그리고 실망 등의 상태를 사회복지사가 수용하고 적극적인 관심과 이해를 바탕으로 격려 또는 칭찬을 함으로써 클라이언트 스스로 환경에 적응하도록 돕는 기술이다(오봉욱 외, 2015).

일반적으로 다른 사람의 도움을 요청하고자 할 때 불쾌감과 불안감을 함께 경험하는 경우가 있다. 그리고 개인이 요구하는 도움이 권리로서 제공받게 될 경우에도 기관에서 적격성(Elgibility)을 인정받을 수 있을 것인가에 대한 불안을 경험하게 된다. 이러한 초기의 불안과 긴장활동이 이뤄지는 동안에 계속 유지될 수 있는 것은 개인의 내적 요인이나 외부의 상황에 의해 발생하기 때문이다. 클라이언트가 불안하여 솔직하고 정확한 정보를 제공하지 못하게 된다면 치료활동에 방해가 된다. 따라서 이러한 불안과 긴장을 완화시키기 위해 지지가 필요하다. 그러나 일반적인 환경치료와 병행하여 구체적인 도움과 함께 심리적 지지를 해줌으로써 클라이언트 자신이 자기문제를 이해하고 극복하려는 의욕을 갖게 되어 사회생활의 긍정적 태도 및 의식적 형성이 구비되는 것이다. 따라서 이러한 지지에는 관심, 수용, 격려, 재보증, 선물주기 등과 같은 요인을 함축하고 있다.

① 관 심

클라이언트에 대한 지지(Support) 가운데 중요한 것은 공감적인 경청의 관심(Concern)이다. 여기에서 경청은 클라이언트의 복지에 대한 사회복지사의 관심을 클라이언트에게 전달하는 것이다. 그러나 여러 사회복지사에 따라 그 민감성이나 표현방법에 있어서 다소의 차이가 있을 수 있다. 사회복지사의 말보다는 얼굴표정, 어조, 말의 선택, 경청자세 등과 같은 비언어적 표현에 의해 그의 관심을 클라이언트에게 더욱 잘 전달되는 경우도 있다(김혜란 · 홍선미 · 공계순, 2006).

클라이언트는 사회복지사의 호기심이나 지나친 걱정을 바라는 것이 아니며 냉담한 태도는 더욱 바라지 않는다. 따라서 사회복지사의 관심 있는 태도는 활동기간 가운데 지속적으로 필요하며, 이것은 클라이언트의 불안이나 긴장을 완화시키는 데 도움이 된다.

② 수 용

클라이언트에 대한 지지(Support)에서의 수용(Acceptance)은 이들 자신에 관하여 말한 것을 사회복지사가 그대로 시인하든 안 하든 간에 클라이언트에 대해 긍정적이고 이해적인 태도를 계속 전달하는 것을 의미한다. 그래서 수용은 행동에 관한 의견을 표현하는 것이 아니고 클라이언트에 관한 계속적인 선의를 표현하는 것이다(최선화, 2012).

③ 격 려

클라이언트에 대한 지지(Support)에서의 격려(Encouragement)는 항상 자신감이 부족하거나 특히 어려운 문제에 직면하고 있는 경우 또는 정상적인 자신감이 약화되어 계속 불안한 상태에 있는 성인들에게 적용하였을 때 더욱 효과적이다.

한편 아동을 다루는 데 중요한 격려기술은 초기단계에 면담을 활성화하기 위해 사용되며, 고취시키기와 같은 기술이나 최소한의 격려(Minimal Encouragement)와 같이 '음, 그렇군요', '계속하세요' 등과 같은 표현과 함께 비언어적인 표현으로 '머리를 끄덕이는 것' 등이 포함된다. 이러한 격려는 클라이언트가 자신의 상황을 계속해서 말하도록 격려하는 동시에 사회복지사가 클라이언트의 말에 관심을 갖고 있음을 나타내는 행위이다.

중간단계에서의 격려하기는 클라이언트가 특정한 행동이나 경험 또는 생각으로부터 벗어나도록 하거나 그런 방향으로 행동을 취할 수 있도록 도움을 주는 것을 의미한다(Trevithick, 2000). 예컨대, 자기주장을 잘하지 못하는 클라이언트에게 "자신의 의견을 분명히 표현하도록 노력해 보는 것은 어떨까요?"라고 하면서 사회기술 훈련에 참여할 것을 권장함과 동시에 도움이 될 여러 가지 사례를 전해 주는 것이 바람직한 기술이다(이애재, 2013).

격려하기와 같은 기술을 통해 클라이언트는 자신의 행동이나 사고 그리고 감정에 대해 사회복지사로부터 인정을 받았기 때문에 자신감을 가질 뿐 아니라 일부 위험한 행동(비행, 약물남용)을 중단하거나 긍정적인 행동을 취하게 되는 계기가 된다(엄명용 · 노충래 · 김용석, 2005).

사회복지사는 객관적 입장에서의 평가와 거짓칭찬 또는 아첨을 식별하는 데 특히 주의해야 한다. 사람이 불안하다는 사실은 약간이라도 성의가 없는 것에 대해서 민감하게 만든다. 그리고 클라이언트가 사회복지사의 격려한다는 말이 단순히 클라이언트의 성격에 용기를 주려는 기술에 불과하다는 의미로 받아들이게 되면 사회복지사에 대한 신뢰는 급감하여질 것이다.

④ 재보증

클라이언트에 대한 지지(Support)에서의 재보증(Reassurance)이란 클라이언트 자신의 죄책감과 불안감에 대하여 실제적인 재보증을 하는 것이다. 이것은 지지 가운데 가장 자주 사용되는 방법 중의 하나로 클라이언트를 안심시키는 기술이다. 특히 클라이언트가 자신의 삶에서 경험하는 사건이나 문제들로 인하여 자신의 문제를 객관적으로 바라보지 못하거나 판단이 흐려질 때 매우 유용하게 활용될 수 있다. 즉 사회복지사는 클라이언트의 판단이나 제기된 문제들이 잘못된 것이 아니라 제대로 진행되고 있는 것이라는 점을 확인해 줌으로써 클라이언트 자신의 결정을 유지할 수 있도록 돕는 것이다. 나아가 적시에 재보증 기술을 사용하면 사회복지사는 클라이언트에게 희망과 지지를 갖도록 도울 수 있게 된다(윤선오 · 김현진, 2013).

클라이언트의 고통에 공감하거나 클라이언트가 이를 충분히 표현하기도 전에 사회복지사는 그들에게 위로와 편안함을 제공하기 위해 무엇인가를 이야기해야 한다는 압박감에서 이러한 기술을 사용하게 될 경우 클라이언트는 '그렇게 말하기는 쉽지요. 그러나 당신은 내가 받는 고통에 대해 진정으로 이해하고 있지 못하는군요' 또는 '당신은 단지 나를 위로하기 위해 그렇게 말하는 것이 아닌가요?' 라는 생각을 가질 수 있기 때문에 유의해야 한다(서혜석 외, 2011; 윤선오 · 김현진, 2016).

재보증이라는 기술은 사회복지사가 클라이언트의 판단에 확신을 갖고 주지시켜 주는 것으로서 사회복지사가 클라이언트의 상황판단에 확신이 없으면 이러한 기술을 사용해서는 안 된다. 또한 지나치게 낙관적이거나 반복하여 재보증시켜 주었다 하더라도 결과가 예상기대에 미치지 못한다면 클라이언트를 실망시키게 됨을 깊이 인식해야 한다.

⑤ 선 물

클라이언트에 대한 지지(Support)에서의 선물(Tribute) 주기는 사회복지사가 클라이언트에게 욕구충족을 위해 선물을 전달함으로써 지지를 하게 되는 것이다. 이것은 사회복지사의 선의에 관한 구체적인 증거를 필요로 하는 아동을 다룰 때 특히 효과적이다. 작은 선물은 사회복지사가 언제나 아동이나 유아들과의 긍정적인 관계를 수립하는 방법의 일부로서 사용되어 왔다. 예컨대, 아동에게 선물을 주기 전 사회복지사의 무릎에 앉힌다거나 머리를 쓰다듬어 준다거나 또는 안아주는 것 등이다. 또 성인의 경우에는 사회복지사가 보통 사무실에서 클라이언트를 만나지만 이들의 생업이 바쁠 때에는 가정을 방문하여 만나는 것 자체가 선물이 될 수 있다(김용환 외, 2013; 윤선오 · 김현진, 2016).

사회복지사가 클라이언트를 도와주려는 관심은 보다 명백히 전달하는 지지의 형태라 할 수 있다. 이것은 특히 클라이언트가 사회복지사를 불신하며 불안상태에 있거나 훌륭한 부모의 보호를 필요로 할 때 적절한 방법이다. 그러나 이것이 클라이언트의 의존성을 강화시키는 결과가 되지 않도록 유의해야 한다(이윤로, 2007).

선물을 받고 싶어 하는 아동의 대부분은 과거에 거절 또는 배척을 당했던 경험이 있기 때문에 사회복지사가 아무리 많은 선물을 주어도 만족할 수 없다는 것을 인식하면 쉽게 처리할 수 있을 것이다.

(2) 직접적 영향

직접적 영향(Direct Influence)에는 충고(Advice)나 설득(Persuasion)과 같은 요인이 포함된 가운데 클라이언트에게 직접 영향을 미치는 방법이다. 따라서 클라이언트가 달성해야 할 목표를 설정해 놓고 사회복지사가 그의 생활 속에 개입하여 클라이언트로 하여금 사회복지사의 지시대로 행동하게 하는 것이다(김윤재 외, 2011; 윤선오 · 김현진, 2016).

충고와 설득은 사회복지사가 클라이언트의 문제상황을 객관적인 입장에서 볼 수 있고, 그 해결방법에 대해서도 더 잘 알고 있다고 가정함을 전제로 하여 접근한다. 예컨대, '만약 내가 당신이라면…', '당신을 …해야 할 것으로 생각합니다', '그 외 다른 도리가 없다고 봅니다' 등과 같이 말하는 것이다. 이러한 방법은 개별사회사업 초기에 주로 사용되었던 스킬(Skill)이지만 기대에 비하여 괄목할 만한 성과는 얻지 못해 점차 사용하지 않게 되었다(서혜석 외, 2011; 윤선오 · 김현진, 2016).

충고나 설득이 점차 사용되지 못했던 이유는 첫째, 자율성을 가지고 있는 사람은 자신을 지키기 위해 이러한 지시에 반항할 것임을 예측한 것이다. 둘째, 의존성이 강한 사람에게는 점점 더 그러한 경향을 조장시키는 것이 되기 때문이다. 그러나 지금은 특히 클라이언트의 행동에 영향을 주는 매개수단으로서 사회복지사에 대한 클라이언트의 신뢰를 활용하는 것은 효과적인 방법으로 인정되고 있다(김용환 외, 2013; 윤선오 · 김현진, 2013).

충고나 설득을 사용하기 위해서는 다음의 3가지 조건이 필요하다. 첫째, 사회복지사는 클리이언트에 대해 최선책이 무엇인가에 관하여 충분히 알고 있다는 것이 확실해야만 한다. 예컨대, 약물효과 또는 수급과 관련된 복지급여의 정보 등이다. 둘째, 충고의 필요성이 사회복지사에게 있는 것이 아니라 클라이언트에 있다는 것이 확실해야 한다. 셋째, 가능한 한 클라이언트 스스로 모든 것을 생각하도록 설득하는 것이다(오봉욱 외, 2015; 윤선오 · 김현진, 2016).

클라이언트는 충고가 필요하지 않을 때 가끔 충고를 받으려고 사회복지사를 유혹하는 경우가 있다. 사회복지사는 활동의 전체 기간을 통해서 클라이언트의 이러한 기대에 따라 행동할 필요는 없지만 활동 초기에는 그렇게 하는 것이 중요할 수도 있다.

클라이언트가 몹시 불안해할 때는 지시(Direction)를 사용한다. 이러한 경우 클라이언트를 처음 접촉할 때나 위기에 직면하고 있을 때에는 지시를 할 필요가 있지만 그가 점차 자신감을 가지게 됨에 따라 지시적 방법에 대한 이해에 기초를 두는 방법으로 대체해 나가는 것이 적절하다. 예컨대, 사회복지사는 표면적으로 당연하다고 생각되는 승진을 요구하는 것을 망설이고 있는 사람에게 "당신 직장에서는 여러 사람이 승진을 하고 있고, 당신이 승진 가능성에 대해 알아보기 위해서는 승진을 요구해 보는 것이 유일한 방법이다"라고 설명하는 것이다. 또한 강력하지 않는 방법으로 사회복지사가 클라이언트에게 영향을 주는 암시(Suggestion)를 할 수 있다. 예컨대, 클라이언트에게 "사장에게 승진을 요구해 보려고 한 일이 있습니까?"라고 질문하여 암시를 통한 어떤 행동을 하도록 함으로써 영향을 미칠 수 있다(윤선오 · 김현진, 2013).

부드러운 형태의 직접적 영향은 클라이언트 자신이 이미 심사숙고한 행동과정을 강조(Emphasis)하는 것이다. 예컨대, 승진을 바라는 클라이언트가 사장에게 승진에 대해 알아보려고 생각하고 있다고 말할 때 사회복지사는 클라이언트의 생각에 찬성하는 듯이 고개를 끄덕이는 것이다.

직접적 영향의 극단적인 경우는 주장(Urging Insisting)이라고 할 수 있는데 이것은 충고의 이면에 어떤 강요가 주입된 방법이다. 예컨대, 사회복지사는 클라이언트가 사장에게 승진을 요구하는 것은 그 일이 잘못되면 해고당할지도 모른다고 이야기할 수 있다. 이것은 클라이언트가 충동적이어서 일의 전후를 생각하지 않고 행동함으로써 중대한 결과나 위험성을 초래할 가능성이 있으나 클라이언트가 상황을 충분히 이성적으로 검토할 여유가 없다고 판단될 때 효과적이다(김용환 외, 2013; 윤선오 · 김현진, 2016).

직접적인 영향의 가장 극단적인 것도 아동을 가정에서 다른 곳으로 옮기거나 환자를 병원에 입원시키는 것과 같다. 즉 클라이언트의 생활에 실제적 개입을 하는 것이다. 따라서 이러한 강력한 개입은 다음의 2가지 조건에 기초를 두어야만 한다. 첫째, 사회복지사는 이렇게 하는 것이 매우 적절한 것이었고, 사회복지사 자신의 입장에 관한 어떤 지나친 반응에 의하지 않았다는 것을 충분히 확신해야만 한다. 둘째, 사회복지사는 지역사회 자원에 관한 지식과 그 자원이 그의 행동을 어느 정도 지지할 것인가에 대한 지식을 가지고 있어야만 한다. 왜냐하면 실패를 하면 사회복지사는 클라이언트와의 접촉을 상실하거나 상황을 악화시킬 수 있기 때문이다. 이것은 아동을 직접적으로 다루는 경우를 제외하고는 클라이언트나 다른 사람의 복지를 보장할 필요가 있는 보호적 활동에만 국한시켜야 한다(전재일 · 이성희 · 김연희, 2010).

이와 같이 개인수준의 실천에 있어서 직접적 영향을 활용하기 위해서는 다음의 일반적인 규칙들이 있다. 첫째, 직접적 영향은 이해를 발전시키기 위한 방법과 관련하여 사용해야 한다. 둘째, 가장 성공적으로 적용될 수 있도록 가장 약한 형태의 영향을 줄 수 있는 기술을 우선적으로 사용해야 한다. 그리고 직접적 영향에 있어서 고려되어야 할 것은 클라이언트의 자기결정의 원리에 관련되는 문제이다. 그러나 자기결정은 어디까지나 상대적인 것으로서 모든 경우에 절대적으로 적용되는 것은 아니다.

(3) 환기법

직접적 개입기술의 환기법(Ventilation)은 일명 정화법(Catharsis)이라고도 하는데 단순하게 클라이언트의 감정을 자유롭게 표현할 수 있도록 분위기를 마련해 주는 것이다. 그래서 환기법은 의식하고 있는 공포나 스스로 알고 있는 죄책감에서 클라이언트를 해방시켜 줄 뿐 아니라 계속적인 환기를 통해서 행동에 영향을 주고 깊이 잠재해 있는 태도를 밝게 표출시킬 수 있게 하는 것이다. 이러한 환기법의 기본원리를 기초로 놀이치료에서 이러한 기술을 적용하여 활용하고 있다(오봉욱 외, 2015; 윤선오 · 김현진, 2016).

클라이언트가 감정적 · 정서적인 문제를 가진 경우 사회복지사는 클라이언트가 자유롭게 표현하는 감정에 귀를 기울여 들어주기만 하여도 상당한 치료효과를 기대할 수 있다. 이것은 문제상황 그 자체보다 문제에 관련된 클라이언트의 감정이 문제의 핵심이 될 경우이다. 그래서 생명의 전화도 이러한 의미에서 유용하다고 보는 것이다.

환기 또는 정화에 의하여 어느 정도까지 클라이언트가 정서적으로 발산하는 것은 모든 사례에 있어서 필요한 것이다. 그러나 강한 불안과 그 외의 감정이 표출되면 클라이언트의 불안은 더욱 심해지고 안정감을 갖지 못해 흥분상태에 빠지는 경우가 있다. 물론 이러한 경우에는 클라이언트의 감정표현을 제한하지 않으면 안 된다. 이러한 상황에서는 클라이언트가 계속적으로 정서적인 표현을 하더라도 아무런 효과가 없으면 실제로 도움이 되지 않기 때문에 사회복지사는 클라이언트의 주의나 감정을 지나치게 자극시키지 않을 내용이나 관심사로 전환시켜야 한다. 또한 정신분열증 환자나 기타 이와 유사한 사람들에 대한 환기법에서는 점차 기묘한 소재를 표출케 하거나 비합리적인 행동을 자극하게 되는 수가 있다. 이러한 사태를 명백히 예측하여 가급적 피하도록 하는 것이 좋다(황철수, 2008).

사회복지사는 종종 클라이언트가 자신에 관하여 자유롭게 말하는 것만으로 아주 만족케 하고 면접을 이용하여 그 자신이나 자기의 상황을 개선해가는 노력은 하지 않는 것을 보게 된다. 이것은 가끔 수동적인 자기연민이 사회복지사의 동정을 구하려는 노력의 표현임을 알아둘 필요가 있다.

2) 간접적 개입기술

간접치료(Indirect Treatment)는 환경치료라고도 하는데 이러한 치료적 기술은 사회복지실천기술의 한 방법이다. 그래서 사회복지사가 클라이언트가 직면하고 있는 문제에 영향을 미치는 환경적 인간관계적 억압이나 장애를 경감시키거나 완화시킨다. 그래서 간접적으로 클라이언트의 적응과정을 용이하게 하여 적응에 따른 환경조건을 정비해 나가는데 중점을 두어야 한다(김용환 외, 2013; 윤선오 · 김현진, 2013).

환경치료는 사회자원의 활용과 그 활용을 위한 소개, 인간관계의 개선 또는 충족, 클라이언트에 대한 관계자의 태도 수정, 가족이나 학교 및 직장 등에 있어서 행동의 이해 촉구나 인간관계의 조정, 시설에서의 입소조치나 의뢰 등을 통해 클라이언트의 환경조건의 장애를 경감 내지 완화시켜 문제를 해결해 나가는 방법이다. 이러한 간접적 개입기술에 대해 학자들마다 다양한 형태로 분류하고 있지만 여기에서는 티브리(Tibury, 1977)가 실천기법으로 제시한 구체적 서비스 제공과 환경조정 그리고 의뢰로 구분한 것을 좀 더 자세히 살펴보기로 하겠다(전재일 · 이성희 · 김연희, 2010; 윤선오 · 김현진, 2016).

(1) 구체적 서비스 제공

구체적 서비스 제공은 전형적으로 공공부조의 분야에서 현금이나 현물 등 유형의 구체적 서비스를 제공하여 궁핍한 생활이나 생활환경을 개선하려는 것이다(Epstein & Brown, 2002).

현금이나 현물은 물질적 도움을 제공함에 있어서는 이와 관련된 감정문제가 생길 수 있다. 즉 후원자와 클라이언트 그리고 사회복지사가 여기에 해당된다.

① 후원자

후원자들은 클라이언트의 문제를 해결하는 데 필요한 자원을 제공하는 사람으로서 이러한 행위의 배경에는 다양한 동기가 있을 수 있다. 즉 동기에는 후원자 개인이 갖는 특별한 관심이 있거나 사회적 현상의 일부로 나눔에 대한 인식 확대가 영향을 미쳐 당연히 후원해야 한다고 생각하는 사람들이 현존하고 있다. 그러나 실제로 후원에 대한 의무감이나 수혜자들의 호감을 사려는 지원 물품 등으로 후원자 개인의 지위에 대한 좋은 인상을 받으려는 욕구 등이 있을 수 있다(김윤재 외, 2011; 윤선오 · 김현진, 2013).

물질적 원조는 타인이 분노를 줄이고 비판을 제거하는데 사용될 수 있고, 물질의 지급이나 보류는 바람직한 방향으로 타인의 행동을 조정하는 수단으로 사용될 수 있다. 또한 보류는 클라이언트의 분노나 불만을 초래할 수 있고 가끔 자신에게 돌아올 책임이나 비난 그리고 두려움 때문에 보류를 하기도 한다. 물질적 방법은 어떤 사람들에게는 의존을 조장할 수 있고, 또 다른 사람은 이러한 의존이 자조를 해친다고 생각하거나 열심히 일하는 사람들의 불평을 사기 때문에 직업윤리에 위배되는 것으로 보기도 한다. 어떤 사람은 후원자가 제공하는 물질적 도움과 더불어 부과하는 책임을 맡는 것을 싫어하고 사후결과를 다른 곳에 전가하려고 한다. 이러한 문제들은 후원자가 중앙정부나 지방행정기관 그리고 자발적 단체 또는 개인일 경우에도 일어날 수 있는 것이기 때문에 구체적 서비스를 제공함에 있어서 고려되어야 한다.

② 클라이언트

클라이언트들은 수혜자로서의 의존경향이 있고 또한 책임으로부터 벗어나려고 한다. 수혜자 입장에서 수혜에 대한 다양한 감정상태가 있음을 알 필요가 있다(서혜석 외, 2011; 윤선오 · 김현진, 2016).

수혜자들은 그들 자신에 관한 여러 가지 무의식적 동기나 정당성을 가지고 물질적 권리를 계속 요구하는 것이 거절될 수도 있다. 이러한 수혜자 가운데 많은 사람들은 자원이나 물질적 도움을 그들에게 현실적이고 합리적인 것으로 수용한다. 그러나 또 다른 사람들은 분노와 냉담한 반응을 일으키는 수치, 부당, 굴욕 및 실패감을 느낄 것이다. 이러한 감정은 도움을 받는 방법에 따라 강화되거나 완화될 수 있다. 그래서 많은 사람들은 도움을 받는데 있어서 그들이 어느 정도까지 그들의 자립성을 포기하고 이에 상응하는 의무를 가지게 된다고 생각할 수 있다. 즉 어떤 사람들은 이러한 감정이 강하게 작용하여 그들이 요구한 도움을 차라리 받지 않는 경우도 있을 것이다.

③ 전문 사회복지사

전문 사회복지사들은 사역자 또는 분배자로서의 역할을 함에 있어서 지급이나 보류하는 입장에 처해 있는 것을 좋아하지 않는다. 사회복지사가 가진 힘은 클라이언트가 꼭 필요로 하는 물질적 도움을 획득할 최선의 기회를 가질 수 있도록 클라이언트 자신과 그의 생활을 제시하게 하는 것이다. 많은 사회복지사들은 자신의 기능 중에 물질적인 도움을 주는 기능을 포함시키는 것이 불가능하다고 보고 있으며, 오히려 자원분배와 통제의 영역에 있어서 보다 큰 힘을 제공하는 사회정책의 형성과 방향에 관심을 기울이고 있다(김용환 외, 2013; 윤선오 · 김현진, 2016).

사회복지사들도 후원자들이 갖는 감정의 일면을 가질 수 있기 때문에 클라이언트들을 조정하거나 회유하며, 속이거나 자아를 지지하는데 그들의 입장을 활용할 수 있다. 또한 만족할 줄 모르는 클라이언트들을 좋아하지 않고, 통제나 의존을 좋아하거나 정책과 제도를 비난하여 클라이언트와 함께 공모하거나 묵인하는 데서 즐거움을 얻을 수 있다. 그러나 이것이 사실이든 아니든 간에 사회복지사들은 불가피하게 이런 일에 개입하게 된다. 또한 사회복지사들은 공급에 대한 책임감을 가지면서 행동해야만 한다. 동시에 그들은 수혜자들과 일대일로 만나기 때문에 수혜자들의 반응을 확인해야만 한다(서혜석 외, 2011; 윤선오 · 김현진, 2013).

한편 사회복지사들은 물질적인 요구를 충족시켜 줄 수 있을 때와 클라이언트에게 감사하다는 인사를 받을 때 만족할 수 있다. 또한 사회복지사들은 클라이언트에게 '안 된다'고 말해야 할 경우 클라이언트들의 요구불만이나 분노 그리고 굴욕의 표현을 참고 극복해야만 한다. 이러한 것 외에도 사회복지사들은 클라이언트들이 수혜에 대한 감정들을 확인하도록 도울 수 있어야 한다. 때로는 사회복지사들은 그들이 지급한 경우일지라도 클라이언트들이 감사할 줄 모름에 참고 이해하도록 노력해야만 한다.

어떤 압력을 받아 긴장상태의 중간입장에 처해 있는 사회복지사는 규정에 따라 지급절차를 준수해야 한다. 흔히 정책이나 지침이 명백하지 못하면 도움을 주지 못하는 경우도 있을 수 있다. 그리고 사회복지사들 자신의 문제나 이들에게 도움을 요구하는 사람들의 문제 또는 정책이나 지침의 방해 및 조정에 의해 도움을 주지 못하는 경우가 있을 수 있다. 이처럼 사회복지사는 공공부조의 상황에서 주로 활용되는 구체적 서비스로서 물질적 도움을 제공할 때 다음과 같은 내용을 고려해야 할 의무가 있다(김용환 외, 2013; 윤선오 · 김현진, 2016).

- 어떤 물질적 도움이, 어떤 경우에, 어떤 자격을 요하는 조건에 유용하며, 물질적 도움을 받는데 관한 행정수단을 아는 경우
- 도움을 주는 것이 적합 또는 부적합한 경우
- 책임이나 지침이 명백하지 못한 경우
- 자신의 활동을 검토하는 경우
- 물질적 도움의 활용이 전체 문제해결과정 안에서 욕구를 충족시키는데 적절하게 관련되어 있다는 것을 아는 경우

개인수준의 실천에 있어서 물질적 도움을 제공하는 경우 다음과 같은 기준을 고려하는 것이 효과적이다(오봉욱 외, 2015; 윤선오 · 김현진, 2016).

- 상황을 개선하는데 클라이언트를 돕는 것(기구, 피복 등을 위한 수당)
- 능력을 개발시키거나 건강을 증진시킬 기회를 만드는 것(클럽, 치료집단, 교육과정 등)
- 자립을 돕는 것(기구, 적용, 가사조력, 직업재훈련)
- 위기로부터 보호하는 것(음식물의 긴급지원, 집세연체금의 청산, 가스나 전기 공급)
- 특수한 생할경험의 기회를 제공하는 것(휴일, 스카우트 가입금의 지불 등)

이와 같이 의무와 기준은 클라이언트와의 관계, 즉 클라이언트 요구의 관계맥락에서 이행되어야 한다. 그래서 물질적 도움인 구체적 서비스의 제공은 역시 클라이언트의 감정적인 문제와 함께 동시에 다루어지지 않으면 안 된다.

(2) 환경 조정

간접적 개입기술에서 환경 조정은 환경관리 또는 사회관계의 조정이라고도 하는데 여기에서 환경조정이란 사회복지사가 타 전문직에 비하여 가장 차별성

있는 역할 부분이며, 역량으로는 물질적 환경과 정서적 환경을 동시에 고려하는 것이다. 예컨대, 가정환경이 나쁘거나 비행 때문에 클라이언트를 일시 교정시설에 수용 보호하는 경우이다. 또 가족관계와 생활조건 개선을 계획하거나 실업 중인 클라이언트에게 직업을 제공하며 기술의 습득을 위한 교육과 훈련에 참가시키는 것 등을 말한다. 즉 클라이언트의 대인관계를 포함한 생활환경의 개선을 위하여 사회자원을 사용하기도 하고, 심리적 도움을 주어 사회환경에 있어서 좋지 못한 각종 요인들을 경감시키거나 제거하여 생활기능을 강화하는 것이다. 따라서 이러한 환경 조정은 앞에서 설명한 구체적 서비스의 제공과 병행될 때 보다 효과적인 경우가 있다(김윤재 외, 2011; 윤선오 · 김현진, 2013).

환경은 문제의 원인이 되거나 억압적인 요인들이 존재하고 있으며, 클라이언트에게 문제를 야기시키고 있는 경우에 개인수준의 실천에서 취급할 필요가 있다. 또한 환경자원은 문제해결에 있어서 도움이 되는 것으로 보아야 할 요인들이다. 왜냐하면 환경을 조정하는 것은 전형적인 어떤 직접적 치료활동과 병행되고 보충적이어야 하지만 경우에 따라서는 환경만을 취급할 수 있기 때문이다.

조력이나 적응, 가정, 클럽, 워크숍, 주택 등과 같은 물질적 도움에서 고려된 많은 것들이 환경 조정의 어떤 측면으로 간주될 수 있다. 그러나 정확히 환경 조정이란 문제해결의 일부를 차지하는 클라이언트의 환경 내의 사람들이다. 즉 가족이나 친구, 이웃 및 직장동료, 공무원, 교사, 상담원 또는 다른 전문가들을 정서적으로 지지하고 관련시키며 그들의 감정을 이완시켜 태도를 변화시키는 것도 포함한다.

홀리스(Hollis, 1970)는 환경 조정이 직접치료의 기술이나 클라이언트를 도울 때 많이 사용하는 지지나 직접적 영향 그리고 환경기술을 사용하여 클라이언트의 환경 내의 사람들을 취급하는 방법보다 더 단순하지도 않기 때문에 심리적 방법 역시 동시에 필요하다고 하였다(이미선 · 강우진 · 권향임, 2011).

전문 사회복지사가 환경 조정을 시도하여 새로운 사람들을 포함시키는 경우도 있다. 예컨대, 부부치료나 합동가족치료와 같이 클라이언트의 개인문제에 부

(2) 전문 사회복지사 수행 업무

사정단계의 구조(틀)에서 사회복지사가 인식하여 수행할 업무는 다음과 같다. 첫째, 클라이언트를 신뢰하는 것이다. 클라이언트의 정직성과 신뢰성이 갖추어진 상태임을 먼저 인식하고 접근해야 한다. 이것은 불신을 받을 만한 증거가 없는 한 믿는다고 가정하는 것이다. 둘째, 클라이언트 강점에 대한 사정이다. 이것은 클라이언트의 상황을 보다 좋게 만드는 클라이언트의 능력 및 기술이나 관련된 많은 자원 그리고 변화 동기를 나타내는 언행에 귀 기울여 듣고 그것을 클라이언트에게 환기시킨다. 셋째, 클라이언트의 문제 규명이다. 클라이언트 자신이 현재 무엇을 하고 있는가를 명확히 인식하도록 한다. 이를 위해 그들이 시설 및 기관으로부터 기대하는 것을 정교하게 돕기 위해 노력하여야 한다. 넷째, 클라이언트 자신을 이해하는 것이다. 클라이언트 자신의 행동과 삶, 상황, 어떤 변화 노력이나 치료 계획을 수행하라는 것인지의 여부를 가장 잘 아는 전문가로 가정한다. 이는 클라이언트의 상황에 대한 클라이언트 자신의 인식과 이해에 1차적 주의를 기울이는 것이다. 다섯째, 공동 활동이다. 사정과 서비스 계획 과정을 사회복지사와 클라이언트의 공동 활동으로 본다. 이는 효과적으로 행동화될 수 있는 방법을 결정하는 책임을 공유하는 것이다. 여섯째, 사정을 하지만 진단은 하지 않는다. 왜냐하면 진단은 클라이언트의 강점이 아닌 영역에 주의를 끌게 하고 초점을 병리하거나 일탈 및 결핍에 두고 있을 가능성이 있기 때문이다. 일곱째, 지금-여기이다. 클라이언트나 다른 사람들이 이전에 실패한 것에 대한 논의나 비난은 피한다. 비판적 논의보다도 문제해결을 위해 많은 시간과 에너지를 쓰도록 시도한다. 더욱이 지금 할 수 있는 것에 초점을 둔다. 여덟째, 클라이언트의 관계망이다. 클라이언트의 가족, 사회관계망, 지역사회를 유용한 잠재적 자원으로 인식하도록 하며 이들 모두를 원조관점에서 활용할 수 있도록 한다(최선화, 2012; 윤선오 · 김현진, 2016).

4) 개입단계의 스킬

개입단계에서의 스킬은 사회복지사가 클라이언트를 변화시키기 위해 직·간접적으로 관여하는 것으로 직접개입은 클라이언트의 기술과 능력을 향상시키거나 문제를 경감시키기 위해 직접 활동을 수행하는 것이다. 그리고 간접개입은 클라이언트의 주변체계나 클라이언트체계 간의 관계를 변화시키기 위한 활동을 의미한다(윤선오 · 김현진, 2016).

사회복지실천적인 문제해결을 위해 접근 시 필요한 실천과정의 기술은 다음과 같다. 첫째, 문제해결이나 작용 그리고 성장발달을 위한 클라이언트의 능력을 향상시키고 회복시키는 기술이다. 둘째, 사회적 기능을 향상시킬 수 있는 자원이나 서비스 그리고 기회 등을 제공할 수 있는 지역사회체계로 사람들을 연결시키는 기술이다. 셋째, 사회적 정의에 입각하여 권리를 잃어버리고 소외된 약자들이 기회를 얻고 되찾을 수 있도록 그들과 함께 효과적 개입을 하는 기술이다. 넷째, 자원과 서비스 그리고 기회 등을 제공할 수 있는 지역사회체계의 효과적인 기능을 향상시키는 기술이다. 다섯째, 클라이언트와 소비자의 요구에 반응적인 새로운 서비스의 개발이나 기존의 지역사회서비스 및 지원체계의 개선과 향상을 위해 개입하는 기술이다(전남련 외, 2011; 윤선오 · 김현진, 2016).

개입스킬에는 전문가로서의 지식과 신념 그리고 경험 등이 필요하며, 특정한 개입방법을 선택하는데 따르는 명확한 근거와 전문가적인 판단이 중요하게 된다. 특히 개인대상의 사회복지실천에서는 주변체계에 대한 개입보다는 클라이언트 개인에 대한 직접적이며 지시적인 표현기술을 많이 활용하는 특징이 있다. 따라서 개인에게 적용되는 구체적인 개입기술에는 모델링과 인지적 재구조화 그리고 연습 등의 상담기술과 조언 및 교육 등의 기술이 적용된다.

5) 평가 및 종결단계의 스킬

평가 및 종결단계에서의 평가는 사회복지사가 클라이언트에게 제공한 서비스와 원조활동이 성공적으로 진행되었는가를 확인하는 것이다. 사회복지실천의 평가를 통해 사회복지사와 클라이언트는 의도한 대로 서비스 계획을 이행했는가의 여부와 목적들이 성취되었는가를 결정하고 이를 토대로 수정 및 보완과 전체 계획을 재수립할 수 있을 것이다(최덕경 외, 2012; 윤선오 · 김현진, 2013).

평가스킬은 실천의 효과성을 평가함으로써 서비스를 제공받는 사람들과 서비스 전달체계 그리고 사회에 대해 책임을 갖는다는 측면에서 전문가에게 매우 중요한 실천기술이다.

평가단계에서는 목적달성을 위해 진행하여 왔던 지금까지의 과정을 다양한 평가방법을 통해 검토하게 된다. 만일 평가를 통해 변화가 없거나 부정적인 결과를 보이는 경우에는 이전의 사정이나 계약단계 그리고 개입단계에 대한 점검이 필요하다. 또 과정에 대한 검토와 최종평가를 통해 함께 진행과정을 피드백하여 차후의 방향에 대한 논의가 이루어지도록 한다(전남련 외, 2011).

이와 같이 종결단계에서는 최종평가와 함께 원조관계를 끝내는 것에 대한 클라이언트와의 종결소감을 공유하는 것이 중요하며, 종결 마무리와 함께 종결기록을 남기는 것이 필요하다.

10 가족대상 실천기술

1. 가족의 기본 개념

일반적으로 남녀가 결혼하여 생애 최초로 가족을 형성함과 동시에 자녀의 탄생은 그 가족의 형태가 성장·발달하며 진행되어져 가는 과정이다. 이러한 가족이 인간에게 가장 기본적인 집단이며 보편적인 현상이지만 가족에 대해 명확한 정의를 내리는 것이 결코 쉬운 것이 아니다.

오늘날의 가족은 역사와 문화에 따라 다양한 모습으로 존재해 왔다. 이러한 가족은 특수한 역사적·문화적 맥락 속에서 다양한 형태를 취하기 때문에 단지 서로 다른 형태이거나 또는 어떤 특정한 형태가 더 보편적이라는 이유만으로 그 유형의 가족이 더욱 우월하다고 판단할 수 없다.

한국의 건강가정기본법 제3조에서는 “가족이란 혈연이나 입양으로 이루어진 사회의 기본단위이다”라고 정의하고 있다.

모독(Murdock, 1949)이 제시한 가족은 “공동의 주거와 경제협력 그리고 생식이라는 특성을 갖는 사회집단이며, 성(性)관계를 허용받은 최대한의 성인 남녀와 그들에게서 출생하였거나 양자로 된 자녀로 이루어져 있다”라고 하였다.

레비스트라우스(Levy-Strauss, 1969)는 “가족은 결혼에 의해 시작되고 부부와 자녀 그리고 다른 근친자로 구성되었으며 법적유대 속에서 경제적·성적 의무와 권리 그리고 존경 및 애정 등과 같은 다양한 심리적 감정을 공유하는 집단이다”

라고 정의하였다.

이영실(2011)은 "가족은 1차적 집단 및 원초적 집단에 속하고 법적 및 사회적으로 인정하는 혼인관계를 바탕으로 한 부부, 친자, 형제자매, 입양 등의 근친자로 구성된 혈연집단이다. 그리고 감정의 융합으로 결합되어 가계와 주거를 함께하는 생활 공동체로서 1차적 복지 추구의 집단이다"라고 정의하였다.

하트만과 라이드(Hartman & Laird, 1983)는 그들의 연구에서 "가족이란 2인 이상의 사람이 친숙한 한 가족이라고 여기고 밀접한 감정적 유대와 가정이라는 생활공간에서 생물학적 · 사회적 · 심리학적 요구의 충족에 필요한 역할과 과제를 공유할 때 비로소 가족이 된다"라고 하였다.

슈왈츠와 스콧(Schwartz & Scott, 1994)은 "가족이란 혈연, 결혼, 입양, 동거 등에 의해 이루어진 관계로 다른 사회집단과 비교할 때 상대적으로 지속적인 관계를 유지하며 구성원 간에 경제적 또는 정서적 지원을 제공하는 집단"이라고 하였다.

앤더슨과 사바텔리(Anderson & Sabatelli, 1999)는 "가족은 구성원이 가정내력을 공유하고 정서적 유대감을 경험하며, 구성원 개인과 집단 전체의 욕구를 충족시키기 위한 전략을 개발하는 상호의존적 집단체계이다"라고 하였다.

비드웰과 메이(Bidwell & Mey, 2000)는 "가족은 혈연, 결혼, 입양 등에 의해 이루어진 관계로서 구성원이 서로 몰입되어 있고 고유한 정체성을 지니며, 경제적 단위를 형성하고 성인 구성원은 어린 구성원에 대한 책임을 가진다"라고 하였다.

송정애와 정해은(2007)은 "가족생활을 유지하기 위한 특정한 역할과 지위를 가지고 가족구성원 상호 간의 성장과 발달을 지지하는 집단이다"라고 하였다(윤선오 · 김현진, 2016).

이와 같이 가족에 대한 정의는 법령과 여러 학자들에 따라 다양하게 정의를 내리고 있다. 따라서 가족은 학문적 배경과 특성에 따라 또는 시대와 문화적 환경에 따라 다양한 견해들이 공존함을 알 수 있다.

2. 가족대상 실천과정 및 기술

사회복지사는 가족과의 변화 과정에서 직접적으로 개입할 수 있는 구체적이고 명확한 스킬이 필요하다. 따라서 가족을 대상으로 사회복지실천기술의 과정은 초기과정－사정과정－계획과정－종결과정으로 구분할 수 있는데 세부내용은 다음과 같다.

1) 초기과정

(1) 첫 대면 전의 비공식 만남

클라이언트 및 관계자들과의 공식만남을 갖기 전에 이들과 사회복지사가 서로 만나 의견을 교환하는 것은 어느 기관 및 시설에서 가족상담이 이뤄지는가에 따라 미치는 영향이 다를 수 있다. 예컨대, 가족상담의 경우 다른 심리치료에 비하여 초기 전화면담을 중요시 여기게 되는데 그것은 전화에 의한 접수면담을 흔히 잘 훈련된 전문가가 담당하기 때문이다. 왜냐하면 전화면담을 통하여 사회복지사는 첫 회의 면담에서 누가 참석해야 하는지를 명확히 전달하고 치료의 방향과 구조(틀)를 확립할 수 있기 때문이다(최덕경 외, 2012).

전체 가족이 참석해 줄 것을 간절히 요청하는 경우에 사회복지사의 심정이 비교적 잘 전달될 수 있다. 아울러 사회복지사의 능력에 대한 믿음도 생겨서 치료를 받으러 오는 가족의 입장에서는 사회복지사에 대한 신뢰가 형성되어 치료에 많은 도움을 준다. 이러한 과정에서 주의를 기울여야 할 것은 한 사람이 주는 정보로 인해 사회복지사가 편견을 갖지 않도록 간략하게 약속시간을 정하고 관련 지출비용 등을 알려주어 이들이 참고하도록 한다(김용환 외, 2013; 윤선오 · 김현진, 2016).

(2) 첫 대면의 공식 만남

공식적으로 첫 만남이 시작되면 사회복지사는 클라이언트와의 인사 나누기에서부터 문제 명료화, 관계형성, 상담 계약 등을 하게 되는데 세부내용은 다음과 같다(김윤재 외, 2011; 윤선오 · 김현진, 2013).

① 인사 나누기

초기과정의 첫 만남에서 사회복지사는 간단히 자신을 소개하고, 가족의 한 사람 한 사람을 소개받는다. 이처럼 첫 만남의 시간에는 가족 모두가 긴장되어 있을 수 있기 때문에 먼저 사교적인 대화를 통해 이들의 심리적인 불안을 해소하도록 함으로써 가족을 사정하는 것이 좋다.

② 문제 명료화

클라이언트를 포함한 가족 모두에게 현재 어려움을 겪고 있는 가족문제의 윤곽을 그리게 한다. 이처럼 문제를 명료화하는 것이 사회복지사의 첫 개입이 되기 때문에 사회복지사는 가족들로부터 여러 가지 문제를 경청함과 동시에 언급되지 않는 문제들도 관찰하여 파악하는데 모든 노력을 다하여야 한다(최미영 외, 2009).

사회복지사가 가족들과의 만남에서 주목할 점은 먼저 여러 가족 중 누가 먼저 이야기하는가, 또 가족들이 호소하는 문제 이외의 것에 관하여 이야기하는 것은 무엇인가, 어느 특정 가족이 다른 가족의 이야기를 가로막는가, 가족 중 연합을 이루는 가족은 있는가, 가족 중 누가 힘을 갖고 있는가 등을 파악해야 한다. 그리고 문제를 명확히 할 때 중요한 것은 지금 문제를 해결하려는 시도를 하고 있는 상태에서 가족 개개인이 생각할 때 문제가 무엇이며, 어떻게 변해야 하는가를 표현하도록 한다.

③ 관계형성

치료과정에서 사회복지사와 클라이언트가 우호적 관계를 갖는 것은 매우 중요하다. 왜냐하면 사회복지사는 동정적 · 무비판적인 관점에서 클라이언트 가족에 대하여 존경을 갖는 태도를 보여야 하기 때문이다. 따라서 가족들과의 우호적 관계를 성립하기 위해 사회복지사는 자신의 감정에 민감하여야 한다. 또한 사회복지사는 가족원들이 사용하는 언어수준을 면밀히 경청하되 자신이 말할 때는 가급적 전문용어보다는 가족원과 비슷한 언어를 구사하는 것이 좋다.

사회복지사는 가족원들과의 관계가 상황에 따라 유연성을 요구받기도 하지만 때로는 관찰자적인 자세를 하거나 권위적인 태도를 취기도 해야 한다. 왜냐하면 가족체계 속에 깊숙이 개입하여 일할 때도 있고 객관적인 관찰자의 입장을 취해야 할 때도 있기 때문이다. 예컨대, 상담치료를 위해 방문한 클라이언트 가족이 사회복지사에 대해 사생활이나 개인 신상에 대해 문의하는 경우 인격을 존중하여 지혜롭게 대처해야 한다(전재일 외, 2010).

사회복지사는 가족이 보는 관점을 무시하지 말고 가족과 융합되도록 하며, 자신은 상대적으로 낮은 위치에 서있는 것이 좋다. 그래서 가족과 공통적으로 가지고 있는 경험이나 관심을 이야기하는 것 등을 통하여 관계형성에 도움이 되도록 한다.

④ 상담 계약

클라이언트를 포함한 가족원들과의 관계형성이 끝나면 상담의 목표를 정하고 가족원이 지속적으로 상담을 받을 수 있도록 사회복지사는 이들과 상담 계약을 맺는다.

사회복지사는 클라이언트 및 가족의 방어기제를 완화시키며, 그들이 달성하기에 적합하고 실행이 가능한 목표를 설정하여야 한다. 상담 목표를 달성하기 위해 기준을 설정하는 것은 그 자체만으로도 치료적 의미를 갖는 효과가 있다(윤선오 · 김현진, 2016).

상담 계약은 사회복지사가 선택한 다양한 개입방법의 효율성과 클라이언트 및 가족에게 일어나는 변화를 확실하게 사정할 수 있는 기회를 제공한다. 합의된 목표를 통하여 차후 언급될 문제를 구체화함으로써 상담과정에서 사회복지사가 그들의 문제를 해결해 줄 것이라는 수동적인 생각에서 벗어나게 된다. 이처럼 계약을 하는 과정에서 사회복지사는 클라이언트와 그 가족들을 관찰할 수 있는 기회를 갖도록 한다. 또한 클라이언트 및 가족은 계약의 구조(틀) 안에서 작업할 때에 자신의 한계보다는 자유함의 감정을 갖게 된다. 이러한 상담의 진행은 예정된 클라이언트 및 가족 상담의 횟수와 간격, 상담시간, 참석대상, 상담목표, 상담비용 등이 고려되어야 한다. 그리고 상담 계약 시 차후 면담과정에서 진행되어지는 상담내용에 대해 비밀이 보장된다는 것을 반드시 알려주고, 상담에 불참할 경우 예외적인 상황에 대해서도 언급하되 사전 통보 없이 파기할 경우 제한사항 등에 대해서도 설명한다.

2) 사정과정

클라이언트 가족실천 상담을 설정하기 위해 사회복지사는 그들을 범주화하고 판단하며, 평가하는 것이 필요하다. 따라서 사정과정에서는 클라이언트에게 어떤 형태의 가족치료가 바람직한가를 결정짓기 위해 적절한 도구를 선택하여 소개한다.

사정과정에서 가족상담을 위한 사정도구로는 질문지를 사용하는 객관적인 사정방법과 가계도, 가족화, 가족조각기법, 가족개념과 환경을 통해 가족을 사정하는 주관적인 방법이 있다(김용환 외, 2013).

(1) 객관적인 사정방법

가족대상 실천기술의 객관적인 사정방법은 자기 보고식 질문지를 사용하게 된다. 이러한 방법에 따라 가족치료를 받아야 할 모든 가족을 대상으로 상담 시 다른 가족의 걱정이 무엇인지 이해시킬 수 있는 기회를 제공하게 된다. 동시에 가족 개개인이 자기 노출을 할 수 있는 기회를 제공받는 시간이 된다. 보통의 클라이언트 및 가족은 언어로 표현하는 것보다 질문지에 표현하는 것을 선호하기 때문에 이를 참고하여 사용하는 것이 좋다(최선화 외, 2012; 윤선오 · 김현진, 2016).

가족치료 분야에서 객관적인 사정도구로는 맥메스터 모델(Mcmaster Model), 써컴플렉스 모델(Circomplex Model), 비버즈 모델(Beavers Model) 등이 있으며 세부내용은 다음과 같다.

① 맥메스터 모델

맥메스터 모델(Mcmaster Model)은 캐나다의 맥메스터(Mcmaster) 대학교 정신과에서 근무하던 엡스타인(Epstein) 등에 의해 개발된 것으로 가족의 기능을 평가하는 개념적 준거 틀을 제공한다. 따라서 가족기능은 문제해결, 의사소통, 역할, 정서적 반응성, 정서적 관여, 행동 통제 등의 측면에서 고려하게 된다.

② 써컴플렉스 모델

써컴플렉스 모델(Circomplex Model)은 올슨(Olson) 등이 응집력과 적응력의 차원에서 가족을 평가하는 순환모델을 발표하여 가족응집성과 적응성 측정 정도(FACES : Family Cohesion and Adaptability Evluation Scales)를 만들면서 모델화되었다. 이러한 모델은 특징은 질문 문항 수에 비하여 신뢰도와 타당도가 높게 나타난 것이다.

③ 비버즈 모델

가족대상 실천기술의 객관적 사정방법의 하나인 비버즈 모델(Beavers Model)은 청소년이 가정으로부터 독립된 시기에 이르러 채택된 행동 유형인 구심적 양식과 원심적 양식을 활용하여 가족을 분류하는 것이 특징이다.

(2) 주관적 사정방법

가족대상 실천기술의 주관적인 사정방법에는 가계도(Genogram), 생태도(Ecomap), 가족 그림(Family Drawing), 가족 조각(Family Sculpture), 가족개념에 의한 가족사정, 가족환경에 의한 가족사정 등이 있으며 세부내용은 다음과 같다.

① 가계도

가계도(Genogram)는 보웬(Bowen, 1978)의 다세대 가족체계 이론을 바탕으로 가족 개입을 행하는 사회복지사들이 널리 사용하면서 보편화되었다(윤선오 · 김현진, 2016). 가계도의 초점은 가족구성원의 특성 및 위치를 표시하는 요소와 가족관계의 성격을 표시하는 요소로 구성된다. 이러한 가계도는 다음 [그림 10-1]과 같다.

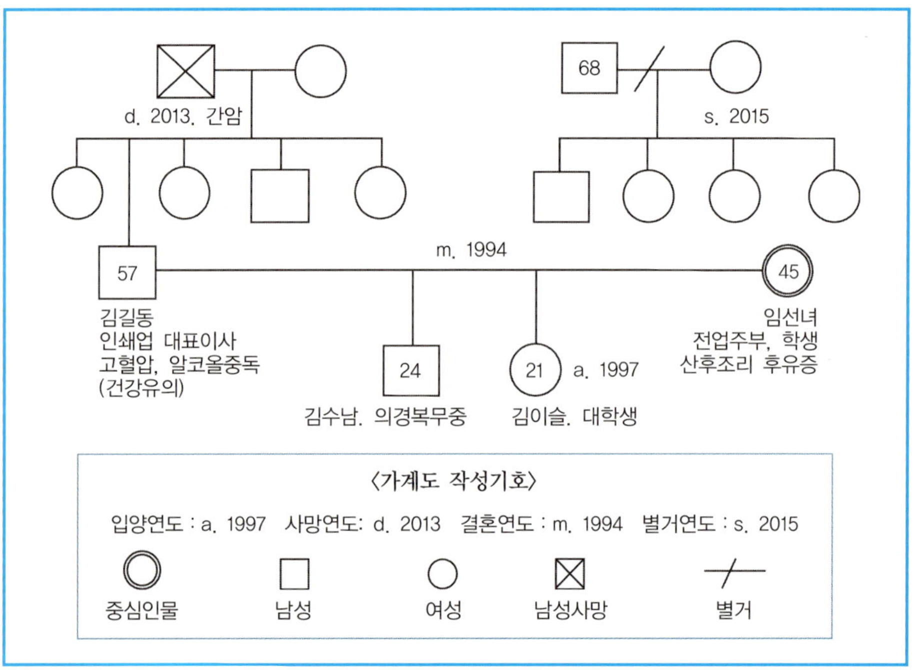

출처 : 윤선오 · 김현진, 2016(일부수정).

[그림 10-1] 가계도

② 생태도

생태도(Ecomap)는 체계모델에 입각한 생태학적 관점에서 가족 전체적인 흐름을 파악하는데 많은 도움이 되는 도구이다(Zastrow, 1975).

클라이언트가 제작한 생태도(Ecomap)는 출생 후 양육 및 유지환경의 종류를 포함하여 가족 및 지역사회 체계 상호 간의 질적 관계 또는 자원의 교환상태, 스트레스 및 갈등 관련 자료, 체계 간 에너지의 흐름을 시각적으로 표현함으로써 관계 변화를 파악할 수 있다(양옥경 외, 2005). 따라서 총체적인 가족체계의 관계 속에서 지역 외부체계들과의 관계상태와 고립 및 적응의 정도를 확인할 수 있는데 다음 [그림 10-2]와 같다.

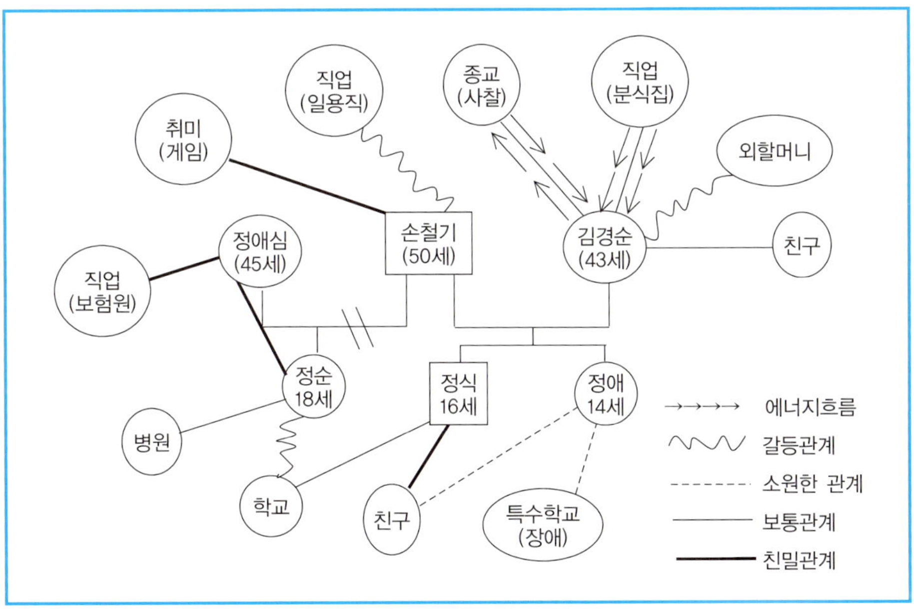

출처 : 엄명용 외, 2005(재구성).

[그림 10-2] 생태도

③ 가족 그림

가족 그림(Family Drawing)은 번스와 코프먼(Burns & Kaufman, 1982)에 의해 가족이 무엇인가를 하고 있는 장면을 그리게 하는 동적 가족화를 창안한 것에서 비롯되었다. 이러한 가족 그림을 통해 클라이언트에게 자신이 느끼는 대로 자유롭게 동물 가족 그림을 그리게 하는 것은 그림에서 무의식적인 측면이 숨김없이 드러날 수 있도록 하는 것이다(최선화, 2012; 김용환 외, 2013). 예컨대, 아버지를 호랑이로, 어머니를 고양이로 표현했다면 그 가족 내에서 힘의 역학관계를 파악하게 될 것이다.

④ 가족 조각

가족 조각(Family Sculpture)은 칸과 토덜(Kan & Toduhl, 1973)이 개발한 것인데 이것은 가족의 어느 시점을 선택하였을 때 그 시점에서의 가족관계나 타인에 대한 느낌과 감정을 동작 또는 공간을 사용하여 표현하는 비언어적인 스킬을 의미한다(김용환 외, 2013; 윤선오 · 김현진, 2016).

주관적 사정방법 중의 가족 조각은 클라이언트가 가족에 대해 어떻게 인식하고 있는가를 시각적으로 표현함으로써 가족에 대한 이해를 돕기 위한 스킬이다. 그리고 가족 조각의 주요 특징은 가족의 관계나 서로 간의 상호작용 모양을 나타내는 위치 또는 자세를 만드는 데 가족들을 배치하는 것이며, 여기에서 가족을 상징하는 이미지를 객관적인 기술로 파악해 보려는 것이다.

⑤ 가족 개념에 의한 가족 사정

가족 개념에 의한 가족 사정은 가족 치료자가 가족을 평가하는 가장 일반적인 사정도구로서 임상적 경험에 의한 것이다. 따라서 가족을 사정할 때 도움이 되는 개념의 준거 틀로는 가족규칙, 가족신화, 가족의식, 격리와 밀착, 부모화, 삼각관계 등이 있다.

⑥ 가족 환경에 의한 가족 사정

가족 환경에 의한 가족 사정은 부모와 부부 그리고 자녀들의 친밀성, 약물이나 알코올 문제, 직업의 문제, 스트레스 등을 고려하여 사정하는 것이 특징이다(보건복지부, 2015).

가족 환경은 구성원들의 성향과 부모의 직업 등에 따라 미치는 영향이 매우 지대하다. 예컨대, 부모를 모시고 생활하는 가족이나 부부가 맞벌이를 하는 가족 그리고 실직으로 생계가 어려운 가족 등 그 가족 내부형태에 따라 가족의 환경은 크게 달라질 수 있다.

3) 계획과정

가족대상 실천기술의 사정과정을 마치면 가족치료자는 차후 진행자로서 상담치료과정을 어떻게 운영할 것인지에 대한 나름대로의 지침을 수립하여야 한다. 예컨대, 누구를 참석시킬 것인지, 어떤 형태의 상담 계약을 할 것인지, 가족의 특별한 요구에 어떻게 대응할 것인지 등의 가족치료 과정을 구조(틀)화 하여 계획을 준비한다.

가족치료자인 사회복지사가 가족치료 상담과정을 구조화시킴으로써 가족치료를 하면서 느낄 수 있는 클라이언트의 불안이 감소되어 바람직한 가족치료자와 클라이언트 및 가족의 관계가 형성될 수 있다(김윤재 외, 2011; 윤선오 · 김현진, 2013). 따라서 계획과정에서는 가족상담치료 계획수립과 가족치료 목표를 구분하는 것에 초점을 맞추어야 하며 세부내용은 다음과 같다.

(1) 가족상담 치료 계획 수립

일반적으로 가족상담 치료를 할 때에 가족이 치료받기를 두려워하는 이유는 실패할 것에 대한 우려와 통제의 상실을 두려워하는 경우가 많다. 따라서 가족을 지속적인 치료가 되도록 유도하기 위해서는 가족의 방어기제를 완화하는 것이 매우 중요하다.

방어기제가 완화되면 가족치료자는 클라이언트 및 가족과 함께 목표에 대하여 간단히 언급한다. 그러나 이들의 방어기제가 매우 높을 경우 사회복지사는 문제가 매우 복잡하다고 말해 주고, 가족 모두가 이러한 문제에 대해 좀 더 심사숙고해 보아야 함을 인식시켜 주어야 한다. 그러나 가족 내의 성원마다 성취하고자 하는 목표가 다를 때에는 중재를 통하여 목표를 조정한다. 그리고 가급적 첫 1~3회 때에 가족치료 이전에 치료할 목표를 수립하고, 목표가 달성되었는가를 측정할 수 있는 구체적인 행동상의 기준에 대한 상호 동의를 협의하여 설정하는 것이 좋다(신성자 외, 2012).

(2) 가족치료 목표 분류

가족치료 목표를 분류하는 데 있어서 글릭과 케슬러(Glick & Kessler, 1980)는 다음의 3가지 목표가 있다고 강조하였다. 그것은 첫째, 가족구성원들 간의 사고와 감정의 의사소통을 촉진하는 것이다. 둘째, 혼란되고 비타협적인 역할과 동맹을 변화시키는 일이다. 셋째, 가족의 분쟁과 갈등에 가장 잘 대처할 모델을 제시해 주는 역할모델로서 그릇된 신화로부터 탈피시켜 주는 교육자로서의 목표가 있어야 함을 제시하였다(이영실 외, 2011).

치료계획을 수립할 때에 가족치료자인 사회복지사는 구성원들이 문제를 해결하기에 실행 가능한 목표를 수립하도록 하며, 이들이 문제해결을 위해 어떤 변화를 가져야 할 것과 가족치료가 제대로 이루어지려면 어떤 조건이 부합되어야 하는가를 조정토록 한다(윤선오 · 김현진, 2016).

넬슨(Nelson, 1983)은 가족치료의 목표를 3가지로 분류하였다. 즉 최종목표와 수단적 목표 그리고 조장적 목표로 구분하였다.

최종목표는 가족이 문제에 대해 궁극적으로 달성하기를 원하는 것이기에 목표달성을 위해 적극적인 협조관계에서 이루어진다. 또 수단적 목표는 가족치료자가 당면한 문제를 완화시키기 위해 가족구성원의 기능이나 상황에 어떤 변화를 가져와야 하는가에 대해 사회복지사가 갖는 사정에 의존하게 되는 것을 말한다. 그리고 조장적 목표는 가족치료가 진행되기 위해 필수적인 조건을 이행하게 하는 것을 말한다.

가족체계를 기능적으로 변화시켜야 하는 것이 가족상담의 궁극적인 목표이지만 가족상담 초기에는 가족들이 갖고 있는 가족의 관점을 따라가는 것이 좋다. 그러나 시간이 진행되어짐에 따라 가족과 사회복지사 간에 신뢰감이 형성되면 사회복지사의 관점을 피력하기 시작한다. 즉 문제를 바라보는 가족의 지각체계를 바꾸어 나가는 것이 좋다. 이러한 문제에 관한 지각전환은 가족들에게 융통성을 가르쳐 주며, 상담이 진전됨에 따라 문제해결 능력을 높여준다. 그래서 가족들은 여러 단계에서 가족체계에 관한 개념을 많이 듣고 자기만의 지식을 갖추어 나가게 된다(김용환 외, 2013).

가족상담의 초기과정에서는 가족체계의 개념이 가족치료 상담과 개인상담의 차이를 이해하는데 초점이 맞추어져야 한다. 상담과정의 개입과정에서는 동일한 개념의 증상이나 가족문제를 재명명화하기 위해 집중한다. 그리고 종결과정에서는 가족체계 개념이 가족 내에서 무엇이 어떻게 변했는지를 명료화하는 데 주안을 두어야 한다.

4) 개입과정

가족대상 실천기술의 개입과정은 변화를 위한 주된 작업이 진행되어지는 과정이다. 이러한 과정에서 확인된 클라이언트에게 집중되었던 초기의 관심이 전체 가족으로 확대된다. 특히 가족치료과정이 개입과정으로 전환되어져 감에 따라 기족치료의 속도는 느리지만 그 깊이는 더해진다(김혜란, 2005).

가족치료가 개입과정으로 원활하게 진행되고 있다는 것을 알 수 있는 징후는 가족원이 양가감정을 표면화하는 것이다. 즉 가족상담에 대한 양가감정의 표현은 건강하다는 현상이기도 하다. 가족구성원이 가족치료자에게 직접 그 감정을 말할 수 있을 때 그리고 어떤 문제의 해결을 위해서 스스로 노력할 때 특히 가족의 불평은 경험이 적은 사회복지사에게는 당황스럽고 좌절이 되겠지만 실제로 그 가족은 중요한 치료적 향상을 보게 된다(김현진, 2016).

개입과정에서 발생하는 또 다른 변화는 구조와 발달상의 문제에 대한 부가적인 작업이라 할 수 있다. 개입과정에 대한 이해를 돕기 위해 초기과정을 거쳐 쌓아왔던 클라이언트와의 신뢰를 바탕으로 그들의 목표를 위한 주된 변화를 시도하고 완성시키는데 있어서의 일반적 고려사항과 구체적 전략 그리고 가족치료 기법을 소개하게 된다.

(1) 일반적 고려사항

일반적 고려사항에서 가족치료는 전체 가족을 종합적으로 살펴본 다음 가족치료를 시작하는 것이 바람직하다. 그럼에도 불구하고 모든 가족이 함께 만나는 것이 실제 상황에서도 어려울 뿐 아니라 바람직하지 못할 수도 있다. 왜냐하면 가족구성원이 한 집에서 함께 살지는 않지만 친구나 돌보는 사람 그리고 사회망을 포함하여 넓게 분포될 수 있기 때문에 이를 확인해 볼 필요가 있다(손광호, 2009).

가족치료의 형태에서 가족치료 가운데 동시가족치료는 1명의 사회복지사가 여러 가족을 만나 치료하는 것이며, 협동가족치료는 2명의 사회복지사가 동시에 가족을 돌보는 것이 아니라 각자가 1명 또는 그 이상의 가족구성원을 만나면서 사회복지사 간에 상호 연락하면서 치료를 하는 것이다. 그리고 동참적 가족치료는 최소 2세대 이상의 가족이 사회복지사와 함께 치료하는 것이다. 또한 공동가족치료는 그들 자신의 차이점을 개방하여 소통을 이루면서 가족 간의 상호작용이 경험적 모델화로 제시되는 경우이다. 공동가족치료를 성공적으로 하기 위해서는 공동 가족치료자는 서로를 잘 알고 호감을 갖는 상태여야 한다. 즉 모든 가족이 함께 일을 하면서 각자의 다른 스타일과 태도를 수용하여 이해하는 것이 중요하다(최선화, 2012; 김용환 외, 2013). 그래서 치료시간 동안 가족들 간에 어떤 일이 있었는가에 대해 논의하며, 서로에 대한 상호 존경을 갖고 보완적인 역할을 할 수 있는 기회를 갖게 된다.

(2) 구체적 전략

일반적으로 심리치료에서 사용되는 전략은 가족치료에서 적용되는 경우가 많지만 학자에 따라 중점을 두는 것이 달라질 뿐이다.

구체적 전략을 요약하여 살펴보면 첫째, 생각과 감정의 의사소통을 할 수 있도록 돕는데 사용된다. 둘째, 방해되고 융통성 없는 역할과 연합을 변화시키는 것이다. 셋째, 가족 역할이나 가정 및 교육의 탈선화를 예방하기 위한 것이다(윤선오 · 김현진, 2016).

(3) 가족치료기법

가족치료기법에 있어서 가족상담자와 가족치료자는 공통적으로 다음의 4가지 기본 전제를 갖고 있다(최규련, 2011).

첫째, 가족은 자율적이고 목표 지향적이며 사회환경과 상호작용하는 개방된 체계이고, 환경변화에 적응하고 상황을 개선하려는 욕구와 능력을 갖고 있으므로 가족을 변화의 주체로 인정한다.

둘째, 가족구성원 각자는 개성과 욕구 및 기대, 가치관, 문제해결능력이 상이하므로 가족원들의 차이와 인격은 존중되어야 한다.

셋째, 가족은 가족원 간 및 외부환경과의 관계가 역동적이고 상호 의존적이기 때문에 가족 내 상호작용을 개선하고, 외부환경의 영향이 조정되면 가족문제가 해결되고 기능이 회복될 수 있다.

넷째, 가족상담모델에 따라 상담목표에 차이가 있지만 모든 가족상담에서 가족의 행동변화와 기능향상에 초점을 두고 있음을 강조하였다(남연희 외, 2012).

이와 같은 기본 전제에 따라 가족치료기법의 제 요소는 문제에 대한 재정의, 칭찬, 경험적 기법을 사용한 면담, 직면, 과제, 질문 등이 있으며 세부내용은 다음과 같다.

① 문제의 재정의

문제의 재정의는 일명 재정의와 재명명화 그리고 긍정적 의미부여 등으로도 불린다. 이러한 문제의 재정의는 문제를 보는 시각을 바꾸게 하여 새로운 해결책을 찾아내는 것이다. 따라서 가족구성원의 행동들에 대해 새로운 의미를 부여하고 증상의 의미와 의도를 긍정적으로 재정의하여 가족의 생각을 바꾸는 것이다. 예컨대, 잔소리가 많은 어머니를 관심이 많은 어머니로 한다거나 엉뚱한 아들은 창의적인 아들로 지칭함으로써 새롭게 정의를 내리는 것이다(이애재, 2013; 윤선오 · 김현진, 2013).

② 칭 찬

칭찬은 사람을 가장 기분 좋게 하는 말이기 때문에 인간은 누구나 칭찬을 받고 싶어 한다. 사회복지사는 클라이언트 및 가족에게 심리적으로 매우 중요한 존재이기 때문에 이들이 가족치료자로서 칭찬을 하게 된다면 가족을 변화시키는데 큰 도움이 된다. 이러한 칭찬에는 다양한 형태가 있으나 일반적으로 직접적인 칭찬과 간접적인 칭찬으로 구분한다(윤선오 · 김현진, 2016).

직접적인 칭찬은 긍정적 평가나 반응을 하는 것이고, 간접적인 칭찬은 가족상담 과정에서 사회복지사가 언급한 것 중에서 바람직한 결과라고 생각되는 것에 대해 보다 많은 질문을 하는 것이다. 따라서 칭찬의 요령에 대한 예를 제시해 보면 다음과 같다.

- **즉각 칭찬하라**
  칭찬거리가 있을 때 생략하거나 한꺼번에 하지 말고 바로 해야 효과적이다.
- **상세하게 칭찬하라**
  애매하게 하지 말고 영업실적, 아이디어 제공, 헌신적 지원 등의 행위에 대해 구체적이고 상세하게 칭찬하는 것이 좋다.
- **공개석상에서 칭찬하라**
  개인적으로 칭찬하는 것보다 전체 인원 앞에서 공개적·공식적으로 칭찬해야 효과적이다.
- **포상을 주며 칭찬하라**
  칭찬의 말보다 상품이나 인센티브를 제공하면서 칭찬한다.

③ 경험적 기법을 사용한 면담

가족조각 스킬이나 사이코드라마와 같은 역할극은 상담의 초기단계에서는 가족구조를 이해하거나 증상을 재구조화하는 역할이기 때문에 상담 중반에는 변화된 행동을 경험해 보기 위해 사용된다. 따라서 경험적 기법을 사용한 면담 시의 원칙은 다음과 같다. 첫째, 역할극을 하는 상담 초기에 미리 가족에게 알린다. 둘째, 가족에게 역할극에 참여할 것인지 단도직입적으로 묻는 것보다 가족이 자연스럽게 그러한 역할을 할 수 있도록 유도하는 것이 좋다. 셋째, 역할극에서 하게 될 역할들을 자세하게 설명함으로써 가족의 각 개인이 무엇을 해야 하는지 명확하게 알 수 있도록 해야 한다(이영실 외, 2011; 윤선오 · 김현진, 2016).

④ 직 면

직면은 가족을 변화시키는 가장 효과적인 공헌을 할 수 있기도 하며, 때로는 정반대로 상담을 파국으로 이끌 가능성도 있다. 그래서 적절한 충격과 완충지대를 제공해 줄 수 있는 관계로 발전시킨 다음에 직면하는 것이 바람직하다(이영호, 2009).

직면은 적절한 시기에 적절한 방법으로 사용하되 일반적으로 직면하게 되는 문제가 덜 심각하면 직접적인 방법을 적용한다. 그러나 문제가 심각할 경우에는 은유나 농담과 같은 간접적인 표현방법을 사용하는 것이 좋다.

⑤ 과 제

과제는 가족치료자인 사회복지사가 클라이언트 및 가족에게 과제를 부여하는 것으로 다음과 같은 사항을 고려해야 한다. 첫째, 가족이 그 과제를 수행할 수 있는지 여부를 파악하는 것이 중요하다. 둘째, 가족에게 그 과제가 왜 중요하며, 그 과제를 수행함으로써 얻을 수 있는 것이 무엇인지 설명하여야 한다. 셋째, 과제를 수행하는 방법에 대해 보다 구체적으로 설명되어져야 한다.

⑥ 질 문

가족치료자인 사회복지사가 클라이언트 및 가족에게 질문을 한다면 이로 인해 정보를 제공해 줄 뿐 아니라 그들로 하여금 새로운 측면에서 가족을 이해할 수 있게 된다. 이러한 질문의 특성은 첫째, 개방형 질문이 폐쇄형 질문보다 더 많은 정보를 얻게 한다. 둘째, 가족을 적절히 차단할 수 있는 질문을 사용하여 가족의 통제를 조절한다. 셋째, 순화적 질문을 함으로써 가족관계를 파악한다(최선화, 2012).

5) 종결과정

가족실천기술의 마지막 단계인 종결과정에서는 최초 클라이언트 및 가족과의 계약에서 맺어진 모든 목표를 성공적으로 완수하거나 여의치 못한 사정으로 인하여 종결하는 경우가 있다. 종결의 시점에서 어떤 유형이든 긍정적인 자세로 마무리 하는 것이 중요하다.

종결과정에서는 종결시기의 판단기준과 종결 또는 타 가족치료자로서 의뢰 결정기준, 종결을 위한 준비, 종결 개입과정, 가족이 계획을 무시하고 조기 종결 요구 시 대처법 등으로 진행된다(전재일 외, 2010).

(1) 종결의 판단기준

가족치료자인 사회복지사는 한 가족이 가족상담 치료를 종결해야 할 적절한 시기가 언제인가를 판단할 수 있어야 한다. 이러한 시기에 도달하면 가족은 다음과 같은 단서를 암시하게 된다.

첫째, 클라이언트가 가족치료를 통해 달성하고자 했던 목표가 이루어진 경우이다.

둘째, 가족구성원들이 가족상담을 통해 새롭게 습득된 대처방법 및 행동양식을 수용하고 유지할 수 있을 때이다.

셋째, 가족구성원들 간의 의사소통이 분명하고 일관되게 이루어질 때이다.

넷째, 가족의 구조와 규칙이 보다 융통성 있고 기능적이 되는 경우이다.

다섯째, 가족구성원 개개인에게 나타났던 증상들이 호전되고, 가족구성원들 간의 긍정적인 상호작용이 이루어지는 경우이다.

여섯째, 가족구성원 각자의 역할과 기능에 대한 합의가 이루어지는 경우이다(김혜란, 2005).

(2) 종결 및 의뢰 결정 기준

가족상담 치료는 사회복지사와 가족이 상호 합의하에 순조롭게 종결되는 것이 가장 합당한 방법이다. 그러나 가족치료 상담 중간에 사회복지사가 직장을 이전하여 더 이상 클라이언트를 관리할 수 없을 때나 갑작스런 이사 또는 사회복지사의 능력을 더 이상 신뢰할 수 없는 등의 사유가 발생할 수 있다(윤선오 · 김현진, 2016). 따라서 조기종결이나 다른 사회복지사에게 의뢰를 결정해야 할 경우 고려해야 할 요인은 다음과 같다.

첫째, 가족을 의뢰하는 경우에 가족치료 상담을 담당할 유능한 가족치료자가 있는지 파악한다.

둘째, 가족이 자연적으로 종결할 수 있는 단계에 얼마나 가까이 접근해 있는지 고려하여 종결을 인식한 시점부터 남은 기간 동안 그들이 원하는 목표를 최대한 달성할 가능성을 파악한다.

셋째, 가족이 보다 빨리 자기 힘으로 변화해 나갈 수 있는지 검토해 본다.

넷째, 가족상담자는 종결 마지막 결정을 내리기 전에 가능할 때마다 자신의 감정을 검토하고, 클라이언트로 하여금 자신의 감정을 솔직히 직면할 수 있도록 도와서 클라이언트가 원하는 욕구가 무엇인지 파악한다(윤현숙 외, 2002).

(3) 종결을 위한 준비

종결을 위한 준비에서 사회복지사는 자신의 감정 직면과 클라이언트 가족의 종결준비에 대한 평가, 종결에 대한 클라이언트 가족의 반응 예측, 종결 개입을 위한 계획 등을 준비한다.

① 전문 사회복지사의 감정 직면

가족치료자인 사회복지사는 가족치료 상담이 끝나는 것에 대한 자신의 감정에 직면해야 한다. 대부분의 경우 매우 친밀하고 적극적으로 이루어왔던 가족상담을 갑자기 중단한다는 것은 누구에게나 힘든 경험이 될 수 있다(설진화, 2011). 따라서 보통의 가족치료자는 이러한 자신의 고통스러운 감정을 직면하지 않을 때 역기능적인 방법으로 대처하게 된다. 그러나 가족치료자인 사회복지사가 지금까지 순조롭게 이루어져 왔던 상담의 모든 것을 자연스럽게 종결의 단계에 이르게 한다면 사회복지사는 상실의 감정과 함께 성취감을 느끼게 된다.

② 종결준비에 대한 클라이언트의 평가

가족치료자가 종결에 대한 자신의 감정을 직면하는 것이 그가 종결을 위해 할 수 있는 첫 번째 과제라면 클라이언트가 종결시기의 판단기준에 얼마나 근접해 있는지를 평가하는 것이 두 번째 과제이다(윤현숙 외, 2001; 윤선오 · 김현진, 2016).

클라이언트가 종결한 시기에 근접한 상태라고 판단된다면 가족치료자는 종결의 가능성에 대한 토의를 시작할 수 있다. 그리고 종결을 전제로 클라이언트와 이야기를 시작한 경우에는 이를 격려하는 방향으로 나아갈 수 있다.

③ 클라이언트 가족의 반응 예측

가족치료자인 사회복지사가 종결 또는 다른 가족치료자에게 인수인계를 돕기 위해 준비해야 할 내용 가운데 하나가 종결 또는 다른 가족치료자에게 인수인계하는 것에 대한 가족의 반응이 어떠할지를 예측하는 것이다(전남련 외, 2011).

가족도 클라이언트와 마찬가지로 슬픔과 상실감 그리고 분노 및 죄책감과 안도감 등으로 많은 혼란을 느끼겠지만, 대부분의 클라이언트와 그 가족들은 마지막까지 최선을 다해준 가족치료자에게 그동안 이루어 놓았던 크고 작은 성과에 대한 성취감과 종결에 대한 수용 및 진심어린 감사의 마음을 전하게 될 것이다.

④ 종결 개입계획

가족치료자인 사회복지사가 마지막으로 종결 또는 다른 가족치료자에게 인수인계 등의 준비내용들에 대해 클라이언트에게 이야기를 하지 않았다면 종결에 대한 이야기를 언제 시작할 것인지와 종결을 위해 구체적인 개입은 어떻게 시작해야 할 것인지를 계획한다. 가족이 자연스럽게 종결에 이르는 때나 가족치료자의 직장 이전과 같은 외부적인 요인 때문에 중단해야 할 때와 같이 어느 정도 시간 조절이 가능한 경우에는 잠정적으로 생각하고 있는 마지막 상담치료 일자를 늦어도 6주 전에는 마칠 수 있도록 계획을 수립해야 한다. 가족치료자가 종결에 대해 이야기할 때 종결에 대한 이야기는 가족치료 상담초기에 시작하여야 한다(최선화, 2012).

가족치료자는 클라이언트가 나타낼지도 모르는 분노 또는 자신의 죄책감 때문에 종결에 대한 이야기를 가족상담 마지막에 꺼낼 수도 있다. 이러한 경우 대부분의 클라이언트는 자기의 감정에 대해 철두철미하게 방어자세를 취하는 경우가 있다. 그래서 사회복지사는 종결에 대한 이야기를 하기 전에 모든 가족들이 다음 상담시간에 모두 참여해 줄 것을 말하고, 혹시 불참석의 뜻을 밝힌 가족이 있는

지의 여부를 확인하는 것이 좋다. 그 후 사회복지사는 클라이언트와 그 가족들로부터 예상되는 반응에 대해 어떻게 대처할 것인지를 사전에 계획해 본다.

(4) 종결 개입과정

종결 개입과정에서 클라이언트와 그 가족이 종결에 대한 감정 처리를 성공적으로 완수할 수 있도록 하기 위해 가족치료자인 사회복지사는 클라이언트와 그 가족원들이 느끼고 표현한 감정은 적절한 것으로 판단하여 그 감정을 수용하도록 한다(임안나 외, 2011).

사회복지사는 가족원들이 치료 초기에 이룬 변화에 대한 것은 물론 가족상담 마지막 몇 주 동안 그들에게 실행한 작업에 대해 재검토한다. 이러한 가족상담 치료 전반에 대한 평가는 가족치료자와 클라이언트 가족 상호 간에 성취감을 부여할 뿐 아니라 가족이 앞으로 나아가야 할 방향을 제시하게 된다.

(5) 계획되지 않는 종결 시 대처기술

클라이언트 가족의 변화를 주의 깊게 추적해 온 가족치료자인 사회복지사는 클라이언트 및 가족이 종결하고자 할 때를 예측할 수 있어야 한다. 가족상담의 개입과정에서 가족이 갑자기 종결을 원하는 경우의 가장 보편적인 사유가 가족치료 상담을 통한 가족의 변화가 없거나 가족구성원 중 일부 또는 모두가 면담시간의 거북함을 느끼는 경우이다. 그리고 치료의 후반에 가족이 종결을 원하는 사유는 가족치료 상담에서 한동안 더 이상의 진전이 없을 때, 변화가 일어나고 있으나 그 변화를 두려워하거나 싫어하는 가족구성원이 있을 때 또는 클라이언트가 사회복지사의 특정 행동에 갑자기 화가 나거나 불쾌감을 느꼈을 때 발생할 수 있다(이영실, 2002).

가족치료자인 사회복지사는 가족에게 한 번 더 가족상담 치료를 위한 면담에 응하도록 요청하면서 한편으로는 클라이언트 및 가족이 언제, 어떻게 종결하고

자 하는지 등에 대해 파악하여 확인해 볼 필요가 있다. 이처럼 사회복지사의 진정성 있는 권유에도 불구하고 가족상담을 종결하겠다는 의지가 강한 경우 사회복지사는 가족치료 성과를 가족의 공으로 돌리면서 그 중 가능한 한 많은 것을 계속 유지해 나갈 수 있도록 도와야 한다.

11

집단대상 실천기술

1. 집단사회사업의 개념

일반적으로 인간은 사회적인 동물이기 때문에 가족이나 친구 등 다양한 유형의 집단과 서로 상호작용을 하면서 살아간다. 그래서 집단이라고 하면 2명 이상으로 조직된 구성원들의 소속감 및 공통의 목적과 관심사를 가진 상태에서 결속되고 상호 의존적이면서 상호작용하는 범주에 속한 것을 말한다(윤선오 · 김현진, 2016).

집단사회사업(Social Group Work)에 대한 학자들의 정의를 살펴보면 다음과 같다. 먼저 코노프카(Konopka, 1983)는 "의도적인 집단 경험을 통해 개인의 기량을 높여주고 개인 및 집단과 지역사회의 각종 문제를 보다 효과적으로 대응할 수 있도록 자원동원 및 원조를 하는 사회복지 중의 하나이다"라고 하였다(이애재, 2013; 윤선오 · 김현진, 2016).

프레스톤슈트(Preston-Shoot, 1987)는 "개별사회사업의 대안이 아닌 특정한 사회사업의 한 방법으로서 집단을 통해 모든 구성원들은 다양한 인간관계를 경험하고 상호 집단역동을 유발시켜 성과에 보답하며, 집단 내의 목표를 완성하는 것"이라고 하였다.

조흥식과 남세진(1997)은 "사회복지실천 중의 하나로 전문가에 따른 의도적 집단 경험을 통해 개인의 사회적 수행기능을 향상시키고 개인 및 집단과 지역의 당면과제들에 대해 보다 효과적으로 대처해나갈 수 있도록 도와주는 것"이라고 하였다.

이와 같이 집단사회사업은 의도적인 집단의 경험을 통하여 클라이언트의 개인과 집단의 욕구를 충족시키고, 사회 심리적 기능을 향상시키며 개인이나 집단의 당면한 문제를 해결할 수 있도록 돕는 현장에서의 사회복지실천 방법 중의 하나로 볼 수 있다. 따라서 집단은 2명 이상이 공통된 목표나 비슷한 인지적 · 정서적 · 사회적 흥미나 관심을 갖고 반복적으로 모여 서로에게 영향을 주고 함께 기능할 수 있는 규범을 만들며 집단적 활동을 하기 위한 목표와 응집력을 발달시키는 집단이다.

2. 집단사회사업의 목적

일반적으로 2명 이상으로 구성된 집단 또는 이론들에 대해서는 분명한 목적이 있다. 클레인(Klein, 1972)은 사회복지실천현장에서 집단은"사회사업의 한 부분인 집단구성원의 대인관계 및 환경과의 진정한 만남에 있어서 개인을 원조하는 사회복지사의 역사적 임무에 부합된 독특한 목표가 있다"라고 하였다. 따라서 그가 제시한 8가지 목표를 살펴보면 다음과 같다(남연희 외, 2012; 윤선오 · 김현진, 2016).

1) 재 활

사회복지실천에서 재활의 과정은 회복을 의미하기도 하는데 보통 사람의 작업에 있어 이전의 능력 및 수준으로 회복하는 것을 일컫는다. 이처럼 사람의 재활은 감정적 또는 정신적인 어려움이나 행동에 관한 것이라 할 수 있으며, 어떤 가치나 태도를 변화시켜 본래의 기능으로 회복하는 것이라 할 수 있다(이윤로, 2007).

2) 교육훈련

집단사회사업은 하나의 교육훈련과정이란 측면의 시각으로 해석할 수 있다. 왜냐하면 집단사회사업에서의 교육훈련은 치료보다는 오히려 성장과 발달의 의미로 일컫기 때문이다(최선화, 2012).

교육훈련이란 용어는 어려움을 가진 어떤 개인들이 어렸을 때부터 행동하는 요령을 배운 적이 결코 없었기 때문이라고 본다. 따라서 재활이라는 용어가 의미하는 것은 회복될 수 없다고 보고 교육훈련이 성장과 발달을 가져온다고 보는 견해이다.

3) 교정과 사회화

집단사회사업에서의 교정과정은 사회생활 가운데 사회관습이나 법령을 지키지 못해 어려움을 겪고 있는 사람들과 범법자 또는 폭력자들을 도와주고 교정지도를 해준 것을 말한다(윤현숙 외, 2002).

사회화과정은 사람들이 사회적으로 기대되어지는 것을 행하는 방법 그리고 다른 사람들과 더불어 같이 살아가는 방법을 돕는 것을 의미한다.

4) 예방과 사회행동

사회복지실천의 예방과정은 집단사회사업의 하나로 어려움이 발생되기 전에 그 어려운 문제를 미리 처리하고, 클라이언트들이 필요로 하는 환경적 영양물을 제공하는 것을 의미한다(윤선오 · 김현진, 2016).

사회행동의 과정을 통해 격려하는 것이 집단사회사업의 목적이 될 수 있다. 이것은 집단이 대처하고 적용하는 것 이외에 그들의 환경을 변화시키는 것을 배우도록 돕는 것을 포함한다. 따라서 집단에서 적극적인 관계를 통해 개인은 이끌어 따르게 하고 결정을 내리는데 참여하게 하여 그들 자신뿐 아니라 더 큰 지역사회에 대한 책임을 지는 것을 학습하도록 하는 것이다.

5) 문제해결하기와 사회적 가치

사회복지실천에서 문제해결하기는 사회복지실천을 통하여 집단사회사업서비스를 받게 됨에 따라 클라이언트의 문제해결 과정을 통해 사람들이 과업을 달성하고 결정하며, 사회문제를 해결하도록 집단을 이용하는데 도움을 주는 것을 의미한다(손광호, 2009).

집단사회사업은 사회적 가치의 발달을 조장하는 과정이다. 개인이 생활과 관련된 실천 가능한 사회적 가치를 발달시키는 것을 돕는 것과 관계가 있다. 따라서 집단은 동시에 이들 목적의 모두 또는 이들 가운데 하나를 위해 이용될 수 있다.

3. 집단의 종류 및 강점

1) 집단의 종류

사회복지실천의 현장에서 집단사회사업을 이해하기 위해서는 다양한 집단의 종류가 있다. 토스랜드와 리바스(Toseland & Rivas, 1995)는 다양한 집단의 종류 가운데 특히 지지집단, 교육집단, 성장집단, 치료집단, 사회화집단 등 5가지로 분류하여 제시하였는데 세부내용은 다음과 같다(설진화, 2011).

(1) 지지집단

지지집단(Support Group)은 동질적인 요구문제를 가진 성원을 대상으로 상호 지지체계로 형성된 집단을 의미한다. 여기에서 성공적인 치료집단은 지지집단으로서의 특성을 갖는다(이애재, 2013).

집단구성원들이 스트레스를 주는 생활상의 사건을 잘 대처하고, 효과적으로 적응하는데 목적을 두고 있다.

지지집단의 집단구성원은 보통 유사한 문제를 갖고 있어서 유대가 빨리 형성되며, 자기표출의 정도가 매우 높으며 경우에 따라 사회복지사는 지지집단을 직접 지도하지 않으면서 비전문가가 리드하는 자조집단에 자문을 하는 형태로 원조를 제공한다. 예컨대, 지지집단은 이혼한 부부의 자녀집단이나 아동양육의 어려움을 함께 나누는 한부모 집단 등을 들 수 있다.

(2) 교육집단

교육집단(Educational Group)은 주목적이 집단구성원들이 지식, 정보 또는 기술의 향상에 있다. 성원들이 그들 자신과 사회에 대해 배우는 것이 주요 목적인 집단들이다. 예컨대, 성교육(性教育)을 받는 청소년집단, 예비부모교육을 받는 미혼성인집단, 위탁가정의 부모가 되려는 집단, 특정 약물이나 질환에 대해 정보를 획득하려는 집단, 가정폭력 가해자 집단 등이 여기에 해당된다(이영호, 2009).

(3) 성장집단

성장집단(Growth Group)은 집단구성원의 잠재력을 발굴하여 성장의 목표를 추구하는 집단을 말한다. 성장집단은 사회심리학적 병리를 치료하기보다는 사회심리적 건강을 향상시키는데 초점을 둔다. 또한 자신의 성장기회로 집단을 활용하려는 사람들에 의해 구성된다. 예컨대, 성장집단은 부부를 위한 참 만남집단, 청소년을 위한 가치명료화 집단, 노후를 위한 은퇴 노인집단 등이 여기에 해당된다(전재일 · 이성희 · 김연희, 2010).

(4) 치료집단

치료집단(Therapy Group)은 집단구성원들의 문제개선과 행동변화 그리고 회복을 목표로 하는 집단을 말한다. 이러한 치료집단의 목적은 상실된 기능의 회복에 있다. 대개 집단구성원은 전문가에 의해 치료집단이 적합한지를 사정한 다음 공통의 문제를 겪고 있는 집단구성원들로 형성되어진다. 예컨대, 치료집단은 대인공포증으로 치료를 받는 집단, 약물중독으로 치료를 받는 집단, 건강협회에서 지원하는 금연을 원하는 집단 등이 여기에 해당된다(최규련, 2011).

(5) 사회화집단

사회화집단(Socialization Group)은 사회적 관계에 어려움을 가지고 있는 집단구성원들로 형성되어 사회생활에 필요한 사회기술을 학습시켜 사회적 행동을 배우게 하는 것이다. 사회복지사는 집단구성원들을 사회화 과제를 매개체로 하여 적극적으로 가르치고, 시범을 보이며 참여를 유도하되 사회적 역할을 학습하도록 도와주거나 원조하여야 한다. 예컨대, 사회집단은 과거에 정신장애로 고통받았던 자조모임, 공공시설에 근무한 사교클럽, 소풍, 춤과 같은 여가활동을 포함한 한부모집단, 학교에서 폭력적인 청소년들의 집단 등이 여기에 해당된다(임안나 외, 2011).

2) 집단의 강점

집단사회사업을 실천함으로 인하여 여러 가지 강점을 가지고 있다. 이러한 집단의 강점 가운데 얄롬(Yalom, 1995)이 제시한 11가지 강점에 대해 살펴보면 다음과 같다.

(1) 희망의 고취

집단구성원들이 집단에 참여하면서 경험하는 어려움을 함께 해결하고, 문제해결을 위해 그들이 변할 수 있다는 희망을 갖게 하여야 한다. 왜냐하면 이러한 희망이 커다란 치료적 가치를 갖게 하기 때문이다(전재일 외, 2010). 따라서 희망 자체로 개인의 문제를 해결하는데 치료적 힘을 갖게 해야 한다.

(2) 보편성

집단구성원 개개인의 클라이언트는 자신의 문제가 혼자만이 아님을 다른 집단구성원을 통해 알게 되고 안도를 경험하게 된다. 클라이언트는 가끔 자신의 불행한 측면이 남들과 달리 매우 독특하다고 믿으면서 치료에 임하게 된다. 왜냐하면 그 어느 누구도 자신처럼 고통스럽고 두려운 감정을 갖고 있지 않을 것이라고 생각하기 때문이다(이영실, 2010). 그래서 집단사회사업을 통하여 자신의 문제가 보편적으로 일어나고 있다는 것을 발견하고 위로를 받게 된다.

(3) 정보 공유

집단경험을 통하여 자신의 문제해결에 도움이 될 수 있는 다양한 정보를 얻게 된다. 사회복지사의 교육내용이나 집단구성원들의 제안이나 지도 그리고 충고 등을 들으면서 자기문제에 대해 명확하게 이해하게 된다. 또한 집단구성원들끼리의 정보교환 등은 정신적 치료와 함께 치료행위로 연결될 수 있다(최선화, 2012).

(4) 사회적 지지

집단에서 자신에 대한 무가치감과 낮은 자존감이 형성되어 있는 성원들은 집단경험을 통해 자신이 타인을 도와줌으로써 타인이 변화되는 것을 경험하면서 낮은 자존감과 무가치감에서 회복되거나 성장되어지는 것을 경험한다(전재일 외, 2010).

① 경청능력 증진과 의사소통 원활

사회복지실천에 있어 사회복지사의 경청능력 증진 노력은 집단사회사업 실천의 개입을 통해 경청할 수 있는 능력이 향상된다. 따라서 의사소통 원활은 보다 공개적이며 클라이언트인 집단구성원들은 집단 내에서 경험한 바를 보다 정확하게 표현해야 한다.

② 상호작용 활성화와 자기노출 시작

사회복지실천에 있어 클라이언트인 집단구성원들 간의 상호작용이 보다 자유롭고 직접적인 가운데 활성화된다. 자기노출 시작은 구성원 자신들을 다른 집단에게 알리게 되며, 자신들의 개인적 관심사를 집단 전체에게 말하게 된다.

③ 갈등 처리와 수용능력

사회복지실천에 있어 클라이언트인 집단구성원들 간의 갈등이 처리되었다는 것은 구성원들 간의 인식의 융화가 되었다는 것이다. 그래서 어떤 문제를 효과적으로 다룰 수 있게 되었다는 것을 내포한다. 또 수용능력은 구성원들 간에 피드백을 주고받을 수 있으며, 사회복지사 또는 다른 집단구성원들의 직면을 비방어적인 태도로 받아들일 수 있는 능력이 생기게 된다(최선화, 2012).

집단사회사업 실천에서 실제 개입할 때에 클라이언트인 집단구성원들의 향상된 대인관계기술은 그들 자신의 자율성을 증진시키고, 사회복지사에 대한 의존도를 상대적으로 줄이게 된다. 즉 개입단계는 집단구성원들의 변화를 이끌어 내기 위한 사회복지사의 구체적인 개입이 이루어지는 단계이다. 따라서 개입단계에서 나타날 수 있는 집단의 특성과 전문 사회복지사의 역할에 대해 정리하면 다음 〈표 11-2〉와 같다.

〈표 11-2〉 집단의 특성과 사회복지사의 역할

특성	집 단	• 집단의 문화, 행동, 규범, 갈등 발생 및 이를 해결 • 구성원의 지위, 위계질서, 역할, 리더 형성 • 구성원과 리더 실험, 신뢰할 수 있게 됨 • 구성원 간의 공통점 및 차이점 인정(존중), 집단응집력 발달
	구성원	• 집단에 대한 탐색이 점차 감소됨 • 집단구성원 간 소그룹 형성 및 하위집단 발생 • 집단 내 하위집단 간 알력 발생 • 자신의 지위 및 역할 모색 • 구성원의 독특성 인정, 집단 공헌 모색 • 집단의 중요성 내면화 • 사회복지사에게 의존하던 것이 감소되고 자기의사표현 시작
사회복지사 역할		• 집단의 현 위치 파악 : 진행상황, 갈등, 협조체계 등 • 각 성원에 대한 평가 : 태도, 관계, 행동, 동기, 목표 등 • 집단의 목적과 목표 재확인, 모든 성원 참여 유도 • 집단구성원 간 공통점 및 차이점 파악 • 집단 리더에 대한 실험 인정 • 구성원 모두가 다양한 경험을 익힐 수 있도록 협력 • 직면, 집단 갈등 해소

출처 : 김성이 외, 2005; 이영호, 2009(재구성).

(2) 개입단계에서의 실천기술

개입단계에서 필요한 사회복지실천기술은 집단을 운영하는 사회복지사의 이론적 선호와 집단의 유형 등에 따라 매우 다양하다. 따라서 집단과정 가운데 개입단계에서 공통적으로 필요한 실천기술은 집단응집력 향상기술과 집단과정을 촉진하기 위한 기술 그리고 변화를 이끌어 내기 위한 실천기술로 구분할 수 있는데 다음과 같다(엄명용 외, 2005; 이영호, 2009).

① 집단응집력 향상기술

집단응집력은 사회복지실천 현장에서 개입할 때 클라이언트인 집단구성원들이 서로에게 호감을 갖고 단결하는 정도를 말한다. 그래서 집단응집력은 집단 내에서 각자의 개성을 표현할 수 있고, 충분한 친밀을 허용하는 것으로 서로 간의 유대라고 할 수 있다. 따라서 집단응집력을 결정하는 요인은 다음과 같다.

첫째, 클라이언트인 집단구성원들이 참여하면서 집단구성원들에게 사랑받는다고 느끼고 참여하는 것을 소중하게 생각하게 되므로 집단에 대해 매력을 갖게 된다.

둘째, 집단응집력은 집단에 참여함으로써 제공되는 인센티브와 같은 자극제 등과 관련이 있다. 그리고 새로운 사람들과의 만남과 수준 높은 사람들과 교류 그리고 집단의 참여를 통해서만 얻게 되는 자원이 있다.

셋째, 클라이언트인 집단구성원이 집단에 대해서 높은 기대를 갖게 될 때에 집단응집력은 증가하게 된다.

넷째, 클라이언트인 집단구성원을 이전에 참여했던 집단과 비교를 했을 때 현재 참여하고 있는 집단에 더 만족할 경우 이들은 집단에 매력을 갖게 된다(전재일 외, 2010).

집단응집력을 향상시키기 위해서는 프로그램 활동과 집단토의들을 적극적으로 활용하여 클라이언트인 집단구성원들 간의 상호작용을 촉진시키도록 한다. 또 그들이 집단과정에 적극적으로 참여하여 목표를 달성하고 변화를 이루어낼 수 있는 유능한 존재라는 것을 인식할 수 있도록 돕는다.

클라이언트인 집단구성원 각 개인이 스스로를 가치 있고 능력 있는 존재로 믿게 되면 이들은 집단에 보다 적극적으로 참여하게 된다. 또한 그들이 기대하는 바를 명확히 하고 기대와 집단의 목적을 일치시키도록 하며, 구성원들 자신의 욕구를 집단 내에서 충족할 방법들을 파악할 수 있도록 돕는다.

집단응집력이 향상되도록 하기 위해서는 사회복지사뿐 아니라 클라이언트인 집단구성원이 집단의 내용과 방향에 대한 책임을 함께 갖고 있다는 공통된 인식이 갖추어져야 한다.

② 집단과정을 촉진하기 위한 실천기술

집단과정을 촉진하기 위한 실천기술에는 자기노출 기술과 직면 그리고 피드백 활용 기술이 있으며 세부내용은 다음과 같다.

첫째, 자기노출 기술이다. 이것은 특정 상황에서 어떠한 행동이 적합하고 효과적인지를 판단하기 위해 자신의 지식과 경험을 이끌어 내는 능력을 강조하는 기술이다. 그래서 자기노출은 언어적 표현 또는 비언어적 행동을 통해서 사회복지사가 자기 자신에 대한 정보를 의도적이며 의식적으로 누설하는 것을 의미한다(손광훈, 2009).

사회복지사가 자신의 경험이나 감정 그리고 생각 등을 클라이언트인 집단구성원에게 솔직하게 노출하는 것은 자기노출에도 영향을 미칠 뿐 아니라 사회복지사와 클라이언트 간의 신뢰관계 향상에도 기여한다.

자기노출은 사회복지사가 자신의 생각이나 감정 등을 공개하는 것이다. 즉 사회복지사가 집단에서 현재 발생하고 있는 것에 관해 자신의 생각과 감정을 공개하는 형식이다. 예컨대, 클라이언트인 집단구성원이 사회복지사의 태도와 관련된 질문을 했을 경우 그 질문에 대해 사회복지사가 갖는 생각과 감정을 솔직하게 표현하여 노출하는 것이다. 또 사회복지사가 자신의 과거 경험 등을 클라이언트인 집단구성원에게 제시하는 방법이다. 즉 사회복지사 자신의 과거 경험이 집단과정에 도움이 된다면 이를 솔직하게 표현하는 것이다.

둘째, 직면이다. 여기에서 직면하기는 사회복지사 자신이 클라이언트가 보이는 불일치를 알아차리고 주의집중기술을 활용하여 피드백을 클라이언트에게 제공하는 기술이다.

자기노출과 마찬가지로 건설적인 직면기술도 집단의 개입단계에서 필요한 핵심기술이다. 클라이언트인 집단구성원의 말과 행동 간에 불일치를 보이는 경우 또는 그들이 전달하는 메시지의 내용들 사이에 불일치를 보이는 경우 사회복지사는 클라이언트인 집단구성원을 직면하게 된다. 이러한 불일치를 보이는 상태에서 직면은 클라이언트인 집단구성원이 자신의 행동과 태도를 검토해 볼 수 있는 기회를 제공하기 때문에 이들의 성장을 위해 도움을 줄 수 있으며, 집단 전체를 보다 생산적으로 만들 수 있는 방법이 될 수 있다.

사회복지사의 건설적인 직면은 클라이언트인 집단구성원의 성장을 위해 필요한 실천기술인 것은 분명하지만 간혹 오해를 불러일으키거나 역효과를 낳을 수 있다. 그래서 직면하기 기술을 사용할 때는 특히 주의하여야 한다.

사회복지사가 직면하기 기술을 사용할 경우 타인을 존중하는 자세를 가져야 하며, 클라이언트인 집단구성원들이 인식하지 못했던 부분을 볼 수 있도록 한다는 직면의 목적을 분명히 인식하고 있어야 한다. 또한 이들에게 미치는 영향을 자세하게 설명할 필요가 있으며 세부적인 내용은 다음과 같다(손광훈, 2009).

- 법규를 위반하거나 자신이나 타인에게 긴급을 요하는 위험이 있을 경우 사회복지실천 단계에 관계없이 직면해야 한다.
- 가능하면 원조관계가 효과적으로 발전할 때까지 직면을 피한다.
- 직면기법을 함부로 사용하지 않는다.
- 직면 전달 시 따뜻하고, 걱정하고, 보살피는 마음으로 한다.
- Ct의 정서적인 긴장상태가 극단적일 때는 직면을 금한다.
- 직면을 사용한 후에는 감정이입적 반응이 뒤따라야 한다.
- 직면 후 즉각적인 변화를 기대하지 않는다.

셋째, 피드백 활용 기술이다. 여기에서 피드백은 클라이언트인 집단구성원들에게 그들의 역할수행 또는 서로를 어떻게 바라보는지에 대해 명확한 정보를 제공하는 것이다. 집단 내에서 학습이 이루어지는 가장 중요한 방법 가운데 하나로 구성원들 간에 자발적으로 피드백을 주고받도록 한다. 상대방에게 솔직한 심정으로 표현한 것이 인식되어져 피드백으로 제공된다면 이들은 자신들의 행동이 다른 성원들에게 끼친 영향을 이해할 수 있게 된다. 그래서 결국은 구성원 상호 간에 긍정적인 변화를 이루는 계기가 될 수도 있다. 또한 피드백은 구체적이어야 하며 강점에 초점을 두는 것이 좋다. 그리고 클라이언트에게 지나친 피드백을 동시에 제공하는 것은 역효과를 낼 수 있다. 따라서 가장 의미 있는 피드백이 되기 위해서는 제공하는 사람과 제공받는 사람 간의 관계를 직접적으로 다루는 것이어야 한다(조흥식 외, 2000; 윤선오 · 김현진, 2016).

효과적인 피드백 제공을 위한 방법으로 첫째, 성격보다 행동에 초점을 두어야 한다. 둘째, 판단보다는 정보교환에 주안을 두어야 한다. 셋째, 충고나 해결방안보다는 대안을 제시하여야 한다. 넷째, 타인에게 자유로운 제안을 하되 강요하지 말아야 한다(이윤로, 2007).

③ 변화를 이끌어 내기 위한 실천기술

변화를 이끌어 내기 위한 실천기술에는 클라이언트인 집단구성원의 내적 변화에 초점을 두는 개입기술과 집단구성원의 대인관계 변화에 초점을 두는 개입기술 그리고 구성원의 환경변화에 초점을 두는 개입기술이 있는데 세부내용은 다음과 같다(임안나 외, 2011; 윤선오 · 김현진, 2013).

첫째, 클라이언트인 집단구성원의 내적 변화에 초점을 두는 개입기술이다. 이것은 구성원의 인지적 측면에 초점을 두는 기술로서 역기능적이고 불합리한 사고유형이다. 그리고 신념체계를 보다 기능적이고 합리적 신념체계로 대체할 수 있도록 원조하는데 필요한 숙련기술을 갖고 있어야 한다. 이러한 기술과 기법을 인지재구성이라 하기도 한다.

인지 재구성(Cognitive Restructuring)은 클라이언트인 집단구성원들에게 원조를 잘하기 위해 하는 기술로서 사고유형에서 잘못된 논리를 밝혀내고 구성원들의 비합리적 사고과정을 논리적이고 합리적인 사고유형으로 대체할 수 있도록 하는 것이다.

둘째, 클라이언트인 집단구성원의 대인관계 변화에 초점을 두는 개입기술이다. 사회복지실천은 개별 클라이언트를 대상으로 하는 사회복지실천과는 다르게 타 집단구성원의 행동을 직접 관찰할 수 있게 한다. 또 역할 연습을 통해 특정 행동을 터득할 기회를 제공하기 때문에 특히 대인관계상의 문제를 다루는데 매우 적절한 사회기술훈련의 개입방법이다.

사회기술훈련(Social Skills Training)은 대인관계 기술의 향상을 목적으로 하는 대표적인 프로그램으로서 사회복지현장에서 널리 활용되고 있다. 이러한 사회기술훈련에서 다루는 기술은 프로그램 대상자의 문제와 세팅(Setting)에 따라 다양하다. 그러나 양육기술이나 자기주장하기 기술 그리고 말하기와 경청하기 등과 같은 의사소통기술과 친구 만들기 기술이 주로 활용된다. 이것들은 사회기술에 어려움을 갖고 있는 클라이언트에게 특히 유용하며 정신지체 클라이언트의 사회기술 향상을 위해서도 널리 사용되고 있다.

셋째, 집단구성원의 환경변화에 초점을 두는 개입기술이다. 개인의 환경변화가 이루어질 때 변화의 효과는 극대화되기 때문에 사회복지사는 개인의 변화뿐 아니라 환경의 변화에도 유의해야 한다.

클라이언트를 이해하고 격려하며 지지해 줄 수 있는 지지망을 확보하여 확충해 나가는 데 초점을 두는 개입이 필요하고 이럴 때 사회복지 프로그램의 효과성이 더욱 커질 수 있을 것이다. 예컨대, 약물남용이나 가정폭력 그리고 청소년 비행 등 사회복지실천현장에서 흔히 발생하고 있는 다양한 문제상황에서 환경의 변화를 이끌어 내는 것은 사회복지사의 핵심과제라고 할 수 있다.

4) 집단의 종결단계

사회복지사는 집단의 종결단계에 이르러 클라이언트인 집단구성원과 긍정적인 감정 및 부정적인 감정을 동시에 느낀다. 여기에서 긍정적인 감정은 목표를 성취하고 다른 집단구성원을 도울 수 있었다는 자기 만족감에서 오는 자부심과 유능감 등을 느끼게 된다. 그러나 부정적인 감정은 서로 간의 연대관계가 깨어진다는 불안감이나 상실감 등이 나타날 수 있다. 이러한 양가감정이 조화를 이루도록 종결단계에 관심을 가져야 한다. 그래서 집단의 종결단계는 지도자나 클라이언트인 집단구성원 모두에게 가장 강한 정서적 경험을 하는 시기이며, 그동안의 집단 경험을 완결하는 아주 중요한 시기이다.

집단 종결단계의 특성과 구성원의 과업 및 발생 가능한 문제 그리고 사회복지사의 주요 과제에 대해 살펴보면 다음과 같다(김혜란 외, 2006; 이애재, 2013).

(1) 종결단계의 특성

사회복지실천의 집단 종결단계의 특성은 다음과 같다. 첫째, 종결에 따른 헤어짐으로 인해 다소 현실적인 슬픔과 노여움이 있을 수 있다. 둘째, 클라이언트인 집단구성원들은 강도가 낮은 방법을 찾다보니 한발 물러선 자세로 집단 종결에 참여할 것이다. 셋째, 클라이언트인 집단구성원들은 자신들이 취해야 할 행동과정들을 결정하려고 한다. 넷째, 집단 실천현장에서 경험한 일부의 것들을 일상의 생활 속으로 이행할 수 있는 것에 대한 두려움뿐 아니라 이별에 대한 다소의 두려움이 있을 수 있다. 다섯째, 클라이언트인 집단구성원들은 그들의 두려움과 희망 그리고 서로에 대한 관심을 나타낼 수 있다. 여섯째, 클라이언트인 집단구성원들이 일상생활에서 중요한 다른 사람들을 만나도록 준비하는데 일부나마 도움이 될 수 있다. 예컨대, 역할극이나 다른 사람들과 보다 효과적으로 관련 맺기 위한 행동 준비와 같은 것들이 여기에 해당된다. 일곱째, 클라이언트인 집단구성원들은 집단 경험의 평가에 대해 적극적인 자세를 취할 수 있다. 여덟째, 클라이언트인 집단구성원들이 종결 후 사후회의 및 모임에 관하여 계획을 수립할 수도 있다. 아홉째, 변화에 대한 그들의 계획을 수행하도록 용기를 갖게 한다(남연희 외, 2012).

(2) 집단성원의 과업과 발생 가능한 문제

집단사회사업 실천의 종결단계에서 클라이언트인 집단구성원들이 직면해 있는 주요 과업은 그들의 학습을 강화시키고, 이러한 학습을 외부환경으로 이동시키는데 있다.

과업을 위해 클라이언트인 구성원들은 집단 경험의 의미를 검토하여 인식체계를 주입하고자 다음과 같은 과업을 하게 된다. 첫째, 이별과 종결에 관해 클라이언트인 집단구성원들의 느낌을 다루게 한다. 둘째, 학습준비를 위해 일상생활에 대한 구성원들의 학습의 일반화를 준비한다. 셋째, 피드백 제공을 위해 다른 사람들에게 그들이 인식하고 있는 방법에 대해 보다 나은 영상을 부여할 피드백을 제공한다. 넷째, 문제점 완성을 위해 어떤 완성되지 못한 과업이나 그들이 집단에서 제시했던 문제점 그리고 집단 내의 다른 사람들과 관련되어 있는 것을 다루게 한다. 다섯째, 클라이언트인 집단에 대한 영향을 평가하는 것이다. 여섯째, 변화계획으로 클라이언트인 집단구성원들이 원하는 변화와 그 변화를 가져오게 할 방법과 관련된 결정과 계획을 내리는 것이다(김혜란 · 홍선미 · 공계순, 2006).

집단 종결단계에서 발생 가능한 문제점들을 정리해 보면 다음과 같다. 첫째, 학습의 일반화 제한이다. 클라이언트인 집단구성원들은 그들의 경험을 재검토하는 것을 회피할 수 있으며, 그 경험을 어떤 인식체계로 주입시키는데 실패함으로써 그들 학습의 일반화를 제한하게 된다. 둘째, 접근 조심이다. 이별의 걱정 때문에 구성원들은 자신들을 가까이 하는 것에 매우 조심하게 된다. 셋째, 성장 중단이다. 클라이언트인 집단구성원들은 집단을 본질적인 목적으로 여기며, 집단 경험을 계속적으로 성장시키는 방법으로 사용하지 않는다.

(3) 전문 사회복지사의 주요 과제

① 불만족스러운 종결사유에 대한 이해

집단 종결단계에서 종결의 유형 가운데 최상으로 꼽히는 것은 클라이언트인 집단과 집단 내의 개별성원의 치료목적이 성공적으로 달성되어 더 이상의 서비스가 필요 없는 상태로 종결되는 것이다. 그러나 어떤 예기치 못한 상황으로 인하여 조기에 종료되는 경우가 있을 수 있다(전남련 외, 2011; 윤선오 · 김현진, 2016).

클라이언트인 집단이나 집단 내 개별성원이 계획에 없는 종결을 하는 경우 사회복지사는 그 원인을 파악하여 성원이 탈락하는 것을 방지하고 자신의 기술을 증진시키도록 해야 한다. 클라이언트인 집단구성원은 집단이나 사회복지사를 통해 자신의 목적을 달성하는데 전혀 도움이 되지 않을 수 있다는 것을 생각해야 한다. 그리고 어떤 갈등의 문제 및 불만으로 인해 조기에 종결해야 할 경우가 있다는 것을 항상 염두에 두고 준비해야 한다.

② 변화노력의 유지와 일반화

사회복지실천의 사회복지사는 클라이언트인 집단구성원들이 참여를 통하여 성취한 변화를 유지하고, 구체적인 변화를 성원의 주요한 생활영역으로까지 일반화할 수 있도록 도와야 한다.

변화의 유지와 일반화를 위해서는 다음과 같은 방법이 있다. 첫째, 클라이언트인 집단구성원들의 일상생활과 밀접한 관련이 있는 현실적인 사례를 집단에서 다룬다. 둘째, 클라이언트인 집단성원들의 문제에만 초점을 맞추지 말고 자신의 능력을 확인할 수 있게 하여 자신감을 고취해 나가도록 한다. 셋째, 변화유지능력을 방해하는 어려운 상황에 대비할 수 있도록 다양한 상황과 환경을 활용한다. 넷째, 변화를 통해 발생할 수 있는 긍정적인 결과에 초점을 맞추도록 한다. 다섯째, 공식적 · 비공식적인 모임을 통하여 변화를 유지하기 위해 자신의 노력을 재검토할 수 있게 한다. 여섯째, 클라이언트인 집단성원들이 외부의 갈등인 비우호적인 환경에 대해 어떻게 대응해야 할지 미리 준비시킨다. 일곱째, 클라이언트인 집단성원들이 그동안 배운 것들에 대해 자신감을 갖고 요약하거나 대처기술을 이용하는 것 그리고 자신의 문제를 스스로 해결할 수 있는 능력을 육성하도록 한다.

③ 집단에 대한 의존성의 줄이기

사회복지사는 클라이언트인 집단구성원들이 집단에 대한 의존성을 줄이기 위해 외부의 지지와 성원 자신의 기술 및 자원을 활용하도록 원조해야 한다.

집단 종결이 끝나기 몇 주 전부터 클라이언트인 집단의 종결에 대해 논의하도록 하고, 집단의 매력을 줄여 나가기 위해 그동안 성취한 것을 요약하게 하거나 요구 문제가 완성되었음을 자체적으로 토론하게 한다. 또한 집단 종결단계에서의 회합 시간을 장시간으로 계획하였다가 실제 시간은 단시간 내에 마치도록 통제한다.

④ 종결에 대한 감정의 처리

집단 종결단계에서 클라이언트인 집단구성원과 사회복지사는 긍정적인 감정과 부정적인 감정을 동시에 갖게 된다. 우선 긍정적인 감정은 최초의 목표를 성취하고, 타 성원을 도울 수 있었다는 자부심과 만족감 그리고 자신에 대한 자존감 등이다. 그리고 부정적인 감정은 서로 간의 연대관계가 무너져간다는 불안감이나 자신이 거부되었다는 느낌 또는 상실에 따른 슬픔이다. 그래서 클라이언트인 집단구성원들은 집단이 종결된다는 사실을 무시하거나 자신의 문제가 해결되지 않아서 집단을 여전히 필요로 하고 있다는 점을 나타내기 위해 퇴행을 하기도 한다(전남련 외, 2011; 윤선오 · 김현진, 2016).

사회복지사는 집단의 종결시점에서 자신의 감정을 클라이언트인 집단구성원과 상호 공유하면서 양가감정을 토론하며 격려해야 한다. 따라서 집단 종결에 대한 부정적인 감정을 완화하기 위해 클라이언트인 집단구성원들의 강점을 인식하도록 하고, 종결이 되더라도 필요한 경우 집단 사회복지사와 후원기관이 함께 성원해 줄 수 있는 역할을 함께 모색하는 것이 필요하다.

⑤ 미래에 대한 계획

집단 종결단계에서의 모든 것이 마무리 된 다음에 클라이언트인 집단구성원의 요구가 충족되지 않거나 성취하고 싶은 다른 목적이 있어서 부가적인 서비스가 필요한 경우가 있을 수 있다. 이러한 경우 구성원들이 부가적으로 회합을 희망한다면 재계약을 맺을 수 있다. 또한 사회복지사의 지도 없이 구성원끼리 만나는 자조집단을 만들도록 조언할 수도 있다. 그리고 구성원들이 새로운 위기상황 또는 문제의 재발 등으로 인해 서비스를 필요로 할 때 부가적인 서비스를 받을 수 있는 방법에 대해 명확하게 설명해 주어야 한다. 아울러 사회복지사는 조기에 종결한 것에 대해서도 필요한 서비스가 제공되도록 배려하여 미래에 대한 계획을 수립한다.

⑥ 의뢰 및 평가

집단 종결단계에서 부가적인 서비스나 자원이 필요한 경우 사회복지사는 동일 기관 내의 타 부서 또는 타 기관으로의 서비스 연결을 해 주는 것이 필요하다. 그러나 이러한 서비스 연결 의뢰는 구성원과 사회복지사가 모두 동의한 경우에만 가능하다.

사회복지사는 구성원이 의뢰될 부서나 기관에 대해 과거에 어떤 접촉이 있었는지를 확인하고, 이들에 대한 기본 정보를 서로 공유해야 한다. 또한 구성원이 의뢰되는 부서나 기관을 찾아갈 수 있도록 지도하고, 필요시 그동안 소속된 부서 및 기관의 직원과 동행하는 것도 좋은 방법이다. 그리고 사회복지사는 의뢰가 되었다 하더라도 지속적인 서비스가 잘 이루어지고 있는지를 점검해야 한다.

평가는 집단과 구성원의 목적 달성 정도를 통해 개입의 효과성을 판단할 수 있는 근거를 제공하게 된다. 또한 구성원들은 집단에서의 만족과 불만족을 표현할 수 있는 기회를 가지며, 사회복지사는 평가를 통해 획득된 정보를 활용하여 집단지도기술을 발전시킬 수 있다.

평가는 과정평가와 결과평가로 구분하며, 여기에서 과정평가는 집단이 어떻게 진행되고 결속력과 규범 그리고 역할 및 의사소통 등의 속성이 어떤가에 초점을 두며 평가하는 방식이다. 그래서 구성원들로부터 집단의 장점 및 단점에 대해 피드백을 얻거나 과정기록을 활용할 수 있다.

결과평가는 클라이언트인 집단이 구성되어 처음 시작될 때 설정한 목표가 어느 정도 달성되었는가를 평가하는 것으로 단일사례설계나 만족도 설문조사 또는 유사 실험설계방법 등이 사용될 수 있다.

12 지역사회대상 실천기술

1. 지역사회의 개념 및 유형과 특성

1) 지역사회의 개념

사회복지사가 개인과 가족 그리고 집단 가운데 어느 한 영역을 중심으로 활동하더라도 클라이언트를 이해하고 돕는 과정에는 지역사회와 관련하여 사정하고 자원을 동원하는 것이 절대적으로 필요하다. 따라서 지역사회라는 용어는 사회학 · 지리학 · 인간생태학 · 심리학 · 사회복지학 등 여러 학문 분야나 정책 분야 그리고 관련 실천 분야에서도 널리 사용되어지고 있다. 그러나 이러한 동일 분야에서도 학자들에 따라 다양한 의미로 정의되어져 있다(류상열, 2004; 전남련 외, 2011).

최일섭(1996)은 지역사회란 "다른 지역과는 다른 특수성과 분리성을 나타내는 물리적인 지리성 및 지리적 경계를 갖는 것"이라고 하였다. 이러한 지역사회는 문화적인 동질성과 합리성 그리고 자조성 및 상호작용을 내포하고 있으며, 공통된 매개가 성립되는 지역이다(김혜란 · 홍선미 · 공계순, 2006).

힐러리(Hillery, 1995)는 "지역사회 요소로 공간단위로서의 지역사회와 사회적 상호작용 단위의 지역사회 그리고 심리적 · 문화적 공통의 유대감이 핵심 요소"라고 하였다(김혜란, 2005).

최근의 지역사회의 개념은 미국의 사회학자 로버트 박(Robert Park)의 지역사회에 대한 이해에 기초하여 발전되어 왔으며, 그가 제시한 지역사회의 주요 특징은 영토를 기초로 구분되어지는 인구집단과 구성원들의 상호 의존적인 관계라는 것을 강조하고 있다(김용환 외, 2013; 윤선오 · 김현진, 2016).

이와 같이 지역사회는 여러 학자들에 따라 다양하게 제시된 견해의 차이가 있지만 궁극적으로 지역사회는 자연적 · 물리적 · 지리적 경계를 가진 지역 내에서 인간의 생활공간으로서의 상호작용과 함께 심리적 · 문화적 공통의 매개가 성립된 지역이라고 할 수 있다.

2) 지역사회 유형 분류

지역사회는 크게 지리적 의미를 가진 지역사회와 기능적 의미의 지역사회 그리고 개인적 의미의 3가지 유형으로 구분할 수 있으며 다음과 같다(Fellin, 2001; 오정수 · 류진석, 2004).

(1) 지리적 의미의 지역사회

지리적인 지역사회(Geographic Community)는 특정한 공간을 중심으로 이뤄지는 지역집단으로 지역주민 간의 정신적 공동체가 형성된 사회를 의미한다. 따라서 지리적이고 공간적인 영역의 시, 구, 군, 읍, 면, 동과 같은 행정구역집단이 여기에 해당된다(김헌호, 2011).

지리적이라는 장소에 기초를 두고 있는 지역사회는 크기나 영역 그리고 구조 밀도에 따라 변하며, 근린 지역사회로부터 대도시 지역사회로 변화되면서 확대되는 형태를 갖는다.

(2) 기능적 의미의 지역사회

기능적인 지역사회(Functional Community)는 사회적 · 문화적 동질성을 갖는 공동체나 공통된 이해와 관심을 갖고 있는 이익집단이 된다. 그리고 동질성을 갖는 지역사회는 인종, 종교, 민족, 언어, 생활방식, 성적지향, 사회계층, 연령장애, 정치적 성향, 직업유형, 출신대학 등 다양한 정책성과 관심 그리고 문화 등을 기반으로 형성된다(류상열, 2004; 김헌호, 2011).

기능적인 지역사회가 공통적으로 수행하는 핵심기능은 생산과 분배, 소비, 기능 등을 이루어 가는 경제제도와 사회화 기능을 이루어 가는 가족제도 그리고 사회통제 기능을 이루어 가는 정치제도, 또 사회통합의 기능을 이루어 가는 종교제도와 상부상조의 기능을 이루어 가는 사회복지제도가 있다(Gillbert & Soecht, 1994).

(3) 개인적 의미의 지역사회

개인적인 지역사회(Personal Community)는 지리적 의미와 기능적 의미로서의 지역사회를 모두 포함한 사회를 일컫는다. 개인의 상호작용과 서비스 및 자원의 이용 그리고 구직활동과 여가활동 등에서 개인이 참여하는 모든 지역사회를 말한다(황철수 외, 2010).

개인적인 지역사회는 구성원 개인의 상호작용 형태와 공식 · 비공식적 지지망을 포함한 자원을 이해하는데 도움이 되는 사회적 특성이 있다. 그래서 지역사회복지를 실천함에 있어서 개별 클라이언트체계에 대해 개입목표를 설정하고, 개입방법에 의거 개발 적용해야 함을 반드시 고려해야 한다(윤선오 · 김현진, 2016).

3) 지역사회복지의 특성

지역사회복지의 초점에 대해 황철수(2008)는 지역사회를 설명하면서 다음과 같이 강조하였다. 첫째, 사회복지사가 지역사회 내에 존재하는 후원자원을 발굴하고 동원하여 지역사회 요보호대상자를 보호하는 활동을 전개해야 한다. 이러한 활동을 통해 지역사회 자원과 빈곤가정을 정기적으로 연결함으로써 요보호 지역주민의 경제적 어려움을 경감시키고, 심리적 안정을 도모하는 지역사회보호활동이 되어야 한다. 둘째, 사회복지사가 잠재된 지역사회의 자원을 찾아내고 서로 연결시켜 주는 지역사회조직활동이 되어야 한다. 그래서 지역사회의 복지를 발전시키는 토대를 마련하게 되고 지역주민 스스로의 조직화를 통해 지역사회복지의 질을 향상시킬 수 있게 된다(김헌호, 2011).

지역사회 복지적 특성은 첫째, 지역성과 기능성을 포함하는 일정한 지역사회 내에서 이루어지는 데에 있다. 둘째, 지역주민 삶의 질 향상이라는 목표를 가진다. 셋째, 지역사회의 문제를 해결하고, 주민의 복지욕구를 충족시키는 기능을 갖는다. 넷째, 조직적 활동을 강조하는 전문적 서비스와 방법을 사용한다. 다섯째, 공공과 민간의 협력이 강화되는 추세로 발전하고 있다(윤선오 · 김현진, 2016).

2. 지역사회대상의 실천 모델

지역사회대상의 실천은 주로 현장실천기법에 의해 이루어진다. 여기에서의 지역사회조직은 사회문제에 영향을 주고자 계획된 행동에 집단과 조직을 참여시키는 개입방법이다. 따라서 지역사회조직은 사회제도의 발전과 변화에 초점을 두며, 계획과 조직과의 연관된 과정을 의미한다(전남련 외, 2011; 윤선오 · 김현진, 2016).

로스만(Rothman, 1987)은 지역사회조직을 지역사회개발 모델과 사회계획 모델 그리고 사회행동 모델을 제시하였는데 세부내용은 다음과 같다.

1) 지역사회개발 모델

사회복지실천의 지역사회개발(Community Development)은 지역사회의 변화를 효과적으로 이루어내기 위해 변화를 위한 목표설정과 실천행동에 광범위한 주민을 참여시켜야 한다는 것을 전제로 두고 출발한 지역사회조직사업 가운데 하나의 형태이다(Ross, 1967).

지역사회개발 모델에서 사회복지사의 역할은 안내자, 조정자, 능력부여자, 전문가, 조력자로서 지역사회의 자주적 참가능력이 증강되도록 측면에서 원조하는 것이다. 또한 비지시적이며 지역사회의 최종결정권이 중시된다. 그리고 이러한 모델을 이용하는데 있어서 지역복지관의 지역개발사업, 평화봉사단, 성인교육 분야의 지역 활동 등이 여기에 해당된다.

2) 사회계획 모델

사회복지실천의 사회계획 모델(Social Planning Model)은 전통적 지역사회조직이 갖는 과도한 과정중심의 반성, 즉 전체적 주민의 합의를 구하는 것이 비효율적이라는 것에서 시작된 모델이다(윤선오 · 김현진, 2016).

개별사회문제의 구체적 · 효율적 문제해결과 예방을 최우선 목표로 한 것이 과제중심 모델이다. 이러한 모델은 비행과 주택 그리고 정신건강 등과 같은 사회문제를 해결하고자 기술적 과정을 강조하며, 문제해결을 위한 합리적 계획수립과 통제된 변화를 강조한다. 따라서 사회복지사는 전문가로서 지역사회의 문제해결능력을 배양하거나 근본적 사회변혁을 증진시키려는 것보다 주민이 필요로 하는 물자와 서비스를 제공하는데 관심을 가져야 한다(Sanders, 1970).

사회계획 모델에서 지역사회조직가의 역할은 분석가, 계획가, 조직가, 행정가의 역할을 한다. 이러한 역할 중에서 특히 주민참여에 의한 전체적 합의를 구하는 것은 비효율적인 방법 가운데 하나이다. 따라서 사회복지사는 과학적 지식과 고도의 지적 작업 및 건실한 사회도덕을 조정하며, 계획 활동을 위해 능력을 보유하고 있는 사회적 · 정치적 엘리트들과 협동하여 이들을 이용하는 것이 중요하다. 또한 사회복지사는 사실을 발견하여 분석하고 계획을 실행하거나 촉진하는 사람으로서 전문기술자 역할과 함께 각종 관료기구와의 관계를 처리하는 전문기술 능력도 요구된다.

3) 사회행동 모델

사회복지실천의 사회행동 모델(Social Action Model)은 사회문제의 갈등과 각종 사회운동 전개에 대응하면서 제시되었다. 이러한 모델에서 사회행동은 사회정의와 민주주의 입각에서 지역사회의 불우계층에 대한 보다 많은 자원과 향상된 처우를 그 지역사회에 요구하는 행동을 의미한다(김윤재 외, 2011).

새로운 사회운동은 지역 전체가 아니라 지역 내에서 착취당하고 불리한 입장에 있는 주민층과 그들이 집단 거주하고 있는 지역이 안고 있는 문제의 해결과 조직화에 한정한다는 기술체계이다. 갈등주의 입장에서 사회의 경제적 불평등구조에 대한 제도적 변화를 추구하는 것이다. 즉 사회행동의 목표로서 보다 높은 수준의 자원과 서비스의 획득, 자원분배기구, 공적 정책의 변혁, 입법과 법제의 개정과 같은 사회적 변혁을 중시하는 과제중심 목표의 성취, 착취당한 주민층의 지역사회 의사결정에의 참여와 그들의 자립적 힘의 증대, 그들의 소외상황의 극복, 사회적 문제개선과 같은 과정목표의 달성이 동시에 중시된다(김용환 외, 2013).

사회행동 모델에서 사회복지사의 역할은 조정자, 중개자, 옹호자, 행동가 등이다. 특히 중립적 조력자보다는 소외되고 제 권리를 침해받기 쉬운 계층의 이익을 옹호하여 때로는 그들을 대신해 권리실현을 주장하고 추진하는 대변자가 된다. 또한 대변자의 한계를 극복하기 위해서는 불우계층을 비롯해 착취당한 주민층의 자발적 조직화와 그것의 지속적 발전을 원조하는 조직가로서의 역할 또한 중시된다. 예컨대, 학생운동, 여성개방 또는 여권신장운동, 급진정당, 노동조합운동, 복지권 운동, 소수인종집단, 소비자보호운동, 환경보호운동 등이다(Grosser, 1969).

이와 같은 지역사회대상 실천모델을 정리해 보면 다음 〈표 12-1〉과 같다.

〈표 12-1〉 지역사회대상 실천 모델 비교

구 분	지역사회개발(모델A)	사회계획(모델B)	사회행동(모델C)
지역활동 목표	**과정중심모델** 지역사회 활동능력과 전체적 조화	**과업중심모델** 지역사회 기본적 문제해결	**과정+과업중심모델** 권력관계와 자원 및 기본적 제도 변화
지역구조/문제상황	지역사회 상실, 아노미, 관계와 민주적 문제해결능력 결여, 정태적/정통적 지역사회	기본적 사회문제(정신/신체상 건강문제, 주택문제, 레크리에이션 등)	사회적 고통 당한 사람, 사회 부정의 박탈, 불평 등
기본변화 전략	자신의 문제규정/해결은 광범위한 사람들이 참여	문제의 사실수집, 가장 합리적 행동조치에 대해 결정	쟁점사항 구체화, 대항표적 조치 위해 사람동원
특징적 변화전술	합의, 지역의 각 집단과 이익간 교류, 집단 토의	합의 또는 갈등	갈등, 대결, 직접적 행동 협상
실천가 역할	촉매자, 조력자, 조정자, 교육자	수집자, 분석자, 프로그램추진자, 촉진자	행동옹호자, 선동자, 중개자, 협상자, 파당
변화수단	기업지향, 소집단 활용	공식적 조직/객관적 자료활용	대중조직/정치과정활용
권력구조 견해	권력구조 성원은 공동사업 협력자	권력구조는 고용주와 후원자	권력구조 외부 표적물, 공격당하고 파괴될 압제자
지역사회 범위	지리적 측면 전 지역사회	전 지역사회, 사회의 일부	지역사회의 일부
성원 간 이해관계	공통이해나 조정 가능한 차이로 봄	조정 가능하거나 갈등상황으로 봄	쉽게 조정 못할 힘든 갈등상황으로 봄, 자원의 희소성
수익집단 개념	시 민	소비자	희생자
수익자 역할	상호작용적 문제해결과정에 대한 참가자	소비자 또는 수혜자	고용주, 임명자 동료
임파워먼트 활용	협동적/의사결정 가능한 능력 구축, 개인적 승리감 증진	소비자 서비스욕구 규명, 자기서비스 선택 사항 이해	수익자실제권력획득, 의사결정영향 줄 권리/수단, 참여자와 승리감 증진

출처 : 이영실 외, 2011(재인용).

3. 지역사회복지의 실천과정

지역사회복지의 실천과정은 개별사회사업이나 집단사회사업과 같이 문제파악 –계획수립–계획실행–기록평가의 순으로 전개된다. 따라서 이러한 지역사회복지의 실천과정을 세부적으로 살펴보면 다음과 같다.

1) 문제파악 단계

지역사회사업을 진행하기 전에 지역사회를 사회적 · 문화적 · 역사적의 고유한 요소를 내포한 존재로 이해하는 것이 중요하다. 또한 제반 문제를 개별화하여 파악하는 것이 전제가 되어야 한다. 따라서 지역사회사업은 지역구조와 특정인구 동태 및 자치회 등의 주민조직이나 사회자원 그리고 산업구조 외에 지역의 역사와 주민들의 의식에 관한 기존자료 또는 조사보고서 등을 수집하고 지역사회의 전체성을 정확하게 파악해야 한다(전재일 · 이성희, 2004).

지역주민의 요구문제를 파악하기 위해서는 지역사회의 문제를 발견해야 한다. 이러한 문제를 파악할 때는 지역의 기존 자료를 참고해야 되지만 실제적으로 조사를 해야 할 경우가 있다. 또한 대상이나 문제를 한정해서 지역답사를 하거나 주민간담회에 참가해서 복지적 요구를 파악하고, 이러한 문제를 해결할 동기부여로 연결시키는 것도 중요하다. 따라서 요구문제가 발견되면 그 해결을 위해 모든 조건을 검토하는 지역사회 진단의 첫 단계 작업이 진행된다. 특히 지역사회 진단을 위해서는 주민의 문제의식 정도와 문제의 발생원인 그리고 요구문제와 사회자원의 관계가 어떠한지가 매우 중요하다(윤선오 · 김현진, 2016).

지역사회 진단의 주요 핵심사항에 따른 자료 반영 방향을 정리해 보면 다음 〈표 12-2〉와 같다.

〈표 12-2〉 주요 진단의 핵심사항과 자료 반영 방향

주요 진단의 핵심사항	자료 반영 방향
주민의 문제의식 정도	문제를 다루는 순서 확정시 판단자료
문제의 발생원인	문제예방 및 해결책을 마련의 기초 요건
요구문제와 사회자원의 관계	주민요구에 따른 자원유무는 문제해결 방안(전망) 자료

2) 계획수립 단계

지역사회복지 실천단계의 계획수립은 사업계획과 조직계획 그리고 재정계획 등이 포함된다. 먼저 사업계획은 문제해결의 우선순위를 확정한 다음에 달성할 목표를 설정하는 것이다. 즉 단기 및 중·장기적인 목표의 설정과 그 달성을 위한 시책 그리고 사회자원의 동원에 대한 필요성 검토 등의 계획이 세부적으로 포함될 수 있다.

조직계획은 문제해결을 위한 조직 만들기를 하는 것으로서 여기에는 지역의 지도층 등을 중심으로 조직화하고 이러한 조직 활동이 지역 전체로 확산되어져 가는 과정을 목표로 하는 것이 일반적이다.

재정계획의 내면은 공공기관의 예산보다는 유연한 성격을 갖고 있는 것이 특징이다. 그래서 재정계획은 공동모금 등의 기존의 민간재원 활용과 함께 자체적으로 재원을 확보하기 위한 지역사회 바자회 등을 개최하여 주민참여를 독려할 수도 있다. 그리고 기타 홍보활동은 계획수립 단계부터 실행 단계까지의 과정을 보조하는 것이다. 이러한 목적은 지역사회의 문제상황과 지역사회복지 실천의 필요성을 여러 주민들에게 홍보하여 정보의 공유화를 도모하고, 문제해결을 위한 참여에 동기를 부여하는 것이다. 그래서 광고에는 TV 및 컴퓨터와 인터넷 SNS 등의 다양한 정보매체의 이용이 가능하고 커뮤니케이션을 도모할 수 있는

주민간담회 및 공청회 그리고 연수회 등과 같은 참여방식도 좋은 방법이 된다.

3) 계획실행 단계

지역사회복지 실천에 있어서 계획실행 단계는 주민의 복지에 대한 이해와 주체적인 활동을 촉진하는 지역조직 그리고 사회자원 개발 및 공사의 관계기관, 시설 및 단체 등의 연락조정을 도모하는 복지조직화의 전개가 중요하다. 따라서 주민 스스로의 노력이나 사회자원의 동원으로는 문제해결이 되지 않을 경우 사회행동을 도모하는 주민집회를 검토할 필요가 있다.

지역조직화는 지역주민이 주체적으로 문제해결을 도모할 수 있도록 지역사회에서 활동하는 모든 측면에서 원조하는 과정이다. 이러한 과정에는 고령자 및 장애인과 그 가족 등을 대상자로 하여 조직화하는 것이 가장 중요하고 또한 지역사회에서의 활동을 위한 기반조직을 구성하는 것이 필요하다. 그리고 대상자의 문제해결이나 요구에 대응하는 볼런티어(Volunteer) 활동의 촉진을 도모하는 것도 검토해야 한다(윤선오 · 김현진, 2016).

복지조직화는 사회자원의 동원 및 개발이 가장 중요하기 때문에 지역에 있어서 사회자원은 시설, 서비스, 상담기능, 각종 수당이나 융자제도 등의 제도적 자원 그리고 대상자 조직과 볼런티어(Volunteer) 그룹 등 지역조직의 자원뿐 아니라 가족이나 이웃관계 등의 비공식적 자원까지도 포함된다. 그 후 사회자원을 효율적으로 활용해서 욕구를 충족시키기 위해 관계기관 및 단체 간의 연락조정을 도모하고 시스템을 구축해 나가야 한다.

사회자원의 개발 등에서 지역주민들 간의 이해 충돌이 있을 경우 지역조직화 및 복지조직화에도 곤란을 겪을 수 있다. 이러한 경우 불이익을 받을 특정의 주민을 위해 주민집회를 할 수 있다. 주민집회는 주민들 각자의 주체성과 자유의지를 존중하고, 각자의 요구와 사고를 충분하게 반영한 자유로운 토의에 의해서 결론을 얻는 것을 원칙으로 해야 한다.

4) 기록평가 단계

지역사회복지 실천을 위한 문제파악으로부터 계획실행까지의 과정을 통해 최종단계인 평가가 이루어진다. 이러한 평가는 과제의 목표달성 정도 및 지역진단과 계획실시의 타당도 그리고 과정목표 등을 평가하게 된다(김용환 외, 2013).

과제목표는 사회자원의 개발 및 정비 등의 구체적인 과제의 달성 정도를 말한다. 그리고 재정효과의 정도 또는 주민의 요구를 어느 정도 충족하였는지를 양적 · 질적으로 평가한다. 아울러 어떤 기관 및 단체가 어느 정도 공헌했는지의 평가도 함께 진행되어야 한다.

과정목표는 계획수립에서부터 계획실시까지의 과정에 있어 지역주민의 주체형성의 정도와 관계기관 및 조직의 활동을 긍정적으로 평가하는 것이 되어야 한다. 즉 활동에 대한 지역주민의 관심도나 참가도 및 연대감의 정도, 기관 및 조직 간의 연계나 협력체계의 수준, 지역사회 문제에 대한 해결능력 향상 정도 등이 평가의 주요 핵심이 되어야 한다.

4. 지역사회복지 실천의 개입기술

일반적으로 지역사회는 지역주민들의 삶에 직접적인 영향을 주는 자연환경적인 터전을 제공하며, 지역민들의 요구나 문제를 해결해 나갈 수 있는 자원을 포함하고 있다. 이러한 지역사회에서의 주민복지와 관련된 사업의 중심에 위치한 사회복지사는 먼저 지역사회를 이해하는 것이 무엇보다 중요하다. 따라서 지역사회복지 실천의 개입기술로 조직화 기술, 연계기술, 옹호대변기술, 자원개발동원 기술, 지역사회지도, 홍보기술이 있으며 다음과 같다(서혜석 외, 2011; 윤선오 · 김현진, 2016).

1) 조직화 기술

사회복지실천기술에서 가장 기본적인 기술의 하나가 조직화 기술이다. 이것은 지역사회 전체 또는 일부 집단을 하나의 역동적 실체를 만들어 나가는 과정에서 활용된다.

조직화 기술에서 기관 간의 성공적 협력을 위해 필요한 조건을 살펴보면 다음과 같다. 첫째, 자발적으로 협력 활동에 대한 참여를 유도한다. 이것은 자발성 없이 강제성을 띠며 협력의 성과를 기대하기 어렵고 형식적으로 흐른다. 둘째, 협력에 대한 공동의 목표를 가져야 한다. 왜냐하면 각 기관마다 그 기관이 기반하고 있는 철학이나 사명 그리고 인식이 다르기 때문이다. 셋째, 지속적인 협력이 이루어지기 위해서는 중요한 결정이 민주적으로 이루어져야 하고, 특정한 기관이나 전문가 집단이 협력에 참여하는 다른 집단이나 전문가 집단을 지배하지 않도록 해야 한다. 넷째, 참여하는 기관들은 신뢰를 잃지 말아야 한다. 각자 다른 기관의 목적이나 가치 그리고 운영방식과 기관에 의해 서비스를 받는 클라이언트를 이해하며, 협력 활동에서 다른 기관이 기여하는 부분을 인정하고 신뢰해야 한다. 다섯째, 참여하는 각 기관은 책임소재를 명확히 하고 문서화한다. 여섯째, 참여하는 각 기관 간의 개방적 의사소통이 이루어지도록 해야 한다. 일곱째, 직원에게 관련교육과 훈련기회를 부여하거나 연계활동을 위해 외부회의에 소요되는 시간 등을 인정해야 한다. 여덟째, 공동교육 및 훈련의 기회를 통하여 관련 기관의 전문 분야 간의 상호 이해와 의사소통기술을 촉진시킨다. 아홉째, 협력 활동에 의해 영향을 받는 지역사회의 각 분야 대표자들을 모두 포함해야 한다(오봉욱 외, 2015).

지역사회실천에서 조직화는 지역사회의 당면 문제를 해결하기 위해 전체 주민을 대표하는 일정 주민을 선정하여 모임을 구성하는 것을 의미한다. 지역사회실천가는 지역사회가 처한 상황과 해결 방향에 따라 합당한 주민을 선정하여 대표 모임을 만들고, 이러한 조직이 지역사회의 요구 및 문제를 해결해 나가도록 돕는다.

한편 지역사회실천가는 조직된 주민대표 모임을 유치하는 것에 관여해야 한다. 이렇게 조직한 모임은 사후관리를 통해 유지할 수 있다. 또한 실천가는 조직 구성원들이 서로 협력하면서 조직이 목표하는 바를 성취할 수 있도록 도와주어야 한다(김용환 외, 2013; 윤선오 · 김현진, 2016).

이와 같은 조직화의 의미와 필요성에 따라 세부 조직화기술 과정은 목표설정, 전략 수립, 주요 주민접촉, 주민 설득, 조직 결성, 결원 보충, 평가, 적용원칙의 순으로 진행된다.

(1) 목표설정

사회복지실천의 조직화 기술에서 목표를 명확히 설정하고, 이렇게 설정한 목표는 반드시 명분이 있어야 한다. 그래서 목표는 가능한 단순하게 설정하는 것이 좋다. 이처럼 목표가 단순해야 하는 이유는 조직화의 초기에 참여한 성원들에게 부담을 줄 수 있고 무겁고 복잡한 것을 방지하기 위해서이다.

(2) 전략 수립

조직화 기술과정의 전략 수립은 설정한 목표를 효과적 · 효율적으로 달성하기 위해 합당한 전략을 수립해야 한다. 특히 지역사회실천가는 미래 전략 차원에서 한번 수립된 조직은 무궁한 발전이 지속되도록 전략계획을 수립해야 한다.

(3) 주요 주민접촉

조직화기술 과정의 주요 주민접촉 단계에서 지역사회실천가는 이론적 지식을 바탕으로 개발된 기술과 기법을 적용하되 2가지 이상의 성과를 위해 전술을 활용한다.

지역민을 처음 접하는 조직화의 초기과정에서 지역사회실천가는 첫 만남을 갖는 것이 어렵고 또한 스트레스를 받을 소지가 많다. 왜냐하면 지역사회실천가는 직분에 따라 주어진 의무를 다해야 하는 부담감 때문이다. 그러나 어느 정도 지역주민이 참여하여 조직의 형태를 갖추게 되면 나름대로의 보람과 긍지를 가질 수 있게 된다.

(4) 주민 설득

조직화기술 과정의 주민 설득은 조직화 목표와 상대 주민의 여건을 반영하여 이루어져야 한다. 뿐만 아니라 조직가는 주민을 원활하게 설득하기 위해 무엇보다 성실해야 한다. 왜냐하면 대부분의 주민들은 조직가의 강압보다는 조직가의 성실함을 따져보고 참여할 것인지를 판단하여 결정한 다음 자율적으로 참여하기를 바라기 때문이다.

(5) 조직 결성

조직화 기술과정의 조직의 결성은 조직의 이름을 만들고 임원을 선출하며, 규정을 만드는 과정이다. 특히 사물의 이름에는 어떤 느낌을 상기시킨다는 파워가 있다는 것을 고려하여 조직의 이름을 정하고 결성해야 한다.

(6) 결원 보충

조직화 기술과정에서 만들어진 조직의 성원은 건강, 경제, 이사, 사고 등 본인의 의사와는 별개로 언제든지 조직을 떠날 수 있다. 따라서 지역사회실천가는 이러한 것을 대비하되 갑자기 결원이 발생했을 때 지체 없이 보충할 수 있는 대책을 강구해야 한다.

(7) 평 가

조직화 기술과정의 평가는 재조직화를 통해 새로운 목표를 설정하여 활동할 수 있다. 따라서 이러한 평가는 여러 유형 가운데 중간 평가의 성격을 갖고 있다.

(8) 적용원칙

조직화 기술과정의 마지막은 적용원칙을 정하는 것이다. 따라서 이러한 적용원칙을 정리해 보면 다음과 같다. 첫째, 다양한 조직화 기술을 익히되 지역사회의 유형별 특성과 지역사회실천 현장의 상황에 부합된 기술을 적용해야 한다. 둘째, 조직의 결원은 발생즉시 보충해야 한다. 셋째, 지역사회실천 목표를 설정한 다음에는 반드시 주민대표자 모임을 조직한다. 물론 상황에 따라 주민의 사정을 살펴보고 이들의 능력을 고려한 다음 목표를 수립할 수 있겠지만 지역사회 외부에서도 개입이 가능하기 때문에 지역사회의 요구나 문제해결에 우선권을 두는 것이 바람직하다. 넷째, 조직구성원들 간의 여러 가지 갈등이 있을 수 있다. 물론 이러한 갈등을 극복한다는 것이 매우 어려운 과업일 수 있겠지만 모든 조직구성원이 협력하여 해결할 수 있도록 유도한다. 다섯째, 조직의 원만한 유지와 성공적으로 목표를 달성하기 위해 조직구성원들 간의 친목을 위해 기회를 마련해야 한다. 여섯째, 지역사회실천가는 가급적 지역주민과 함께 살아가야 한다. 예컨대, 지자체장을 포함한 지역공무원들에게 근무지역에 주소 이전하기 및 가족과 함께 살기 운동 같은 경우이다. 일곱째, 지역사회 조직가는 조직화를 위해 합당한 권위를 지녀야 한다.

2) 연계기술

지역사회복지 실천기술에서의 연계기술은 지역사회복지와 관련된 연계를 통하여 사회적 지지를 위한 공동체를 만들어 가는 것이다. 지역사회 내의 주민 간의 관계를 강화하여 연계망이라 일컫는 사회적 자산을 형성해 나가는 것이다. 이러한 사회적 연계망은 개인이나 단체 및 기관 그리고 이웃 등 다양한 조직과 관련되어 있다. 따라서 지역사회의 사회복지사의 연계기술을 제시하면 다음과 같다(Richaedson, 2001).

- 연결도움은 지역사회 또는 지역주민이 필요한 자원이나 서비스임
- 지역사회 내 유용한 자원, 정보, 이용할 지역주민의 능력이 부족할 경우 연계기술 필요
- 자원을 효과적으로 관리하기 위해 정기적 모임 및 회의 등을 갖고 서비스 중복 방지
- 요구문제를 충족하기 위해 패키지서비스나 원스톱서비스가 되도록 연계

3) 옹호대변기술

지역사회복지 실천기술에서 옹호대변기술은 지역사회 내의 클라이언트들이 정당한 처우나 서비스를 받지 못하는 경우에 옹호대변기술이 활용된다. 따라서 강력한 영향력이 있는 표적 집단에 대해 압력을 행사하는 것을 포함하고 있는데 이러한 옹호활동의 핵심은 다음과 같다(윤선오 · 김현진, 2016).

- 제공되지 않은 자원과 서비스를 C't에게 얻을 수 있도록 함
- 불리한 영향을 주는 실천, 절차, 정책 수행되도록 C't를 도움
- 새로운 법률과 정책 증진키 위해 필요한 자원과 서비스제공 받을 수 있도록 C't를 대표해서 일하는 과정

지역사회복지의 옹호대변기술에서 옹호활동의 적절한 사용시기와 집단 옹호활동 개입 시 유의사항은 다음 〈표 12-3〉, 〈표 12-4〉와 같다(황철수 외, 2010; 윤선오 · 김현진, 2016).

〈표 12-3〉 적절한 옹호활동 사용 시기

1	기관/직원의 자격이 된 C't에게 서비스와 혜택 제공을 거부할 때
2	비인간적 방법으로 서비스를 전달할 때
3	인종, 종교, 신념 외 다른 이유로 C't가 처벌을 받을 때
4	서비스와 혜택의 차이로 인해 곤란과 역기능이 있을 때
5	정부/정책이 자원과 혜택이 필요한 C't에게 부정적 영향 미칠 때
6	C't를 위해 효과적 행동을 할 수 없을 때
7	지원이 없어 여러 사람의 공통된 요구가 해결되지 못할 때
8	위기상황 시 C't가 즉시 서비스/혜택을 받아야 할 특별 요구가 있을 때
9	C't가 시민 또는 법적 권리를 거부당할 때
10	조직시설, 절차가 C't에게 부정적 영향 미칠 때

출처 : 윤선오 · 김현진, 2016(재인용).

〈표 12-4〉 집단 옹호활동 개입 시 유의사항

1	성공적 옹호활동은 신중한 분석과 계획의 기초가 되므로 무엇을 볼 것인지 문제에 대한 면밀한 연구 필요
2	변화될 대상과 변화이유, 변화 위한 노력이 왜 필요한지 이해/숙지
3	행동 취하기 전 목적달성에 필요한 시간, 에너지, 자금 등 조사, 자원부족 시 목표 수정 또는 목표 달성 수준 될 때가지 기다림
4	반대세력 변화 저항에 대한 이유 파악 위해 역지사지 자세 필요, 저항 성공적 극복 위해 상대 이해
5	성공적 옹호에 자기규율 유지, 연대 형성기관 간 상호신뢰 중요하며 충동적 행동 자제
6	옹호활동에 권력사용 포함됨, 사회복지사의 권력은 지식과 전문성 바탕으로 옹호 필요한 집단의 상황과 문제에 대한 세부정보로 강력한 영향력 행사
7	언론매체를 통해 정보획득하여 활용(TV, 인터넷, 신문 등)

출처 : 윤선오 · 김현진, 2016(재인용).

4) 자원개발동원 기술

지역사회복지 실천에서 자원개발동원 기술은 매우 중요한 기술 가운데 하나이다. 이러한 자원개발동원은 자원봉사활동과 깊은 연관이 있다. 왜냐하면 자원봉사활동은 기본적으로 가장 가까운 지역사회에서부터 출발하는데 그 이유가 자신이 생활하는 지역에서 활동할 수 있을 때 시간이나 금전 등의 절약과 책임감을 통해 지역민 스스로가 지역문제를 해결하며, 안전하고 쾌적한 생활공동체를 만들 수 있기 때문이다. 그래서 자원봉사를 통해 지역사회를 돕도록 인적자원 관리 기술이 필요하다(전희수, 2015; 윤선오 · 김현진, 2016).

자원개발동원을 하게 되면 지역주민 상호 간에 서로 돕고 의지하며, 내가 사는 지역사회의 주인이라는 주인의식을 갖게 한다. 또한 지역사회에 대한 공동체의식과 연대의식을 갖도록 하는 핵심 단체이다. 따라서 효율적인 자원을 개발하여 동원하려면 여기에 필요한 기술이 있어야 하는데 다음과 같다(최덕경 외, 2012; 윤선오 · 김현진, 2016).

- 자원봉사자들의 요구를 충분히 반영할 수 있어야 함
- 인적자원봉사자 관리에 있어 사회복지조직의 핵심 기본가치로 전제됨
- 자원봉사자 관리가 전문화되고, 이를 위한 자원봉사 조정기관 및 활용기관의 역할 분담 이뤄져야 함
- 자원봉사 효과적 지도감독 위해 전담직원 배치 필요

이와 같이 자원봉사하는 인적자원이 관리되는데 있어 무엇보다 중요한 것은 체계적으로 관리함으로써 자원봉사와 기관에 많은 관심과 봉사 또는 후원에 대한 사회적 분위기가 확산되도록 지역주민들의 참여를 유도하는 것이다.

5) 지역사회 지도 그리기

지역사회복지 실천기술에 있어서 지역사회 지도(地圖)는 클라이언트가 개인적으로 표현한 것으로 가계도나 생태도 그리고 생활력을 의미한다. 따라서 지역사회지도는 지역사회실천가뿐 아니라 전체 참여자들이 개입하려는 지역사회를 일목요연하게 이해할 수 있도록 돕기 위한 중요한 자료가 된다. 따라서 이러한 지역사회지도를 그릴 때 지역사회에 관한 3중 이해 틀을 토대로 그려 보는 것이 중요하다. 왜냐하면 이러한 그림을 통해 지역사회의 문제상황과 개입의 방향을 점검하는데 유익할 뿐 아니라 이러한 작업으로 지역사회를 명확히 파악한다면 보다 적극적인 참여를 기대할 수 있기 때문이다(김경호, 2011).

이와 같이 지역사회지도를 그릴 때 다음과 같은 고려요소가 반영되어야 한다.

(1) 지역사회 탐색

지역사회실천가를 포함한 모든 참여자들은 마젤란(F. Magellan)이 처음 바다 항해에서 물만 보았듯이 지역사회를 탐색하는 단계에서 무엇을 볼 것인가라는 의문을 갖고 세밀히 살펴야 한다. 특히 지명(地名)이란 것은 아무 연고 없이 생겨날 수가 없고, 무언가 내력이 있을 수 있다(김헌호, 2011).

최재용(2003)은 "모든 지명에는 거의 예외 없이 그 지역의 오랜 사연이 담겨 있다"라고 하였다. 이처럼 지역사회와 관련하는 지명의 유래나 의미를 찾는 데 관심을 가져야 한다.

(2) 지역사회 범주 확정

지역사회실천가는 개입하려는 지역사회의 범주를 결정할 때 지역사회실천가가 임의로 할 수 있지만 지나치게 인위적이어서는 안 된다. 예컨대, 역량에 합당한 수준에서 지리적 조건 요소인 단지나 블록, 도로, 건물의 공통성 등을 고려하여 정하는 것이 더욱 바람직하다.

(3) 지역사회 구성요소 파악

지역사회실천가는 지역사회를 구성하는 요소별로 지역사회의 상황을 파악하고, 이렇게 파악한 내용 가운데 중요한 기관이나 시설 등을 지역사회지도에 표기할 수 있도록 선정한다.

(4) 지역사회 환경 파악

지역사회실천가는 기본적으로 지역사회실천 측면에서의 인위적인 환경을 파악하고, 특히 생태학 측면에서의 자연환경을 파악하여야 한다. 이렇게 파악한 내용을 지역사회지도에 특정 색으로 표기할 수 있도록 한다.

(5) 지역사회 역동 파악

지역사회실천가는 지역사회를 구성하는 지역주민들의 관계나 기관 및 단체들 간의 관계를 파악하여야 한다. 이렇게 파악한 내용을 지역사회지도에 특정 표시로 표기하거나 문장으로 간략하게 기술하여 참고할 수 있도록 한다.

(6) 지역사회지도 그리기

지역사회실천가는 본격적으로 지도를 그릴 때에 객관적인 입장에서 누구나가 쉽게 이해할 수 있도록 상세하고 정확하게 그려야 한다. 물론 지도를 그리는 사람에 따라 다르게 그려질 수 있겠지만 가급적 주관적 입장에서 탈피하여 객관적 입장에서 그리는 것이 중요하다.

(7) 적용원칙

지역사회 지도를 그리는 데 있어서 지역사회실천가는 다음과 같은 원칙을 준용하여 작업에 임하여야 한다. 첫째, 지역사회지도 그리기를 통해 개입하려는 지역사회에 대해 명확한 이해뿐 아니라 합당한 개입방안에 대한 단서를 찾아낼 수 있어야 한다. 둘째, 지역사회실천을 진행하는 동안 지역사회는 변화·발전하므로 이러한 현상에 따라 지역사회지도의 해당 부분을 수정 및 보완해야 한다. 셋째, 합당한 지역사회지도를 그리기 위해 관공서와 상호 협력관계를 유지해야 한다. 예컨대, 해당 지역사회 내의 동사무소와 파출소 그리고 학교 및 복지관 등은 주요 기관이라 할 수 있기 때문에 누락되어서는 안 된다. 넷째, 지역사회에 관하여 말로 설명하는 것보다 지도로 명확히 표현할 수 있어야 한다. 다섯째, 기관 및 시설 방문객, 프로그램 참여자, 후원자들이 관련 지역사회를 일목요연하게 보고 이해할 수 있도록 지역사회지도를 그려야 한다(김혜란, 2005).

6) 홍보기술

지역사회복지 실천기술에 있어서 홍보기술이 필요한 것은 지역사회의 제반 현안을 지역사회의 모든 주민과 함께 관심을 갖고 지역사회 외부인사들에게 더욱 효과적으로 알려야 하기 때문이다.

지역사회복지 실천은 지역사회의 요구나 문제를 해결하기 위해 지역사회 주민과 지역사회 외부의 다양한 인력과 기관 등이 참여해야 하는 것이기 때문에 그 실상을 올바르게 이해하도록 홍보해야 한다. 또 지역사회복지 실천에서 홍보기술은 최소 비용으로 지역사회 주민과 지역사회 외부 관련자들에게 지역사회 실천과 관련된 프로그램을 상세히 알릴 수 있는 구체적인 방법을 의미한다(김윤재외, 2011; 윤선오 · 김현진, 2016).

지역사회실천가는 홍보매체의 특성과 홍보심리를 이해하고, 지역사회의 상황을 고려하여 홍보전략을 수립하여야 한다. 또한 단위 프로그램의 명칭을 적절히 만드는 것도 홍보의 한 부분이며 기술이다. 따라서 홍보기술에 포함되는 내용을 제시하면 다음 〈표 12-5〉와 같다.

〈표 12-5〉 **홍보기술에 포함 요소**

홍보요소	세부기술 내용
목표결정	• 홍보수준 결정, 홍보규모 결정
방법결정	• 홍보매체 결정, 홍보매체 전달방법 결정 • 홍보에 참여할 인원 결정
내용결정	• 기존 홍보물 분석 후 새로운 홍보물 계획 결정 • 홍보에 참여자 정식 회의를 통해 내용 결정
홍보물 제작	• 과장된 표현 지양하여 소비자들에게 신뢰감 향상 • 상투적 표현 자제(소비자들 호소력 극대화) • 홍보내용 보다 체계적/구체적으로 기술 • 홍보물 디자인 홍보내용 이미지와 맞게 제작 • 논리적인 내용 반영하여 제작 • 시선을 모을 수 있는 색상 사용 • 소비자 중심의 정보 제공에 초점 맞추어 제작 • 지역사회 특성과 문화에 맞게 제작
홍보실시	• 결정된 대로 이행 • 결과 함께 홍보과정 평가

지역사회복지 실천에 있어서 홍보기술의 적용 원칙은 다음과 같다. 첫째, 홍보 대상의 특성과 문화에 따라 이에 합당한 홍보방법을 선택한다. 홍보는 알리려는 내용이 지역사회 주민들에게 호소력 있게 전달되어야 할 뿐 아니라 홍보에 드는 비용과 인력을 고려해야 한다. 둘째, 홍보내용을 정하는 데에 신중해야 한다. 홍보내용은 그 방법에 따라 달라지는데 먼저 문자사용을 어법에 맞게 사용해야 한다. 특히 성차별이나 언어폭력 그리고 성적(性的) 표현과 같은 내용은 금해야 한다. 셋째, 기존의 명성을 최대로 활용하여 후속성을 표현할 수 있는 홍보가 바람직하다. 예컨대, 사회복지요양원을 개설하면서 이미 사회복지요양원으로

유명한 상표를 그대로 이용하는 것은 금해야 한다. 넷째, 다양한 방법을 활용하여 모든 수단을 동원하여 홍보하는 것도 고려해야 한다. 이것은 특정적으로 한 가지 방법만으로는 한계가 있기 때문이다. 예컨대, 멘토링 프로그램(Mentoring Program)을 위한 멘토(Mentor) 모집 홍보물을 현수막이나 포스터 그리고 전단지 등을 동시에 활용한 것이다. 다섯째, 전략적으로 현수막 게시나 광고물 부착을 통해 사전에 분위기를 조성하는 것도 바람직한 방법이다.

PART

4

사회복지실천기술의 기록 및 평가

13 사회복지실천기술의 기록

사회복지실천과 서비스 전달에 있어서 기록은 매우 중요한 역할을 차지해 왔다. 일반적으로 대부분의 실무자들은 그 실천현장에서의 기록이 행정 위주의 발상임을 이유로 등한시되어 왔던 것이 사실이다. 그러나 사회복지사는 클라이언트를 관리적 차원에서 기록을 해야 하고, 서비스의 목적이나 과정 영향에 대해서도 기록을 해야 한다. 이러한 기록은 클라이언트의 상황을 확인하며 기술하고 사정하여 서비스의 목적과 활동을 비롯한 서비스전달 과정을 나타낸다. 또한 클라이언트에 대한 개입의 효과 여부를 평가하는 근거를 제공한다. 따라서 사회복지사에게 있어서 효과적인 기록은 매우 중요한 역량 가운데 하나이다.

1. 기록의 목적과 중요성

1) 기록의 목적

사회복지실천기술에 있어서 기록의 목적은 여러 학자에 따라 다양한 유형으로 분류하여 제시되고 있지만 본 서적에서는 카글레스와 윌슨(Kagles & Willson)이

제시한 것을 바탕으로 하여 살펴보면 다음과 같다(윤현숙 외, 2002; 전남련 외, 2011).

(1) 문서화를 통한 실천 활동의 산물

일반적으로 사회복지사들은 클라이언트를 대상으로 처음 적용된 사례에서부터 종결하여 마칠 때까지 이들에게 제공된 각종 서비스의 내용이나 여러 가지 과정 그리고 목표 달성에 따른 성과 등을 기록하며 문서화한다. 이러한 과정에서 특히 클라이언트와의 만남과 지역사회기관 및 시설을 상대로 했던 각종 세미나 또는 협조회의 그리고 사회복지기관 내에서의 자체 토론회 등을 포함한 실무 회의 등에 대해서도 문서로 기록하여 정리하고 있다. 이처럼 필요에 의해 기록된 것들이 문서화되지 않는다면 시간이 지난 다음에 무엇을 그리고 어떻게 서비스를 제공하였는지에 대한 결과를 확인한다는 것이 결코 쉬운 일이 아닐 것이다.

실천현장에서 문서로 기록된 정보는 사회복지기관이 약속한 프로그램 및 정책적 지침을 실제로 이행하고 있음의 근거가 되고, 사회복지 프로그램에 대한 재정지원을 정당화하는 기초자료가 된다. 또한 사회복지사의 전문적인 활동을 입증할 수 있는 자료가 되거나 증언과 함께 입증할 귀중한 자료가 된다.

(2) 서비스의 영속성을 위한 모니터링 자료

사회복지실천기술의 바람직한 방향은 과거와 현재의 모든 프로그램을 바탕으로 새롭게 만들어져 질 좋은 서비스를 개발하여 제공하는 것이다. 따라서 사회복지사가 사실에 대한 정보와 관찰을 체계적으로 기록한 내용들은 새로운 프로그램을 개발하는데 있어서 귀중하게 반영되어질 자료가 된다.

기록의 초점은 클라이언트 자신을 중심으로 관련된 상황과 문제에 대한 심리사회적인 사정, 목표, 계획, 목표성취를 위한 과정, 서비스의 효과 등이 포함된다. 그래서 기록은 복지적 서비스가 클라이언트 및 주변 환경에 미친 영향을 분석할 수 있고, 서비스 목표와 계획에서 변화를 필요로 하는 부분이나 서비스 과정에서 긍정적 또는 부정적인 요인 그리고 서비스 전달체계에서 강점 또는 약점이 무엇인지 규명할 수 있다. 또한 여러 사례에 관한 것뿐 아니라 기록된 전체 사례를 검토함과 동시에 서비스 전달상의 경향을 파악하고 모니터링(Monitoring)할 수 있기 때문에 보다 효과적인 서비스를 제공할 수 있다.

기록을 통해 사회복지사의 근무 단절에 따른 서비스 중단을 예방할 수 있고, 특히 서비스 중복과 누락을 방지할 수 있어서 시간과 노력 그리고 비용 투자를 예방할 수 있다.

(3) 의사소통의 활성화

사회복지관련 기관은 많은 전문가들이 함께 일하는 곳이다. 이러한 기관에서의 기록은 상하좌우 전문 공조체계를 원활하게 하는 도구가 될 수 있다. 예컨대, 병원이나 정신보건센터 등에서 사회복지사를 포함한 여러 전문가들이 하나의 사례에 대해 팀을 이루어 서비스를 제공할 때 기록을 통해 완벽한 의사소통이 이루어진다면 이것은 단순한 기록을 뛰어넘은 귀중한 의사소통수단이 될 것이다.

기록은 예비 사회복지사들에게 사회복지실천과정을 가르치는 유용한 교육도구로 활용된다. 또한 실무자의 업무능력의 향상을 도모시키는 데도 중요한 도구가 될 수 있다.

(4) 정보 공유로서의 자료

기록된 자료는 클라이언트를 중심으로 가족과 친구 그리고 협력기관의 여러 관계자들과의 정보를 공유하고 의사소통할 수 있는 도구가 된다.

오늘날 사회복지기관 및 시설들이 사회복지서비스의 대상자들에게 기록을 개방하고 있는데, 이것은 클라이언트의 권리를 존중해 주는 사회의 경향과도 관계가 있다. 사회복지사는 클라이언트를 위해 하는 일이 무엇이며, 어떻게 하고 있는지 그리고 어떤 치료과정이 포함되는지를 개방하여 설명할 필요가 있다. 따라서 사회복지사는 자신이 기록한 내용들이 클라이언트 당사자나 그 가족 및 친구 등에게 공개될 수 있다는 것을 염두에 두고 객관적 입장에서 사실대로 기록해야 한다.

(5) 행정 및 조사연구를 위한 자료

사회복지실천에 있어 기록의 목적은 클라이언트에게 제공되는 서비스에 대한 것을 이들의 요구나 서비스 유형, 직무관리, 자원의 배분 등에 관한 행정적인 문제를 결정하는데 중요한 자료가 된다.

사회복지실천에 관련된 다양한 주제로 연구하는 기관이나 연구자들에게는 기록된 자료가 중요한 정보자료가 된다. 그러나 기록에서 클라이언트의 신변사항 등에 대한 비밀보장에 유의해야 함은 물론이거니와 객관적인 자료로서 활용되도록 각별한 주의가 필요하다.

2) 기록의 중요성

사회복지실천기술에서 모든 기록의 중심 기능은 사회복지사가 전문적인 서비스를 클라이언트에게 제공하는 과정에서 하는 의사결정에서부터 내용의 근거 등을 총체적으로 망라한 것이다. 따라서 사회복지실천기술에서의 기록은 클라이언트의 상황을 확인하고 평가하면서 서비스 제공목적과 활동, 서비스를 전달하는 과정, 클라이언트에 대한 서비스효과 여부를 평가하는 단계마다 기록되어져야 한다. 그러나 작성된 기간의 경과에 따라 지속적으로 문서화되어 가는 중요한 기록물이기 때문에 실제로 업무를 진행하면서 정확한 기록을 행하는 것은 결코 쉽지가 않다. 왜냐하면 기록을 하는 것 자체가 큰 부담일 수 있고 정하여진 업무를 수행하다 보면 가끔 기록업무가 생략되다 보니 기록을 위한 별도의 시간을 내야 하며, 기록하는 방법에 대한 기법이 다소 부족한 경우가 있기 때문이다.

또 기록에 대한 요구가 너무 시간적으로 소모적이거나 구체적인 지침이 부족하기 때문일 수도 있다.

효과적인 기록을 통해 보다 나은 서비스를 제공하기 위해서나 가정폭력 등의 법률적 문제 소송의 중요한 기초자료 역할 그리고 사회복지사에게 성장의 도구가 될 수 있는 촉매작용으로서도 매우 중요하기 때문에 사회복지실천기술에 있어서의 기록은 반드시 필요하다. 따라서 이러한 기록의 중요성을 사회복지실천에 있어 책임에 대한 요구가 증가함에 따라 기관 자체의 이용은 물론 클라이언트 및 가족과 친구 그리고 관련 지역사회 기관, 감독, 기금조성을 위한 조직, 공적 집단 등에 필요한 정보를 제공하는 측면에서 많이 활용되고 있다(이영호, 2009; 윤선오 · 김현진, 2016). 따라서 이러한 기록의 중요성을 정리해 보면 다음과 같다.

- 사회복지실천 현장에 있어서 서비스 내용을 문서화함
- 실천과정에서 제공한 서비스를 검토, 평가, 수정하는데 중요한 역할과 서비스 효과를 객관화시켜 줌
- 서비스의 연계와 지속성 유지시켜 줌
- 복지사 동료 및 타 기관의 전문가와 정보교환과 협조체계를 가짐
- 관리자의 업무지도감독을 원활하게 하고, 서비스의 질이 높아짐
- 클라이언트와 정보 공유 시 도움이 됨
- 역사적 사료로 가능하며, 제공한 서비스 연구조사의 자료가 됨

2. 기록의 내용 및 유의사항

사회복지사가 사회복지현장에서 실천방법을 구현해가는 실천현장이 다양한 것처럼 기록도 다양하게 작성되어진다. 특히 실천현장에서의 기록은 진행과정에서 무슨 내용이 기록에 포함되어야 할 것인가에 대한 공통적인 지침이 필요하겠

지만 클라이언트의 모든 정보를 단순하게 저장해 두는 기록이 아니라 서비스에 관한 기록이 주요 핵심이 되어야 한다(남연희 외, 2012; 윤선오 · 김현진, 2016).

기록은 사회복지실천현장의 사회복지기관의 기능과 업무에 따라 다양하기 때문에 일반화하기는 어려운 점이 있다. 그러나 기록에 포함되어야 할 정보와 서비스지원 등에 대해 사례의 진행과정적인 측면에 정리해보면 다음과 같다.

1) 진행별 기록내용 포함 요소

(1) 서비스 탐색 분야

① 클라이언트와 만남일자 기록

클라이언트와의 만남이 있었던 일자에 관한 정보는 간단하기 때문에 신속하게 기록할 수 있다. 예컨대, 사회복지사는 기록문서의 왼쪽 가장자리에 '2017. 04. 10'이라고 기록한다. 이것은 사회복지사가 추후 자료를 확인하는데 있어서 혼란을 방지하기 위해 연도별로 기록하는 것이 좋다.

② 클라이언트에 대한 기본정보

클라이언트에 관한 기본적인 사항을 확인하기 위해 흔히 기관은 클라이언트의 이름, 주소, 전화번호, 생년월일, 성별, 교육수준, 가족구성, 직업, 수입, 종교, 결혼상태 등을 기록한다. 구체적인 정보는 기관의 필요에 따라 다소 다르게 작성할 수도 있다.

③ 클라이언트와 접촉 사유

클라이언트의 문제와 상황은 무엇인가를 확인하되 이를 위해 클라이언트가 직접 서비스를 요청하는 경우에는 클라이언트가 기관의 서비스를 어떻게 인식하고 있는가를 알려준다. 그리고 클라이언트가 다른 기관에서 의뢰된 경우에는 서비스를 의뢰하는 측이 갖고 있는 자료를 통해 내담자가 필요로 하는 서비스에 대한 내용을 인계하며 추가적인 설명을 제공한다.

(2) 서비스 형성 분야

① 서비스에 영향을 미치는 결정

사회복지기관의 인테이크(Intake) 과정에서 얻게 되는 정보의 양과 유형은 다양하다. 이것은 기관이 클라이언트와의 최초 접촉을 위해 정해진 절차이다. 이러한 과정에서 사회복지사는 클라이언트에게 기관의 프로그램, 서비스 요건, 비용에 관해 말하게 된다.

클라이언트에 관한 추가 정보를 얻고 이들의 문제와 서비스를 받고자 하는 동기를 사정하며, 서비스를 제공할 담당 사회복지사가 정해진다. 정보가 왜 필요하며 중재과정에서 어떤 자료들을 수집해야 하는가에 따라 기록은 구체화될 수 있고 상대적으로 간략하게 작성될 수도 있다.

② 서비스 목적

서비스 목적이 명확해야 효과적으로 제공되고 기록될 수 있다. 여기에서 서비스 목적을 기록한다는 것은 무엇을 달성할 것인지를 기술하는 것이다. 그래서 목적은 구체적이고 정확하게 기록해야 한다.

③ 서비스 계획

서비스 계획은 어떻게 목표를 달성할 것인지와 목적 성취를 위해 취해질 행위를 기술하는 것이다. 여기에서 계획에 나타낼 수 있는 것은 다른 기관에서 의뢰 또는 동일 기관 내의 다른 프로그램에 의뢰했던 계획을 기록한다. 또한 탐색과 개입을 위한 쟁점을 제시하고 사회복지사와 클라이언트 그리고 다른 사람들이 취할 일련의 조치를 개략적으로 기록한다.

④ 서비스 특성

클라이언트의 특성과 마찬가지로 행정적 처리나 조사연구를 위해 구조화된 기록을 말한다. 최근에는 기관용으로 만들어진 구체적인 양식을 사용하여 컴퓨터로 관리하는 기관들이 많이 늘어나고 있는 추세에 있다.

(3) 서비스 실행 분야

① 중간노트

계획대로 서비스가 시작되면 중간노트가 내담자의 상황과 서비스 교류를 정기적으로 기록하고 사정한다. 이러한 중간노트는 과정노트라고도 하는데 이것은 중간노트에 어떤 정보를 포함시키느냐에 따라 선택의 기준이 클라이언트의 변화와 향상의 과정을 보여줄 수 있어야 한다는 것을 의미한다.

중간노트의 내용은 지난 기록 후의 내담자 및 상황의 상태와 변화에 대한 서술 및 사정을 기록한다. 또한 지난 기록 후 서비스 활동과 서비스 과정에 대해 기록한다. 그리고 중요한 사건을 기록하며 서비스의 목적과 계획에 대한 사정 및 변화 등을 기록한다.

② 서비스 재검토

중간노트가 주어진 사례에 대한 사회복지사의 지속적인 관찰과 사정에 대한 비구조적 기록이라면 서비스 재검토는 서비스 결정과 서비스 활동에 대한 공식적인 재평가에 대한 기록이다. 이러한 재검토는 사례회의를 통해 이루어지며 책무성을 위해 기록된다. 재검토 기록은 구조적인 양식을 따르는 경우가 많으며, 사례 진행과정에 대한 그동안의 중간노트 기록을 구조적 틀에 맞추어 요약 정리하는 경우가 많다. 사례에 대한 의견에 대해서는 사회복지사와 다른 서비스 제공자, 슈퍼바이저, 클라이언트 등의 의견을 모두 포함한다. 기록할 때의 기본요소는 날짜와 참여자, 제안점, 결정내용 등이다.

(4) 서비스 종결 분야

① 서비스 종결방법과 사유

서비스는 사전에 수집된 계획에 따라 종결될 수도 있고 내담자의 독립적 결정이나 예기치 못한 상황 때문에 조기에 종결될 수도 있다. 서비스 종결의 이유와 방법은 서비스 개시의 이유와 방법에 관한 부분에서 설명한 방법에 따라 간략하게 기록한다.

② 서비스 활동과 결과에 대한 종결요약

사례를 종결할 때에는 그동안의 서비스 활동을 개괄적으로 요약하고, 종결 당시의 서비스 결과를 기술하는 것이 필요하다. 이러한 종결요약을 할 때에는 서비스 개시 이유, 서비스가 진행되는 동안의 내담자와 그 상황, 서비스의 목적과 계획과정, 서비스와 내담자 상황에서의 중요한 사건들에 대해 요약한다. 또한 종결 시의 내담자 및 상황의 위치, 서비스에 대한 평가, 향후 서비스와 사후 검토를 위한 제안을 기록한다.

③ 사후관리 및 토의할 문제

사후지도 계획을 수립한다면 구체적으로 누가, 언제, 무엇을 할 것인가를 기록한다. 예컨대, '2017년 9월 7일에 종결하였다. 진전을 요약한다. 나는 알코올남용이 중단되었는지 AA(Alcoholics Anonymous)와 계속 관여하였는지를 확인하기 위해 4주 안에 다시 만나게 될 것이다'와 같이 기록할 수 있다.

사회복지사가 사례나 문제에 관해 생각할 때 타당성이 없는 내용도 기록에 포함되어야 한다. 그리고 수퍼바이저와 만날 때 그에 관해 지도를 받을 수 있도록 기록하는데, 예컨대 '가정폭력을 방지하기 위해 지역사회 내에서 이용할 수 있는 서비스는 무엇인가? 그녀의 질병의 주요한 증상들은 무엇인가?'라는 표현으로 기록한다.

2) 기록할 때의 유의할 점

사회복지실천기술에 있어서 과정에 따른 기록을 할 때 명확하면서도 객관적인 사실 등에 입각하여 작성하여야 한다. 그러나 이러한 기록에 있어 유의해야 할 점이 있는데 다음과 같다(박세정 외, 2010; 신성자 외, 2012).

첫째, 마음에 기록한다는 생각으로 작성한다. 내가 왜 이것을 작성하고 있는가? 누가 이것을 읽을 것인가를 고려하면서 문제에 대한 해답을 생각하고 상황의 주요한 요인을 중심으로 기록하되 비교적 관련이 적은 부분은 생략하여 작성한다.

둘째, 기록자의 이름은 실명으로 하여 작성하되 필요시 호적이름도 함께 기록한다. 특히 제3자가 보더라도 쉽게 이해되도록 명확하게 기록한다.

셋째, 모든 기록상의 날짜는 정확하게 기록한다. 예컨대, 10일 이내 또는 다음 주 등의 불명확한 날짜보다는 2017년 6월 16일과 같이 명확하게 기록하여 제3자가 혼돈하지 않도록 한다.

넷째, 기록은 가능한 간결하게 작성한다. 기록의 분량이 많다고 해서 효과적인 것은 아니며, 기록의 중요한 목적을 달성하는데 필요한 사항을 포함하고 있으면 된다.

다섯째, 이미 기재한 내용을 반복하지 않도록 한다. 서두에서 언급되었던 글을 2중으로 기록하지 않도록 한다. 그러나 한 번 언급되었던 말을 재차 기록해야 할 경우, 예컨대 6페이지에서 기록된 '재정사항은 근본적으로 변하지 않고 있다'와 같이 기록할 수 있다.

여섯째, 기록을 보고 읽은 사람이 필요한 정보를 쉽게 파악하기에 용이하도록 문단마다 소제목을 부여하여 기록한다.

일곱째, 상식에서 벗어나는 약어나 기호 또는 전문용어의 사용을 피한다. 그래서 일반적으로 통용되고 있는 단어들을 사용하는 것이 좋다.

여덟째, 기록문서에 출처를 밝힌다. 다른 학문에서 사용한 진단명과 매우 중요한 사회적 · 실제적 자료 등과 같은 소재를 기록할 때는 정보의 출처를 밝혀야 한다.

아홉째, 사람이나 상황을 설명할 때는 주관적인 단어 사용을 피한다. 예컨대, 크고 뚱뚱한 남자, 가난한 가정 등은 그 의미를 이해하기 어렵기 때문에 '180cm 정도의 신장에 100kg 정도의 체중을 가진 남자이며, 저소득층 자녀이다'라고 표현하여 설명하는 것이 좋다.

열 번째, 의료적으로 진단 명칭을 사용할 때 주의한다. 예컨대, 알코올중독, 정신지체 등과 같은 용어는 명확한 전문적인 진단을 하지 않고는 기록하지 말아야 한다. 환자는 '알코올중독이다'라는 표현보다는 '환자는 술을 아주 많이 좋아하는데 하룻밤에 소주 8~10병을 마신다'라고 기록한다.

열한 번째, 기록할 때 모른다는 말을 두려워해서는 안 된다. 대부분의 사회복지사들은 이야기를 듣고 관찰한 것에 대한 의미가 불확실한 경우 이것에 대한 기록을 피하려는 경향이 있다. 이러한 기록은 차후에 기록을 보고 읽는 사람으로 하여금 그 당시에 발생한 사실을 알지 못하게 할 수 있다. 기록상 명확하지 않을 경우, 예컨대 사회복지사는 '의미가 명확하지 못하다'라는 설명을 덧붙여 기록하는 것이 좋다.

열두 번째, 기록 후의 모든 기록은 계획과 목표의 결과를 확실히 하되 기록의 내용이 미완성 상태로 끝내지 않도록 한다. 기록할 때 어떤 일이 일어났으며, 새로운 계획과 변경된 계획이 무엇인지를 설명해야 한다. 그리고 사회복지실천의 계획과 목표에 대해 지속되어지는 느낌을 가질 수 있도록 기록해야 한다.

열세 번째, 클라이언트와 2회 이상 접촉한 결과에 대해 설명하고자 할 때는 요약기록을 사용한다. 클라이언트와 접촉할 때마다 별도로 기록하지 않고, 매 접촉 시 특별히 발생한 일들의 결과만을 요약한다. 예컨대, 표지 여백에 기간을 나타내는 소제목을 '2017. 7. 13 ~ 9. 6'처럼 기록하는 것이 좋다.

열네 번째, 관련된 내용에 대해 너무 많은 과정을 기록하는 것은 피한다. 사회복지실천의 결과는 일반 실천가들이 보편적인 내용의 결과물을 자세한 단계들로 작성한 것보다 더 중요하다.

열다섯 번째, 기록의 지속성을 유지한다. 사회복지사가 불가피한 상황으로 부재하더라도 수퍼바이저나 다른 직원이 기록물을 볼 때 어디까지 되어 있는지 알 수 있도록 일반적인 경향에 따르고 마무리되어 있어야 한다.

3. 기록의 종류와 특성 및 사례

사회복지실천현장에서의 모든 기록은 사업목적과 내용, 표준화 정도와 범위, 선택성, 유형, 원칙 등에 따라 다양하게 사용되고 있다. 사회복지사가 기록을 하고 보관하는 것은 클라이언트를 위한 중요 서비스의 과정이라 할 수 있다. 그래서 기록은 사회복지사의 실천을 평가하는데 필요한 자료이다. 즉 서비스가 제공된 내용을 기록한 문서자료임과 동시에 프로그램 평가와 책임성을 판단하기 위한 자료로서의 역할을 제공한다(Corcoran & Gingerich, 1994).

오늘날 사회복지사들은 다양한 목적에 따라 광범위한 기록양식을 사용하고 있다. 따라서 교육의 목적으로 사용하고 있는 과정기록과 사회복지기관에서 주로 사용하고 있는 이야기체 요약기록 그리고 병원이나 정신보건센터 등에서 사용하고 있는 문제중심기록에 대해 살펴보면 다음과 같다(전재일 외, 2010; 윤선오 · 김현진, 2016).

1) 과정기록

과정기록(Process Recording)은 사회복지실천에서 최초로 사용되어져 왔던 기록의 방식이다. 이러한 기록은 클라이언트와 상담하면서 이야기한 내용과 행동 그리고 관찰하고 판단한 것들을 구체적이며 상세하게 사실 그대로를 기록하는 것이다.

과정기록은 면접에서 일어나는 일련의 과정 그대로를 기록하기 때문에 사회복지사는 면접을 녹화한 테이프를 듣고 관찰한 모든 것을 기록한다. 대부분의 과정기록은 직접적인 인용을 사용하되 클라이언트를 관찰한 인상과 코멘트를 오른쪽 별도의 난에 기재한다. 이러한 과정기록은 사회복지사가 다른 직무를 수행하지 못할 정도로 많은 시간이 소요되기 때문에 사회복지사 실습교육 현장에서 주로 사용된다. 그래서 학생과 클라이언트와의 상호작용이 일어날 때 직접 관찰하지 않을지라도 구체적인 피드백을 주는 수퍼비전의 자료 역할을 하게 된다(Kirst Ashman & Hull, Jr., 1999).

과정기록의 장점은 사회복지실습이나 교육방법으로 유용하기 때문에 실습생에 대한 구체적인 지도가 가능하다. 또한 기관 및 시설 측면에서 볼 때 서비스 진행에 대해 점검하고, 잘못한 경우가 있으면 사전에 문제를 예방할 수 있다. 그러나 이러한 방법의 단점은 기록하는데 있어서 시간이 많이 소요되고, 전체 과정상의 기록이다 보니 기록자에 의해 일부 내용이 누락될 수 있어 불완전하거나 기록내용이 왜곡될 수 있다.

과정기록의 내용은 클라이언트의 이름과 상담 날짜, 상담회기별 진행시간, 상담목적과 계획, 상호작용 내용, 담당사회복지사의 역할과 활동, 클라이언트의 관심사, 문제 및 상황, 반응, 각 회기에서 활동한 내용, 차기 상담계획 등이며 기록 예문은 다음 〈표 13-1〉과 같다.

〈표 13-1〉 **과정기록 상담 "예"**

구 분	세부내용
상담 내용	C't가 의기소침하며 상담실로 들어왔다. W : 안녕하세요? 어떤 일로 오셨나요? C : 어제 남편과 싸우고 나서 속이 상해서…. (머뭇거리며 맥없는 목소리로 말함) W : 남편과 자주 싸우시나요? C : 평상시는 괜찮은데 술만 먹으면 욕을 하며, 살림을 부숴요.

구 분	세부내용
	W : 남편이 알코올중독인가요? C : 중독인지 모르겠지만 평소에는 너무 순둥인데, 술만 먹으면 그래서….(말끝을 흐린다) . . W : 어제도 그래서 싸우셨군요? C : 예, 싸우다 집을 나와 언니 집에서 잤어요.
사회복지사의 느낌 / 분석	• 무슨 일로 오셨나요?란 첫 질문이 적절한지 모르겠다. • 남편이랑 자주 싸우세요?란 질문보다는 머뭇거리며 맥없는 목소리로 속상해 하는 데 대해 공감하는 감정이입적 말을 하는 편이 더 좋았을 것 같다. • 알코올중독이란 말을 잘 이해 못한 것 같다. 하루에 술을 얼마 정도 마시는지 물어보고 그 말을 했으면 좋았을 것 같다. . . • C't가 남편이 술먹고 행패를 부린 것에 매우 속상해 했고, 어떻게 하면 고칠 수 있는지 치료 프로그램을 의뢰한 것을 보아 남편을 회복시키려는 강한 의지가 보였다.
S/V 코멘트	상담내용을 포함하여 사회복지사의 느낌 및 분석에 대해 지도한다.

출처 : 전남련 외, 2011(재구성).

2) 이야기체 요약기록

사회복지실천에 있어 요약기록에서 한층 개선된 방법의 하나로 이야기체 요약기록(Narrative Summary Recording) 또는 이야기체 기록(Narrative Recording)이라는 것이 있다. 이러한 기록방식은 사회복지실천기술에서 주로 많이 활용되고 있다.

이야기체 요약기록은 시간의 흐름에 따라 변화된 상황과 중재활동 그리고 중요한 정보 등을 요약하여 기록함으로써 그 내용이 이야기체 요약의 형식을 취하고 있다(윤선오 · 김현진, 2016).

이야기체 요약기록은 개별적이며 가장 독특한 기록방식이기 때문에 그 자체가 강점임과 동시에 단점이 되기도 한다. 그러나 이것은 클라이언트의 상황과 서비스 교류의 특수한 본질을 반영할 수 있어서 임상실천을 문서화하는데 특히 적합한 기록방법이다. 이러한 이야기체 기록의 강점에 대해 좀 더 자세히 살펴보면 다음과 같다.

첫째, 인간행동이나 사회복지의 실천 그리고 서비스 제공 및 기록에 대한 사회복지사의 지식을 반영하게 된다.

둘째, 이야기체 기록은 서비스가 개인 및 부부 그리고 집단 등 누구에게 전달되는지에 상관없이 개별화된 서비스를 문서화하는 양식이다. 그래서 간결하고 초점이 명확한 이야기체 보고서는 매우 효율적인 평을 받고 있다.

셋째, 보고방식은 클라이언트와 상황에 관한 사정과 사회력 등과 같은 특정 내용 요소들을 문서화하는데 사용될 수 있으며, 다른 양식이나 형식은 정보의 서비스 효과를 확인하는 요소들을 문서화하는데 사용되기도 한다.

넷째, 기록하는 측면에서 과정별 상세한 내용으로 작성되다 보니 과정의 전후 사정을 이해하는데 매우 유용하다. 특히 사회복지실천의 임상실무를 문서화하는데 적합한 기록의 한 방법이다.

이와 같은 강점에 비하여 단점에 대해 정리해 보면 다음과 같다.

첫째, 이야기체의 기록 자체가 미 완성적이며 지나치게 단순하거나 긴 문장으로 기록하다 보니 초점이 명확하지 않을 수 있다. 그래서 이러한 기록내용의 질(質)은 제공된 서비스보다 사회복지사의 문장력이나 기록에 소요된 시간에 의해 좌우될 수 있다.

둘째, 기록에 있어 많은 시간이 소요되며 비용이 많이 드는 문제가 지적되고 있다. 그래서 사회복지사는 자칫 나태함에 유혹되어 기록할 작업 자체를 미루거나 망각하여 그 시기를 놓쳐 유용성이 감소될 우려가 있다.

셋째, 기록내용에 대한 양적 부담을 가져오기 때문에 간략하게 정보를 검색하는 것이 어려울 수도 있다.

넷째, 기록내용의 누락을 방지하고자 부가적인 도구가 필요하다. 예컨대, 과정별 내용기록을 위해 녹음기나 별도의 메모노트 등이 준비되어야 한다.

다섯째, 상담할 때 상대방의 비언어적 표현까지 기록하기 위해서는 더 많은 시간이 소요되거나 일부 내용을 누락시킬 수도 있다.

이와 같은 이야기체 요약기록의 강점 및 단점에 따라 그 기록을 활용할 때 유의사항은 단기 서비스나 전형적인 일상 서비스는 양식이 구조화된 것이기 때문에 체크리스트를 활용하는 것이 좋다. 그리고 매일 상담내용을 기록하기 어려울 때에는 과정별 또는 주요 기록내용별로 기록자를 지정하되 언어적인 내용과 비언어적인 내용에 따라 기록하는 방법도 생각해 볼 수 있다. 그러나 이러한 방법은 기록자 상호 간의 협조가 주요 관건이라는 부담이 있다. 따라서 지금까지의 이야기체 요약기록에 대한 사례기록 예문을 제시해 보면 다음과 같다(전남련 외, 2011).

- **상담일시 : 2017년 9월 26일(화), 오전 11시**
- **C't(이○○, 36세, 여)와의 개별상담**

제시된 문제

C't는 어제 낮부터 술에 취한 상태에서 말다툼하다 남편의 뺨을 맞고 거실 청소기로 넘어지면서 허리를 다쳤다. 그래서 현재 허리통증과 함께 잘 걷지를 못한다. 남편이 술만 취하면 아내를 구타하고 점점 더 이런 일이 반복되기 때문에 본 기관에 도움을 요청하기로 결심하였다.

가족기능

C't는 결혼한지 8년째며, 고졸 후 다니던 직장에서 현 남편을 만나 1년 교재 후 결혼하였다. 아이(6세, 여)가 하나 있다. 남편(대퇴, 38세)은 6개월 전 회사에서 손가락 절단 사고를 당해 퇴직 후 실직상태에 있다. 결혼 후 4개월 때 언쟁 시 뺨을 맞은 것이 처음 폭력을 당한 경험이다. 그 이후에는 폭력이 없다가 실직 이후부터 남편의 음주와 폭력이 증가하였다. 남편의 폭력에 대한 아내의 반응은 소리지르며 대드는 것이다. 전에 남편의 폭력 후에는 사과를 하기도 했지만, 최근에는 사과도 없다. 남편이 아이를 때리지는 않지만 아이가 이런 일을 여러 번 보았기 때문에 아빠를 무서워한다. C't는 새로운 일을 하고 싶어도 자격기술도 없고 아이가 어려서 아직은 엄두를 못낸다. 그러나 아이가 초등학교에 입학하면 취업을 원한다.

현 상태에 대한 C't의 인식

결혼지속 의사에 대해 C't는 그동안 이혼에 대해 생각해 본 적은 없으나 오늘은 이혼을 강하게 느낀다고 한다. 그러면서도 남편이 음주와 폭력습관만 고치면 좋겠다는 희망을 피력하였다. 허리의 통증에 대해서는 우선 파스라도 사용해보고, 1주일 후에도 계속되면 병원에 가볼 예정이다. 폭력

후 경찰에 연락해 본 경험은 없으며, 여성의 쉼터에 대해 들어본 적도 없다. Ct는 당분간 집에 들어가고 싶지 않으며, 쉼터에도 가고 싶지 않고, 짐을 싸서 아이와 함께 언니네 집에 갈 계획이다.

사 정

Ct는 상담 시 울음을 터뜨리기도 했으며, 어제 폭력사건으로 정서적인 혼란상태가 보인다. 그래서 본 접수상담에서는 많은 정보를 얻기보다는 위기개입으로 당장 필요한 조치와 정서적 지지제공에 주력하였다. Ct는 남편과 분리하여 언니네 집에서 당분간 머물겠다는 결정은 향후계획을 보다 이성적으로 세우는데 도움이 될 것으로 본다.
남편의 경제적, 정신/육체적 스트레스가 부부문제에 영향을 끼치는 것으로 보이고, 남편 역시 도움이 필요하므로 개입이 요망된다. 결혼지속 여부에 대해 Ct는 아직 확고한 의사를 밝히지 않고 있다. 그래서 부부상담을 할지 여부는 부부에 대한 개별상담을 몇 번 한 다음에 결정할 것이다. Ct는 폭력으로 인한 정서적 증상을 갖고 있을 가능성이 있으므로 당분간 집중적인 지지적 개입이 필요할 것으로 보인다. 또한 가정폭력방지법을 비롯해 주변의 지원체계에 대한 지식이 전혀 없으므로 이에 대한 지식이 필요하다.

계 획

① 내일 다시 Ct와 상담하여 지적개입을 계획할 것이다. ② 남편에게 연락해 상담약속을 정할 것이다. ③ Ct를 본 기관과 연계된 법률상담소와 연결시킬 것이다.

3) 문제중심기록

문제중심기록(POR : Problem-oriented Recording)은 현재 문제를 규정하여 이를 목록화하여 각 문제에 대해 무엇을 할 것인지를 계획하고, 그 진행상황을 기록하는 방법이다. 또한 일반적으로 병원 또는 정신보건센터에서 여러 전문직이 함께 일할 때 광범위하게 사용되는 비교적 최신 형태의 기록이다. 이러한 방식은 병원에서 의료기록을 표준화하고 수행 정도를 검토하기 위해 개발된 것으로 단순히 기록 차원을 넘어서 문제해결에 도움이 되도록 만들어졌다(전남련 외, 2011; 윤선오 · 김현진, 2016).

문제중심기록의 강점은 첫째, 상이한 전문직 간의 의사소통을 촉진하며, 각 분야 간의 공조를 원활하게 해 준다. 둘째, 팀의 실무자들은 목록화된 문제에 초점을 맞추어 다뤄야 하고, 모든 치료계획에 대해 문서화된 주요점검에 관한 책임이 있기 때문에 책무성을 향상시킨다. 셋째, 기록이 간결하고 형식이 통일되어 있기 때문에 기록감독자, 외부의 자문 및 조사연구자 등이 보다 쉽고 질(質) 높은 기록검토를 할 수 있다.

문제중심기록의 단점은 첫째, 클라이언트의 요구와 자원이라는 강점보다 문제를 강조함으로써 사회복지실천의 관심의 폭을 지나치게 한정시킬 수 있다. 둘째, 개인과 환경의 상호작용보다는 개인을 강조함으로써 관련 현상의 복잡성을 단순화시킬 우려가 있다. 셋째, 부분화를 강조함으로써 통합적이며 체계적인 쟁점들을 왜곡시킬 우려가 있다. 따라서 이러한 문제중심기록은 데이터베이스, 문제목록, 초기계획, 진행노트의 4개의 과정으로 기록되며 자세한 내용은 다음과 같다.

(1) 데이터베이스

문제중심기록에서의 첫 과정은 데이터베이스(Data Base)이다. 이것은 주로 초기 접수단계를 통해 수집된 정보로 구성되며, 클라이언트가 기관에 찾아와 서술한 문제를 포함한다. 자료의 많은 부분이 기록의 표지에 나타난다. 이러한 자료는 체계적으로 수집되고 정리되며 기록되어야 할 것들이다. 이러한 자료들이 클라이언트의 문제를 확인하고 개념화시키기 위한 근거를 제공하며, 예비적인 문제목록을 만들어 내는데 유용한 자료가 된다. 따라서 데이터베이스에 포함할 내용은 다음과 같다.

- C't에 대한 실험실 보고자
- C't의 주요 불만사항
- C't의 일상생활에 대한 기술을 포함한 프로파일
- C't의 사회적 정보와 대상자의 현재 질병 및 신체검사 결과
- C't의 과거력과 체계들에 대한 검토내용

(2) 문제목록

문제목록은 사정과정 기간 중에 클라이언트와 사회복지사가 분명히 밝힌 것 외에 클라이언트가 관심을 두고 있는 어떤 문제라도 포함할 수 있다. 따라서 문제의 우선순위와 수행에 초점을 맞추어야 할 문제에 관해 동의를 해야 할 필요가 있다. 또 각 문제마다 번호를 붙여 새로운 문제가 규명되면 문제목록에 추가하고 문제가 해결되면 목록에서 삭제한다. 여기에서 해결된 문제의 번호는 재할당되지 못하므로 특정한 문제에 대한 개입과 진행은 사례기록을 통해 추적될 수 있는 근거가 된다.

문제목록에 대한 기록요령은 행동적인 언어로 기술하되 가능하면 진단적 유형화는 피하는 것이 좋다. 그리고 사례계획과 개입의 초점을 제공하며 목록에 있는 특정한 문제와 관련된 일을 논리적으로 작성한다.

(3) 초기계획

문제중심기록에 있어 서비스 제공자들은 독립적 또는 개별적으로 문제목록의 각 문제에 대해 계획을 수립한다. 이때 수립된 계획에는 번호가 부여되며, 관련 문제를 대표할 수 있도록 이름을 표기한다. 이러한 계획은 필요할 때마다 진행노트에서 최초의 정보로 전환된다.

(4) 진행노트

문제중심기록에 있어 진행노트는 중간노트와 같이 정기적인 간격으로 클라이언트 상황과 서비스 거래를 설명하고 사정하여 기록한다. 이러한 노트를 작성한 목적은 사회복지사가 서비스 제공에 영향을 미치는 새로운 정보를 기술하는 것이고, 활동계획이나 활동방향에 있어 변화를 시키는 데에 있다. 그리고 종결계획을 수립하며, 활동의 효과를 평가하고 책임성을 유지하는 것이다. 또한 활동

절차 작성이나 수퍼비전의 자문 필요시 자료제공과 목적을 결정하기 위해 행정에 요구되는 정보를 제공하는 것이다.

문제중심기록의 사례가 진행되면서 데이터베이스에 있는 정보나 초기계획이 수정될 수도 있겠지만 서비스 진행과 변화내용에 대해 문제목록에 기재된 번호에 따라 보통 SOAP방식으로 기록하게 되는데 다음과 같다.

① 주관적 정보(S)

주관적 정보(Subjective Information)는 클라이언트가 지각(知覺)하는 문제나 자신의 상황 또는 문제에 대해 어떻게 생각하며 느끼고 있는가에 대한 주관적인 정보를 기술한다.

② 객관적 정보(O)

객관적 정보(Objective Information)는 클라이언트의 행동이나 외모에 대한 사회복지사의 관찰과 사실적 자료와 같은 객관적인 정보를 기술한다. 예컨대, 클라이언트의 주거상태, 경제적 상태, 건강상태 등이 포함될 수 있다.

③ 사정(A)

사정(Assessment)은 클라이언트의 주관적 · 객관적 정보에 기초하여 사정이나 견해 및 해석 그리고 분석 등을 기술한다. 여기에서는 사회복지사의 관찰 및 사실적 정보의 의미를 사정하고, 견해를 기술하여 작성한다(윤현숙 외, 2001).

④ 계획(P)

계획(Plan)은 진행을 위해 지금까지의 클라이언트의 주관적 · 객관적 정보와 사정을 바탕으로 하여 확인된 문제에 대해 무엇을 할 것인가에 대한 계획을 기술하여 작성한다.

이와 같이 살펴보았던 문제중심기록의 문제목록, 최기계획, 진행노트에 대한 예문을 제시하면 다음과 같다(전남련 외, 2011; 윤선오 · 김현진).

데이터베이스 : 2017년 8월 11일 상담접수에서 획득된 정보에 의해 작성

이름 : 정○○,　나이 : 35세(여성)

Ct는 결혼한지 6년된 기혼자로 40세의 남편과 5세된 딸 하나를 두고 있다. 그는 어젯밤 술취한 남편으로부터 구타당하여 현재 허리통증과 함께 걷기가 불편하다. 남편의 지속된 음주 후 폭력행동 때문에 본 기관에 도움을 요청하였다. 경찰에는 연락한 적이 없다.

남편(대퇴, 38세)은 회사에서 손가락 절단 사고를 당해 퇴직 후 8개월 동안 실직상태에 있다가 친척이 운영하는 사업체에서 일하고 있다. Ct는 결혼 후 4개월 때 뺨을 맞은 것이 처음 폭력을 당한 경험이다. 그 이후에는 폭력이 없다가 실직 이후부터 남편의 음주와 폭력이 증가하였다. 남편의 폭력에 대한 아내의 반응은 소리지르며 대드는 것이다. 전에 남편의 폭력 후에는 사과를 하기도 했지만, 최근에는 사과도 없다. 남편이 아이를 때리지는 않지만 아이가 이런 일을 여러 번 보았기 때문에 아빠를 무서워한다. Ct는 새로운 일을 하고 싶어도 자격기술도 없고 아이가 어려서 아직은 엄두를 못낸다. 그러나 아이가 초등학교에 입학하면 취업을 원한다.

문제목록

번호	문제	확인된 날짜	중단/해결된 날짜
1.	남편의 음주와 폭력	8 / 11	
2.	Ct의 피신처 마련	8 / 11	8 / 11
3.	Ct의 허리통증	8 / 11	8 / 14
4.	Ct의 정서적 어려움	8 / 11	8 / 18
5.	Ct의 결혼지속의사 여부 불분명	8 / 11	8 / 18
6.	Ct의 법과 지원체계에 대한 지식부족	8 / 11	8 / 14

초기계획
[문제 1] **남편의 음주와 폭력상황(접수)** 남편과 연락하여 상담약속 정하고, 남편에 대한 심리사회적 사정과 개입을 한다. 남편이 동의한다면 음주 및 폭력에 대해 전문치료기관에 의뢰한다. 이러한 개입계획에 남편이 동의하도록 사회복지사와의 관계형성에 주력한다. [문제 2] **C't의 피신처 마련(문의)** C't의 희망대로 언니네 집에 머물도록 하고, 이에 관해 추후 점검한다. [문제 3] **C't의 허리통증(호소)** C't가 가정에서의 물리치료와 병원치료를 받고 있는지 추후 점검한다. [문제 4] **C't의 정서적 어려움(호소)** 정서적 어려움의 근원, 강점 및 약점에 대한 사정과 지지적 개입을 한다. [문제 5] **C't의 결혼 지속의사 여부 불분명(애로)** C't의 결정을 돕고, 지도한다. [문제 6] **C't의 법 및 지원체계에 대한 지식 부족(도움 요청)** C't를 본 기관과 연계되어 있는 법률상담소와 연결시킨다.

진 행 노 트

날짜 및 제목 : 8월 16일 C't 남편과 개별상담(1회)

[문제 1] 남편의 음주와 폭력

S : 남편은 자기의 음주와 폭력 사실을 인정했으나 아내가 자기에게 욕을 했기 때문에 이런 일이 발생했다고 주장한다. 회사에서 손가락 절단사고로 인한 실직 이후의 좌절감과 각종 스트레스, 전에 다닌 회사의 사고보상에 대한 불만을 이야기하는 데에 많은 시간을 할애하였다.
아내와의 결혼생활은 계속하기를 원하며, 현재 언니 집에 있는 아내가 하루 빨리 집으로 돌아오기를 원하고 있다. 음주문제에 대한 알콜중독 치료프로그램 및 폭력남편 대상 프로그램에 대해 필요성을 부인하고 있다. 그러나 아내가 집으로 돌아오면 부부상담에는 참가할 용의가 있다고 한다.

O : 남편의 체격은 키 178Cm에 몸무게 75kg으로 보통 이상이며, 목소리가 크고 거침없이 이야기를 잘하는 편이다. 장애와 실직으로 인해 직업을 바꾼 후 경제적/신체적 어려움을 받고 있다.

A : 남편은 문제를 부인하고 있다. 자기의 행동에 책임을 지기보다는 아내에게 책임을 미루고 있는 것으로 보인다. 가부장적 사고가 매우 높다. 그러나 결혼생활을 계속할 의사가 확실한 것과 아내 및 아이에 대한 애정을 나타내는 것 그리고 개별 및 부부상담에 개방적인 것은 이들 부부관계에서 강점으로 생각된다.

P : 남편이 폭력에 대한 책임을 인정하기 위해 계속적인 개입이 필요하다. 이것이 아내와 아이에게 어떤 고통을 줄 것인지를 인식할 필요가 있다. 개별상담을 계속할 예정이다.

중 략

날짜 및 제목 : 8월 18일 C't와 개별상담(4회)

[문제 4] C't의 정서적 어려움

S : C't는 어떤 일도 제대로 해내지 못할 것 같다고 하며 삶에 자신감이 없다고 한다. 결혼 전에는 활발한 성격이었는데 결혼 이후 특히, 남편의 음주와 폭력이 시작된 이후에 더욱 소극적인 성격이 되었다고 한다. 자신의 강점이 무엇인지 말하지 못한다.

P : 능력 강화 작업이 필요하다. 정기적으로는 취업교육이나 자원봉사활동도 도움이 될 것이다. 이를 위해 자기의 능력을 재발견하는 작업이 선행되어야 한다.

[문제 5] C't의 결혼지속의사 여부 불분명

S : 어제는 남편이 언니네 집에 전화하여 다시는 안 때리겠다고 약속했으며, C't는 이제 집에 돌아가고 싶다고 한다. 남편과 헤어진 이후 생활은 경제적으로나 정서적으로 자신이 없으며, 아이를 위해서라도 결혼생활을 계속하고 싶다고 한다. 부부상담에 대해서는 참여할 의사를 나타냈다.

A : 현재 남편이 폭력에 대한 책임을 부인하므로 남편이 변화할 것이란 확신은 없다고 생각된다. 그래서 지속적인 개입이 필요하다.

P : 남편과 아내에 대한 개별상담을 계속하며, 적절한 때에 부부상담을 시작한다.

14 사회복지실천기술의 평가

1. 실천기술에 따른 평가의 개념

사회복지실천기술에 따른 평가는 기관의 계획 및 수행과 활용 그리고 사회복지 프로그램 등에 포괄적 활동들을 체계적으로 판단하는 것을 말한다. 따라서 사회복지실천에서 평가를 강조하는 것은 책무성과 법적 의무 그리고 기술개발과 깊은 관련이 있다(전남련 외, 2011; 오봉욱 외, 2015; 윤선오 · 김현진, 2016).

사회복지실천기술에서의 평가는 전문직으로서의 책무성을 향상시키기 위해 반드시 필요하다. 그래서 전문직이 다른 전문직과의 경쟁에서 우위를 선점하고 정체성을 유지하기 위해 사회가 부여한 문제해결 능력을 인정받아야 한다. 따라서 문제해결 능력을 인정받게 되면 공적 지원을 지원받거나 소비자로부터 서비스 구매동기를 유발할 수 있다.

외부의 재정지원 기관들은 지원이 이뤄진 사회복지실천 프로그램의 효과성을 입증할 것을 요구하고 있다. 예컨대, 사회복지 공동모금회는 재정지원을 하는 개별 프로그램의 효과를 입증하기 위해 평가계획과 평가방법 그리고 평가도구를 재정지원 이전에 제시하도록 요구하고 있다.

효과적인 사회복지실천기술의 개발과 개선을 위해 프로그램 효과성을 측정하고 평가할 필요가 있다. 사회복지실천기술의 효과성 평가를 통해 우수한 기술의 선별기준을 제시할 수 있다.

사회복지실천에서의 평가는 개인, 가족, 집단에 대한 사회복지사 개입활동의 평가에 초점이 맞추어져 있다. 또한 사회복지사의 활동 결과를 효과성, 효율성, 노력성 등의 기준에 따라 충족수준을 판단하는 활동을 말한다. 한편 좁은 의미의 사회복지실천 평가는 특히 효과성을 기준으로 프로그램 변화의 정도를 측정하는 평가를 지칭하거나 프로그램 효과성 평가라는 별칭을 붙이기도 한다.

전문 사회복지사는 개인 및 가족과 집단 그리고 지역사회를 대상으로 개입활동에 따라 이들 요소가 변화할 것으로 기대한다. 그래서 사회복지실천의 개입기술을 통해 효과성과 효율성을 측정하는 것이다. 따라서 실천기술의 평가는 무엇이 클라이언트에게 도움이 되었으며, 어떤 것들이 다르게 진행되었어야 했는지를 알려 주기 때문에 기관의 계획과 정책 또는 프로그램 전반에 걸쳐 적용될 수도 있다. 여기에서 긍정적인 변화를 발생시킬 수 있는지가 주요 관심의 대상이 된다. 즉 개입기술에 따른 변화를 측정할 수 있다면 과거의 프로그램을 개선하거나 선택하는데 유용한 정보를 제공받을 수 있다(김용환 외, 2011; 윤선오 · 김현진, 2016).

2. 평가의 유형 및 중요성

1) 평가의 유형

사회복지실천기술에서의 평가 유형은 연구자들의 관점에 따라 다양한 평가방법이 제시되고 있다.

본 서적에서는 일반적으로 통용되고 있는 평가유형 가운데 평가차원에 의한 분류와 평가목적에 의한 분류 그리고 프로그램 평가에 의한 분류 3가지로 구분하여 살펴보고자 한다(전남련 외, 2011; 김용환 외, 2013).

(1) 평가차원에 의한 분류

평가차원에 따른 분류는 성과평과와 과정평가 그리고 사회복지사 평가로 세분하여 시행된다.

① 성과평가(Outcome Evaluation)

사회복지실천에서의 성과(결과)에 대한 평가는 사회복지실천 목표에 비추어 성취된 결과를 대상별로 평가하는 것이다. 평가를 하는데 있어 도구가 없다면 클라이언트의 관점과 생각을 사회복지사의 생각과 비교하기 위해 상담이나 질문지를 사용할 수 있다. 따라서 전체 과정을 평가하기 위해 각 과정에서 달성한 목표를 클라이언트의 관점에서 도출하여 평가에 반영하여야 한다.

② 과정평가(Proses Evaluation)

사회복지실천에서의 과정평가는 실천과정을 사정 및 분석하기 위한 것으로 성과평가에서 누락되기 쉬운 프로그램의 준비와 진행 그리고 종결과정에서 환경적인 요인과의 관련성을 프로그램 과정에 따라 분석하여 결과를 도출하는 스킬이다(김용환 외, 2013).

과정평가의 초점은 긍정적인 변화를 유발할 수 있는 일반적인 요소를 잘 숙지한 상태에서 그것을 실천에 통합하고, 치료적 효과를 극대화시키는 것이다. 따라서 평가내용에는 사회복지사가 목표달성을 위해 사용한 방법이나 스킬에 대해 피드백 하는 것도 포함하여 평가에 반영하여야 한다.

③ 사회복지사 평가(Social Workers Evaluation)

사회복지사 평가는 그들의 모든 행동이나 태도 등이 사회복지실천에서 어떤 영향을 미치는지를 확인하기 위해 클라이언트로부터 피드백을 얻는 것을 의미한다(전남련 외, 2011).

평가에서 클라이언트의 긍정적인 피드백은 사회복지사로 하여금 자기 강점을 더욱 잘 알게 하여 미래에 자주 활용하도록 하는 촉매역할을 하게 된다. 그러나 부정적인 피드백은 때에 따라 사회복지사의 강한 자존감을 저하시키는 결과를 안겨 주겠지만 업무수행 측면에서 주의산만이나 불공정한 치료적 행위 및 태도 그리고 매너리즘(Mannerism)을 주지시켜 준다는 차원에서 매우 발전적인 도움이 될 수 있다.

(2) 평가목적에 의한 분류

사회복지실천에서의 평가목적에 따른 분류는 형성평가와 총괄평가 그리고 통합평가로 세분화 되는데 다음과 같다.

① 형성평가(Formative Evaluation)

사회복지실천에서의 형성평가는 사회복지사의 개입과정을 사정하여 평가하는 것이다. 사회복지실천 과정에 초점을 두고 주기적으로 진전된 상황을 평가하는 것으로서 활동의 진행과정에서 그것을 부분적으로 수정하거나 개선 및 보완하는데 필요한 정보를 얻기 위해 실시한다. 이것은 사회복지실천에서 원조과정 동안 실시되는 사정과 관련이 있으며, 사회복지사가 과정을 검토하도록 하고 필요시 개입계획을 수정할 수 있도록 한다(김용환 외, 2013). 이러한 의미에서 형성평가는 실천과정에 따른 현재까지 진행되어진 모든 내용을 점검하는 차원에서 평가하는 것이 좋다.

② 총괄평가(Summative Evaluation)

사회복지실천에서의 총괄평가는 사회복지사의 다양한 개입방법의 효과성과 효율성을 사정하는 것을 의미한다. 즉 개입방법의 성과나 효과를 연구하는 것이다.

사회복지실천에서 프로그램의 개입이 종결되었을 때 그것에 대한 효과성인, 즉 목적달성 여부와 관련하여 그 요인을 분석하는 것을 말한다. 이러한 측면에서 형성평가와 대조된다고 볼 수 있다. 따라서 이러한 평가는 개입 목표를 얼마나 잘 성취했는가에 따라 평가하는 것으로서 개입방법의 성과와 효과, 즉 효율성과 효과성을 모두 평가한다(전남련 외, 2011).

총괄평가의 단계 및 고려해야 할 요소들은 기관의 사명, 프로그램의 목적 및 목표, 프로그램 목표달성 여부 결정방법, 목표달성 여부, 평가자료 활용방법 등으로 구성된다.

③ 통합평가(Integration Evaluation)

사회복지실천에서의 통합평가는 형성평가와 총괄평가를 모두 통합한 평가방법이다. 일부에서는 이러한 평가를 단일사례연구를 통합한 평가로 보기도 하고, 과정평가나 총괄평가의 변형으로 해석하여 보기도 한다(김윤재 외, 2011). 그러나 일반적으로 통합평가라고 하는 것은 앞서 언급하였듯이 사회복지실천에서의 형성평가와 총괄평가를 모두 아우르는 평가방법으로 사용되어지고 있다.

(3) 프로그램 평가에 의한 분류

사회복지실천에서의 프로그램 평가에 따른 분류는 클라이언트 만족도설문평가와 사회복지사 동료검토평가로 세분화되며 다음과 같다.

① 클라이언트 만족도설문평가

사회복지실천의 개입기간 동안 클라이언트가 제공받은 서비스에 대해 클라이언트의 의견을 종합하는 것이다. 현장실천의 개입에 있어 최종 당사자가 클라이언트이고 사회복지사나 기관의 궁극적인 목적도 클라이언트에 대한 최선의 서비스가 초점이었음을 고려해 볼 때 개입에 대한 클라이언트의 반응은 매우 중요하다고 할 수 있다(김용환 외, 2013).

클라이언트 만족도설문평가는 실천현장 개입의 결과에 대한 클라이언트의 인식을 파악할 수 있으나 그것이 반드시 현실이 될 수 없다는 것이다. 즉 클라이언트의 개인적 감정이나 견해가 평가의 객관성을 저해할 수 있으며 또한 개입에 적극적으로 참여했거나 좋은 인상을 받은 클라이언트는 반응하지 않을 가능성이 크기 때문에 결과가 긍정적인 방향으로 편향될 수 있는 우려가 있다.

② 사회복지사 동료검토평가

사회복지사 동료검토평가는 사회복지사의 평소 과업수행 정도를 동료 사회복지사가 객관적인 입장에서 평가하는 것이다. 사회복지실천에서 서비스 전달자인 사회복지사는 매우 중요한 존재이므로 사회복지사의 능력이나 사례에서의 구체적인 활동내용에 대한 평가가 필수적이다. 따라서 이러한 측면에서 동료 사회복지사가 검토해야 할 항목은 다음과 같다(엄명용 · 노충래 · 김용석, 2005; 윤선오 · 김현진, 2016).

- C't의 문제가 명확하게 기록되었는가?
- C't의 치료계획이 누락됨 없이 기록되었는가?
- C't를 포함한 가족 모두가 치료계획에 참여하였는가?
- C't의 개입방법은 그의 문제에 적합한 것이었는가?
- C't와의 접촉 빈도와 기간은 문제와 직접 관련해서 적합했는가?
- 치료계획, 복지사의 행동, 사용된 접근방법 등이 영구적인 계획을 염두에 두고 있는가?
- 지역사회 자원을 파악 후 적절하고 효과적으로 사용했는가?
- 최초 목표대로 진행하여 뚜렷한 결과가 있는가?
- 사례기록은 정확하고 분명하며 간결한가?
- 모든 필요 양식은 기관방침대로 기록되어 있는가?

2) 평가의 중요성

사회복지사와 클라이언트는 사회복지실천의 평가를 통하여 최초 의도했던 대로 모든 서비스 계획들을 이행했는지의 여부와 목적이 성취되었는지를 결정하게 된다. 그리고 이러한 것을 바탕으로 목표와 서비스 계획 그리고 파생된 문제 등을 수정할 수 있으며, 동일한 서비스 계획을 다른 방식으로 전환하여 수행할 수도 있다.

사회복지실천에서의 평가는 과학성과 전문성을 강화해 주고, 클라이언트에 대한 책임성을 높여 준다는 측면에서 매우 중요한 의미를 갖고 있다. 따라서 사회복지실천에서의 평가가 얼마나 중요한가는 다음과 같다(사회복지교육연구센터, 2012).

첫째, 사회복지실천의 효과성 측정이다. 사회복지실천에서 평가의 1차적 목적은 목표를 달성했는지를 측정하는 것이다. 또한 최초 계획한 대로 서비스를 제공해서 결과에 도달하였는지 확인하는 것이다. 즉 목표의 달성 여부와 사회복지실천이 얼마나 효과적이었는지를 측정을 통해 검증할 수 있다.

둘째, 사회복지실천의 효율성 측정이다. 사회복지실천에서 평가는 동일한 비용으로 높은 효과를 보았을 때 그 효율성이 증가하기 때문에 평가과정을 통하여 실천의 효율성을 확인할 수 있다.

셋째, 사회복지실천에서 사회복지사가 그 실천내용에 대해 점검하고 평가하는 것이다. 사회복지사에 의해 점검하고 평가함으로써 잘하고 못한 것을 확인할 기회를 갖게 되고, 새로운 활동에 반영하게 된다. 이러한 점검과 평가를 통해 특정 문제나 클라이언트에게 효과가 있는 개입방법을 적용하게 됨으로써 보다 효과적인 개입을 가능하게 하고, 사회복지사의 능력을 향상시킬 수 있는 기회가 된다.

넷째, 사회복지실천 과정에 대한 점검이다. 사회복지실천 과정에서 클라이언트가 어떻게 반응하고 있는지를 점검하되 계획했던 서비스의 변화과정에 대한 모든 것은 평가를 통해 확인할 수 있다.

다섯째, 클라이언트에 대한 책임성의 이행이다. 사회복지실천의 평가를 통하여 사례의 진행 정도에 대해 사회복지사뿐 아니라 지역사회와 클라이언트에게 알려줄 책임을 이행할 수 있다.

여섯째, 사회복지실천의 자원사용에 대한 책임성 입증이다. 사회복지실천의 평가는 재정적인 자원 확보를 계획하는 과정에서 승인에 필요한 근거를 제시하는 계획안의 기초가 된다(이영실, 2010; 김용환 외, 2013).

3. 평가의 방법

사회복지실천에서 평가방법은 집단설계에 의한 평가와 단일사례설계에 의한 평가 그리고 기타 평가로 구분할 수 있다. 일반적으로 집단설계에 의한 평가는 사회복지실천의 성격상 많이 사용하지 않기 때문에 간단히 소개하고, 단일사례설계에 의한 평가와 기타평가를 중심으로 살펴보면 다음과 같다.

1) 집단설계에 의한 평가

집단설계에 의한 평가는 개입방법의 효과를 과학적으로 증명하여 개입기법과 프로그램의 효과를 평가하는데 적합하다(전남련 외, 2011).

집단설계는 실험집단설계와 유사실험집단설계로 세분화되어 평가하는데 다음과 같다.

집단설계의 실험집단설계는 사회복지실천을 과학적으로 평가를 하기 위해 실험통제집단 연구 설계가 이루어져야 한다. 이러한 설계의 전형적인 방법이 실험연구인데 여기에서 연구대상이 되는 2개의 집단을 무작위로 표집한 다음 실험집단에 의도적인 개입을 하고, 통제집단에는 개입을 하지 않은 상태에서 2개의 집단 간의 결과 차이를 비교함으로써 개입한 방법의 성과를 파악하는 것이다. 그래서 다른 조건이 동일하면 개입 다음의 차이는 개입방법이 유효하다는 결과를 보여주는 것이다(Zastrow, 1975; 전남련 외, 2011).

실험통제집단의 조사 설계는 매우 요용한 조사전략이지만 사회복지실천을 평가하는 실제적인 방법이라고 보기는 어렵다. 왜냐하면 사회복지실천에서 양적연구에 적합한 사례 수를 확보하기도 어려울 뿐 아니라 문제해결을 위해 통제집단 내에 있는 클라이언트에게 어떤 개입도 시행하지 않아야 한다는 사회복지실천의 윤리적인 문제 때문이다(박세정 외, 2010).

집단설계의 유사실험집단설계는 무작위실험집단설계가 신뢰할 수 있는 평가방법이다. 그러나 사회복지실천 현장에서 대규모의 모집단을 구하기가 결코 쉬운 것이 아니기 때문에 자주 사용할 수 있는 방법이 아니다.

2) 단일사례연구설계에 의한 평가

(1) 단일사례연구설계의 개념

단일사례연구설계는 1970년대의 심리학자들이 고안한 설계인데 사회복지실천에서 집단설계를 수행하는 과정에서의 한계를 극복하기 위해 도입되었으며, 사회복지임상실천에서 주로 사용되고 있다(전남련 외, 2011; 신성자 외, 2012).

단일사례설계는 개인 및 가족 그리고 집단 등을 대상으로 문제를 해결하기 위한 개입의 효과를 과학적으로 입증할 수 있다. 무작위로 표집된 2개의 집단을 비교하는 대신에 단일 클라이언트를 대상으로 개입의 전 과정(개입 전 · 중 · 후)을 반복적으로 관찰함으로써 그 변화를 평가한다. 이러한 방법을 통하여 결과의 성취뿐 아니라 그 변화가 개입으로 인한 변화인지를 알 수 있게 된다. 따라서 사회복지실천에서 결과를 평가하고자 하는 경우에 주로 많이 사용되고 있다.

(2) 단일사례연구설계의 특성

단일사례연구설계의 1차적인 목적은 가설을 검증하는 것이 아니라 어떤 표적행위에 대한 개입의 효과성을 분석하는데 있다. 따라서 단일사례연구설계의 특성은 다음과 같다.

첫째, 표본의 크기와 분석단위 등은 모두 1이다. 여기에서 단일한 대상 사례는 하나의 대상 또는 사례를 중심으로 하는 특성이 있다. 그래서 조사의 대상이 되는 사례는 개인 및 가족 그리고 집단이 되는데 이것은 대상자 전체를 하나의 사례로 보기 때문이다. 따라서 집단구성원들의 정보는 개별적으로 취급되는 것이 아니라 전체의 평균이나 빈도 등으로 요약되어 하나의 사례로 취급되어진다.

둘째, 반복적 관찰의 특성이다. 모든 경향과 변화 정도를 알 수 있도록 반복적인 관찰을 하게 된다. 여기에서 통제집단이 없는 대신에 하나의 사례를 반복적으로 측정하게 함으로써 개입의 효과를 파악할 수가 있다.

셋째, 즉각적인 환류의 특성이다. 자료를 수집할 때에 반복적이고 연속적으로 하기 때문에 개입으로 인한 조사대상의 변화를 주기적으로 파악하는데 전혀 문제가 되지 않는다. 특히 사례를 진행하는 도중에 도출되는 정보는 환류와 수정의 반복적인 과정을 통해 새로운 개입방법을 수립하거나 개입방법을 수정하게 함으로써 개입의 효과를 더욱 높일 수 있다.

넷째, 통제집단이 없다는 특성이 있다. 사회복지실천에서 클라이언트는 스스로 통제집단이 되기 때문에 별도의 통제집단이 필요 없다. 여기에서 클라이언트의 문제 및 상황과 목적에 관련된 개별화된 기초선은 개입과정의 모든 기간의 변화를 측정하는 기준이 될 수 있다.

다섯째, 개입 전후를 비교할 수 있는 특성이 있다. 단일사례설계는 사회복지실천 서비스개입 전을 통제상태로 보되 개입 중간이나 개입 후의 상태를 실험처치 다음의 상태로 보기 때문에 개입 전후를 비교하는 실험조사설계의 통제집단 이후 비교설계와 같은 논리를 찾게 된다(전남련 외, 2011; 김용환 외, 2013).

(3) 단일사례연구설계 평가절차

단일사례연구설계에서 평가의 절차는 목표의 구체화−적절한 측정도구의 선택−기초선 자료에 대한 기록−개입과 점검−변화의 사정−효과성 추론으로 진행되며 다음과 같다(Zastrow, 1995).

① 목표의 구체화

단일사례연구에서 첫 단계는 사회복지실천에서 달성하고자 하는 목표를 구체화하는 것이다. 즉 개입의 결과로 무엇이 달라져야 하는지를 보다 구체적인 용어로 기술해야 한다. 예컨대, '사회적 기술향상'이라는 추상적인 목표는 '친구와 사이좋게 지낸다. 남의 말을 귀 기울여 듣는다' 등 구체적으로 기술해야 한다. 여기에서 목표는 클라이언트의 기대를 반영해야 하고 현실적으로 달성 가능해야 하며, 구체화된 상태에서 측정할 수 있어야 한다.

② 적절한 측정도구의 선택

평가의 결과는 신뢰할 수 있는 방법으로 측정되었느냐가 매우 중요하다. 그래서 평가에 사용되는 측정도구는 양적 결과를 측정함으로써 최소한 그 변화가 일어났는지의 유무를 판단할 수 있어야 한다. 또한 척도나 다른 절차를 통해 변화의 수준을 측정해낼 수 있어야 한다. 이러한 측정방법에는 직접관찰, 자기보고식평정척도, 표준화된 측정이 있다.

③ 기초선 자료에 대한 기록

평가를 위해 측정도구를 선택하였으면 다음은 개입 이전의 기초선 자료를 수집하는 것이다. 기초선 자료에서 기초선 측정(Badelining)의 행동을 측정한 다음 개입으로 인한 변화를 알 수 있는 기초율(Base Rate)을 설정하는 것이다. 여기에서 기초선 설정의 주요 목적은 개입 후 또는 중간에 수집된 자료와 기초선 자료를 비교하기 위해서이다. 만약 개입 후 수집된 자료가 기초선 자료와 다른 패턴이거나 수준을 보인다면 변화가 일어났다고 볼 수 있다.

④ 개입실행과 지속적인 점검

단일사례연구에서 기초선이 확보된 다음에는 개입을 하게 된다. 평가작업이라는 관점에서 볼 때 여기에서 중요하게 고려해야 할 사항은 개입의 구성요인이 무엇인지 정확하게 기술하고 구체화시키는 것이다. 개입기간 중에는 기초선을 설정하였을 때 시행하였던 측정방법을 동일하게 실시해야만 한다. 그것은 처음에 설정되었던 규정이나 측정시간 그리고 측정절차 등이 변화 없이 시행되어야 하고 변화는 자료에 영향을 미칠 수 있기 때문이다.

⑤ 변화의 사정

단일사례연구에서 기초선 설정과 개입과정이 이루어진 다음에는 변화를 사정하는 단계이다. 여기에서 주요 쟁점이 되는 것은 통계적으로나 임상적으로 유의미한 변화가 생길까 하는 의구심이다. 왜냐하면 통계적 변화는 단계 내에서 실제 변화를 의미하고, 임상적 변화는 임상이나 실천적인 측면에서 볼 때 충분하고 바람직하며 의미 있는 변화로 보기 때문이다.

⑥ 효과성의 추론

변화의 사정이 끝나면 사례의 개입이 효과적이었다는 것을 추정하기 위해서는 클라이언트의 변화된 결과가 사회복지사의 개입으로 인한 것임을 논리적·경험적으로 증명하여야 한다. 왜냐하면 단일사례연구는 측정하고자 하는 모든 행동을 사전에 미리 결정하여 조작적 정의를 해야 하기 때문이다. 또 실험결과가 대상자나 목표행동 그리고 실험조건 등에서 반복적으로 제시될 수 있도록 사전에 체계적인 설계를 계획해야 한다. 그리고 내·외적 타당도를 높이기 위해서는 최대한의 변수통제가 이루어져야 한다.

효과성 추론에 있어서 내적 타당도는 목표행동의 변화가 단순히 개입으로 나타난 효과인지를 묻는 것이고, 외적 타당도는 연구의 결과가 다른 대상이나 환경에서도 반복될 것이라고 일반화시킬 수 있는 것이라는 데에 있다(Zastrow, 1995; 전남련 외, 2011).

3) 기타 평가

(1) 목표성취척도

목표성취척도는 목표달성척도라고도 하는데 클라이언트가 개별화된 목표에 도달한 정도를 측정하는 것이다. 따라서 개입의 목적과 목표들이 특정 클라이언트에게 해당하는 경우에 적용되는 평가방법이다.

목적성취 여부를 결과의 기준으로 선정한 것은 클라이언트가 여러 가지 상호 연관된 목적이 있는 경우이거나 그 목적을 쉽게 측정할 수 없을 때 사용하기 때문이다.

목표성취척도는 치료집단에서 개인의 목적에 대한 진척상황을 평가하는데 사용하기도 하는데 이것은 상호 집단과 사회목적 집단에서 그 목적의 진척된 상황을 사정하는 데에 사용된다(김용환, 2013; 오봉욱 외, 2015).

(2) 과제성취척도

과제성취척도 방법은 사회복지실천의 평가에서 사회복지사와 클라이언트 간에 상호 합의하였던 개입과제를 가지고 성취한 정도를 평가하는 것이다. 따라서 사례에 대한 개입활동이 기초선을 설정하거나 단일사례설계를 이용하기 곤란할 때에 유용하게 사용된다. 특히 클라이언트와 사회복지사가 개입 과업에 대한 완수 정도를 결정할 경우에 주로 사용된다(김용환 외, 2013).

과제성취척도는 기초선의 설정이나 단일사례설계의 적용이 곤란할 때 또는 단기 서비스 상황에 적용되는 경우에 과업중심 실천에서 주로 개발되어 사용되고 있다. 그리고 과업중심 실천의 목표를 위한 작업을 여러 개의 독립적인 활동과 과제로 세분화하고 이를 약 1~2주 내에 수행하는 것을 목적으로 하고 있다. 따라서 과업성취척도는 사회복지사와 클라이언트 상호 간에 합의된 과제가 실제로 달성되었는가를 측정하는 방법이다.

과업성취척도에 의거 측정할 때 그 척도는 보통 4점 척도를 사용한다. 여기에서 1점은 최소한 달성 또는 전혀 달성되지 않았을 때이고, 2점은 부분적으로 달성되었을 때, 3점은 상당히 달성되었을 때, 4점은 완전히 달성되었을 때이다(남궁근, 2013; 오봉욱 외, 2015).

4. 프로그램 평가기술

1) 개인 및 가족대상 프로그램 평가기술

개인 및 가족을 대상으로 하는 프로그램 평가기술은 단일사례실험설계에 대한 원리를 이해하고, 적절한 실험설계를 선택하여 그 실천과 접목시키는 것이 주요 핵심이다.

단일사례실험설계의 목적은 개인 및 가족대상 프로그램에 관한 개입이나 프로그램의 효과를 파악하는데 있으며, 효과의 크기는 개입과 기초선 평균값의 차이에 있다. 그래서 단일사례실험설계는 개인에 초점을 맞추었다는 공통점과 함께 단일사례실험설계가 사례연구에서 기원되었다는 것에서 비교가 되고 있다.

사례연구와의 차이점은 크게 2가지로 설명할 수 있다. 첫째, 단일사례실험설계는 사례연구와 다르게 시간의 변화에 따른 개입효과를 시각적으로 표현하는 양적인 방법이라는 점이다. 둘째, 단일사례실험설계는 원인을 개입으로 설명하며, 결과는 개입 다음의 효과에서 기초선의 효과의 차이로 설명함으로써 사례연구의 기술적 연구의 한계를 극복하였다는 점이다(김용환 외, 2013; 오봉욱 외, 2015).

단일사례실험설계의 유형은 AB설계, ABA설계, ABAB설계, BAB설계, ABCD설계로 구분하는데 여기에서 A는 기초선이고, B는 이후에 개입되는 것을 뜻한다. 따라서 클라이언트와 과제 수행 또는 문제를 점검하고자 할 때 단일사례실험설계 유형을 참고하여 평가에 적용한다(남궁근, 2013).

2) 집단대상 프로그램 평가기술

집단대상 프로그램 평가기술도 단일사례실험설계의 평가원리와 동일하다. 따라서 집단대상 프로그램은 여기에 참가하는 클라이언트 수가 늘어나기 때문에 집단 간의 역동이 발생한다. 그리고 평가 측면에서는 같은 효과가 있다고 하더라도 더 많은 클라이언트가 참여한 개입이나 프로그램의 효과가 있었다면 상대적으로 신뢰도와 외적 타당도가 높다고 볼 수 있다.

집단대상 프로그램이 단일실험설계보다 다른 강점은 상대적으로 외적 타당도가 높다는 것이다. 여기에서 외적 타당도는 흔히 일반화시킬 수 있는 정도를 말하는 것이기 때문에 재현성을 의미하기도 한다.

집단대상 프로그램의 기본은 3가지 요소로 구성되며 다음과 같다. 첫째, 실험집단과 통제집단을 구분할 때 무작위로 할당한다. 여기에서 실험 및 통제집단(2개의 집단)은 통상 제비뽑기로 구분한다. 예컨대, 무작위로 할당한 경우 R이라고 표기한다. 둘째, 통제집단을 설정한다. 여기에서 통제집단을 설정한 이유는 개입효과를 평가하기 위해 기준이 된 비교집단을 설정하기 위해서이다. 셋째, 사전·사후 2번 이상의 관찰이 필요하기 때문에 그 효과는 사전 값과 사후 값 간의 차이를 의미한다. 따라서 개입 전과 후의 최소 1번은 반드시 측정되어야 한다(김용환 외, 2011; 오봉욱 외, 2015).

집단대상 프로그램의 실험설계의 유형은 여러 가지가 있지만 그 중에서도 사전사후실험설계와 비 동일집단사전사후실험설계 그리고 비 동일집단사후실험설계가 유사실험설계로 지목되어 사회복지실천현장에서 많이 활용되어지고 있다.

참고문헌

강호선 · 김미경 · 조영미(2011). "가정폭력사례관리의 적용과 설계". 경남센터.

권대훈(2016). "교육심리학의 이론과 실제". 학지사.

김경호(2011). "사회복지실천론". 양서원.

김기태 외(1999). "사회복지의 이해". 박영사

김동배 외(1998). "인간행동이론과 사회복지실천". 학지사.

김상균 외(2001). "사회복지개론". 나남출판.

김성이 외(2005). "청소년복지학". 아산재단연구총서 42. 집문당.

김수연(2013). "성격 강점기반 행복증진프로그램이 초등학생의 주관적 안녕감에 미치는 효과". 서울교육대학교교육대학원 박사학위논문.

김정진(2008). "사회복지실천기술론-1급 수험서". 와이드프로.

김재선 외(2015). "사회복지 행정의 이해". 양서원.

김용환 외(2013). "사회복지실천기술론". 동문사.

김윤재 외(2011). "사회복지실천기술론". 동문사.

김헌호(2011). "지역사회복지론". 양서원.

김현진(2016). "대학생의생활스트레스가 정신건강에 미치는 영향". 대한신학대학원대학교 박사학위논문.

김혜란(2005). "사회복지실천기술론". 공동체.

김혜란 · 홍선미 · 공계순(2006). "사회복지실천기술론". 나남출판사.

남궁근(2013). "행정조사방법론". 법문사.

남연희 외(2012). "사회복지실천기술론". 공동체.

류상열(2004). "지역사회복지론". 형설출판사.

박세정 외(2010). "사회복지실천기술론". 창지사.

박차상 외(2014). "사회복지실천론". 창지사.

白澤政和(2000). "사례관리의 이론과 실제". 유풍출판사.

보건복지부(2015). "보건복지백서". 보건복지부.

사회복지교육연구센터(2012). "사회복지실천기술론". 나눔의집.

서혜석 외(2011). "사회복지실천기술론". 양서원.
설진화(2011). "사회복지실천기술론". 양서원.
손광호(2009). "사회복지실천기술론". 공동체.
송성자(1995). "가족과 가족치료". 법문사.
신성자 외(2012). "사회복지실천기술론". 양서원.
양옥경 외(2001). "사회복지실천기술론". 나남출판사.
________(2005). "사회복지실천기술론". 나남출판사.
엄명용 외(2000). "사회복지실천기술의 이해". 학지사.
________(2006). "사회복지실천의 이해". 학지사.
엄명용 · 노충래 · 김용석(2005). "사회복지실천기술의 이해". 학지사.
윤정일 외(2015). "교육행정학원론". 학지사.
윤현숙 외(2001). "사회복지실천기술론". 동인.
이미선 · 강우진 · 권향임(2011). "사회복지실천기술론". 창지사.
이신영 · 박선영(2012). "사회복지실천기술론". 양서원.
이인정 외(2001). "인간행동과 사회환경". 나남출판사.
이애재(2013). "사회복지실천기술론". 양서원.
이영실(1996). "정신의료방법론". 신한.
이영실(2010). "사회복지실천기술론". 양서원.
이영실 외(2011). "사회복지실천기술론". 양서원.
이영호(2009). "사회복지실천기술론". 공동체.
이원숙(2008). "사회복지실천론". 학지사.
이윤로(2007). "사회복지실천기술론". 학지사.
이인정 외(2001). "인간행동과 사회환경". 나남출판.
임안나 외(2011). "사회복지실천기술론". 공동체.
이종복 외(2006). "사회복지실천론". 학현사.
오봉옥 외(2015). "사회복지실천기술론". 동문사.
오정수 · 류진석(2004). "지역사회복지론". 학지사.
윤선오 · 김현진(2013). "사회복지실천기술론". 양서원.
____________(2016). "사회복지실천기술론". 양성원.
윤현숙 외(2002). "사회복지실천기술론". 동인.

장인협(1997). "사회사업실천방법론(하)". 서울대학교출판부.

장인협 · 우국희(2001). "케어 · 케이스 매니지먼트". 서울대학교출판부.

전남련 외(2011). "사회복지실천기술론". 도서출판 오래.

전재일 · 이성희(2004). "사회복지실천기술론". 형성출판사.

전재일 외(2010). "사회복지실천기술론". 형설출판사.

전재일 · 이성희 · 김연희(2010). "사회복지실천기술론". 형설출판사.

전희수(2015). "노인의자원봉사활동요인이 삶의질에 미치는 영향", 대한신학대학원대학교 박사학위논문.

정문자 외(2008). "해결중심단기치료". 학지사.

정문자 외(2012). "가족치료의 이해". 학지사.

정원철(2000). "정신보건사회사업론". 학문사.

정옥분(2013). "성인 · 노인심리학". 학지사.

조휘일 · 이윤로(1999). "사회복지실천론". 학지사.

조흥식 외(2000). "사회복지실천분야론". 학지사.

최규련(2011). "가족상담 및 치료". 공동체.

최덕경 외(2012). "사회복지실천론". 공동체.

최미영 외(2009). "사회복지시설운영론". 공동체.

최선화(2012). "풀어쓴 사회복지실천기술론". 공동체.

최영주(2016). "군사회복지가 병영생활만족도에 미치는 영향". 대한신학대학원대학교 박사학위논문.

최영주 외(2017). "사회복지실천론". 동문사.

최옥채(2006). "사회복지실천론". 양서원.

최해경(2010). "사회복지실천론". 학지사.

한국정신보건사회사업학회(2001). "정신보건전문요원수련교재". 양서원.

황철수(2008). "사회복지실천기술론". 양서원.

황철수 외(2010). "사회복지실천기술론". 양서원.

Alexander. V. L.(1977). Social Work Recording: A New Look at an Old Issues. *Journal of Social Work Education*, 35.

Austin, D. M.(1983). *A History of Social Work Education*. The University of Texas.

Barker. R. L.(1995). *The Social Work Cictionary*(3rd ed.). Washington, DC: NASW Press.

Biestek, E. P.(1973). *The Casework Relationship*. London: Unwin University Books.

Bear B., & Federico, R.(1978). *Educating the Baccalaureate Social Worker*. Depression, MA: Ballinger.

CCETSW(1995). *Assuring Quality in the Diploma in Social Work-1: Requirements for the DipSW*(revised). London: CCETSW.

Cournoyer, B. R.(1996). *The Social Work Skills Workbook*(2th ed). Pacific Groce, CA: Brooks/Cole.

Corcoran, K., & Gingerich, W. J.(1994). Practice Evaluation in the Context of mannaged Care: Case Recording Methods for Equality Assurance Reviews. *Research on Social Work Practice*, 4(3).

Davies, M.(ed.)(1997). *The Blackwell Companion to Social Work*. Oxford: Blackwell.

Dolgoff, R., D. Feildstein & L. Skolnik.(1997). *Understand Social Services*. NY: Tavistock.

Epstein, L., & Brown, L. B.(2002). *Brief Rreatment and a New Look at the Rask-Centered Approach*. Boston: Allyn and Bacon.

Fellin, P.(2001). *The Community and the Social Worker*(3rd. ed.). Itasca, IL: F. E. Peacock Publisers, Inc.

Freud, A.(1973). *The Ego and the Id*. Condon: Hogarth Press.

Gambrill, E.(1997). *Social Work Practice: A Critical Tinker's Guide*. New York: Columbia University Press.

Gilliland, B. & R. James(1997). *Crisis Intervention Strategies*. Brooks/Cole.

Haley, J.(1973). *Problem Solving Therapy*. San Francisco: Jossey-Bass.

Hepworth, D. H. & J. A. Larsen.(1990). *Direct Social Work Practice: Theory and Skills*(3rd ed.). Belmont: Wadworth Publishing Company.

Hollis, F.(1970). The Psychosocial Approach to Casework. In R. W. Robert, & R. H. Nee(Eds.), *Theories of Social Casework*(pp. 33-75). Chicago, KL: University of Chicago Press.

Howard, H. S.(1980). *The Psychotherapy Handbook*. Edited By Richie Herink. The

New American Library, Inc. pp.508-509.

Johnson, L. C.(1989). *Social Work Practice*(3rd ed.). Massachusetts: Alyn and Bacon.

Johnson, L. C. & S. J. Yanca(2001). *Social Work Practice: A Generalist Approach*. Boston: Allyn & Bacon.

Kadushin, A.(1995). Interviewing. In R. L. Edwards & J. G. Hopps(Eds.), *Encyclopedia fo Social Work*(19th ed.). Washington, DC: NASW Press.

Kagle, J.(1991). *Social Work Records*(2nd ed.). Prespect Heights: Waveland Press.

Kirst Ashman, K, K., & Hull, Jr., G. H.(1999). *Understanding Generalist Practice*. Chicago: Nelson-Hall Publishers.

Klein, A.(1972). *Effective Group Work*. New York: Association Press.

Lazarus, A. A.(1976). *Multimodal Behavior Theorapy*. New York: Springer.

Lishman, J.(1994). *Communication in Social Work*. Basingstoke: Macmillan/BASW.

Miller, J. B.(1976). *Toward A New Psychology of Woman*. Harmondsworth: Penguin.

Minuchin, S.(1974). *Families and Family Therapy*. Cambridge: Havard Univ, Press.

NASW(2004). *Social Casework : Generic and Specific*. Washington D.C.: NASW.

Nichols & Schwartz(1995). *Family Therapy: Concepts and Methods*(3rd ed.). Boston: Allyn and Bacon.

Nelson, J. C.(1983). *Family Treatment: an Interactive Approach*. NJ: Prentice Hall Inc.

Pincus, A. & A. Minahan(1973). *Social Work Practice: Model and Method*. Itasca, IL: Peacock Publishers.

Robert, A. R.(2000). An Overview of Crisis Theory and Crisis Intervention. In Rovers, A. R.(Ed.), *Crisis Intervention Handbook: Assessment, Treatment, and Research*. New York: Oxford University Press.

Ross., M.(1967). *Community Organization and Development*. Boston: Allyn & Bacon.

Richardson, B.(2001). *Working With Challenging Youth*. New York: Brunner Mazel.

Sheafor, B. W.(1997). *Techniques and Guidelines for Social Work Practice*(4th ed.). Boston, MA: Allyn and Bacon.

Siporin, M.(1975). *Introduction to Social Work Practice*. New York: Macmillan.

Strean, H.(1996). Chapter 22: Psychoanaltic Theory and Social Work Treatment. In F. Turner(Ed.), *Social Work Treatment*. New York: The Free Press.

Stuart, S. & B. Berlin(1982). Cognitive-behavioral Intervention for Social Work Practice. *Social Work*, 3.

Toseland, R. W. & R. F. Rivas(1995). *An Introduction to Group Work Practice*(2nd ed.). New York: Macmillan.

Trevithick, P.(2000). *Social Work Skills: A Philadelphia*. PA: Open University Press.

Wilson, J.(1976). *Recording: Guidelines for Social Works*. New York: The Free Press.

Woods, M. & F. Hollis(1990). *Casework: A Psychosocial Therapy*(4th ed.). New York: McGraw Hill.

Woods, M. & Robinson(1996). Chapter 23: Psychosocial Theory and Social Work Treatment. in F. Turner(Ed.), *Social Work Treatment*(4th ed.). New York: The Free Press.

Yalom, I. D.(1975). *The theory and Practice of Group Psychotherapy*. NY: Basic Books.

Zastrow, C.(1975). *Social Work With Grops*. Chicago: Nelson-Hall.

__________(1995). *The Practice of Social Work*(5th ed.). Pacific Grove: Brooks/ Cole.

찾아보기

인 명

내 용

저/자/소/개

■ 전희수

중앙대학교 행정대학원 복지행정학(석사)
대한신학대학원 대학교 Ph. D 사회복지학(박사)
노인의 자원봉사활동요인이 생활만족도에 미치는 영향 외
현) 대한신학대학원대학교 겸임교수
　한국코칭복지학회 윤리위원장
　서울양천구의회 의장

■ 최영주

호남대학교 사회복지대학원 일반행정(석사)
대한신학대학원 대학교 Ph. D 사회복지학(박사)
사회복지실천론(공저) 외
군사회복지가 병영생활 만족도에 미치는 영향 외
현) 경민대학교사무행정과 사회복지 교수
　한국코칭복지학회 학회장
　YJ사회복지연구소 대표

■ 정백연

수원대학교 대학원 사회복지(석사)
대한신학대학원 대학교 Ph. D 사회복지학(박사)
사회복지실천론(공저) 외
강점기반 셀프코칭프로그램의 효과성 연구 외
현) 대한신학대학원대학교 겸임교수
　아시아코치센터 부대표
　코칭 · 교육 전문가

■ **박선태**

위덕대학교 대학원 사회복지(석사)
대구가톨릭대학교 Ph. D 사회복지학(박사)
인간행동과 사회환경(공저) 외
청소년의 심리적 불안감, 외모지향태도, 자아존중감과 문제행동의 구조관계 외
현) 성덕대학교 휴먼사회복지학부 교수
지역사회보장협의체 대표위원
의료급여심의위원회 위원

■ **서민호**

대구대학교 사회복지대학원 사회복지학(석사)
대구한의대학교 대학원 사회복지학(박사)
요양보호사의 직무스트레스가 서비스 질에 미치는 영향 외
현) 영남외국어대학 사회복지과 교수

사회복지실천기술론

1판 1쇄 인쇄 — 2018년 1월 10일
1판 1쇄 발행 — 2018년 1월 15일

저 자 - 전희수 최영주 정백연 박선태 서민호
발 행 인 - 강 철 원
발 행 처 - 양 성 원
주 소 - 경기도 파주시 검산로 173번길 29-20
전 화 - 031-946-3861(代)
팩 스 - 031-946-3864
이 메 일 - tnwpub@naver.com
홈페이지 - tnwpub.co.kr
출판등록 - 2015년 8월 31일 제 2015-000211 호

ISBN 979-11-6126-082-2

정가 19,000원